国家文物局文物保护科技"优青"研究计划资助项目

中国文物信息咨询中心承担

文物影响评估体系研究
以古遗址展示利用为视角
Studies on Systematics of Cultural Heritage Impact Assessment

滕 磊 / 著

By Teng Lei

科学出版社

北 京

内 容 简 介

本书在对考古遗址展示利用建设项目和境内外文物影响评估现状的深入研究基础上，建立了一套较为科学、系统的文物影响评估体系。本书提出的评估体系重视和体现了联合国教科文组织以及发达国家已经探索出的基于遗产价值认知，真实性、完整性评估，影响程度与价值挂钩，减缓设计和保护措施等的技术体系。同时，这套评估体系在评估程序、评估工作等级和工作范围、价值评估、影响因素研究等方面重视并融合了中国的实际情况，经过大量的评估实践，具有良好的可操作性。

本书是一本兼顾了文物影响评估的理论性研究及实践的著作，适于从事文化遗产保护、文物影响评估、咨询评估等相关领域的专业人员和大专院校师生阅读与参考。

图书在版编目（CIP）数据

文物影响评估体系研究：以古遗址展示利用为视角/滕磊著. —北京：科学出版社，2019.12

ISBN 978-7-03-064145-8

Ⅰ.①文… Ⅱ.①滕… Ⅲ.①文物-影响-评估-研究 Ⅳ.①K85

中国版本图书馆CIP数据核字（2019）第298013号

责任编辑：孙　莉　吴书雷/责任校对：邹慧卿
责任印制：肖　兴/封面设计：张　放

科　学　出　版　社 出版
北京东黄城根北街16号
邮政编码：100717
http://www.sciencep.com

中国科学院印刷厂 印刷
科学出版社发行　各地新华书店经销

*

2019年12月第　一　版　开本：720×1000　1/16
2021年 7 月第二次印刷　印张：21
字数：430 000

定价：198.00元
（如有印装质量问题，我社负责调换）

序言

随着改革开放以来特别是进入新世纪以来我国经济建设的高速发展及党和国家对文化遗产保护工作的高度重视，文化遗产保护工作既存在巨大机遇，也面临前所未有的挑战。新世纪以来，"文物影响评估"在包括中国在内的国际社会受到越来越多的重视。也许很多人还不熟悉"文物影响评估"这个概念，但要说到通过考古勘探对不可移动文物比如修筑铁路对古代遗址可能造成影响所做的评估报告，则是大家熟知的。最近十多年来，我国的文物影响评估逐步从考古勘探模式向关注遗产的综合影响方向转化，以古遗址展示利用为目标的文化遗产评估工作得到了长足发展。

本书作者滕磊先生在世纪之初参加"南水北调工程文物价值影响评估体系研究"工作中开始认识影响评估，其后多年他主持开展了湖北铜绿山、内蒙古辽上京、河北赵王城、山东南旺分水龙王庙遗址、青海喇家、贵州可乐等多项考古遗址公园建设项目的影响评估，以及故宫冰窖项目、拉萨大昭寺缓冲区神力广场建设、良渚遗址公路建设项目影响评估、辽宁五女山城、四川都江堰、山东泰山以及长城等一系列世界遗产的影响评估工作。正是基于如此繁多且不同类型的田野实践和多年来不断的理论探索，他的文物影响评估体系研究才尤其凸显其价值。

作者明确指出，文物影响评估，应包括"价值评估"、"现状评估"和"影响评估"三个方面的内容。所谓价值评估，就是对文物古迹核心价值的评估。核心价值不仅包括我们熟知的文物的历史、艺术和科学价值，还应包括其社会价值和文化价值。认识和评判文物古迹的价值，不仅是确定文物古迹的基础，同时也是保护它们的依据。关于现状评估，他又明确提出要区分何谓"现状"，何谓"原状"。提出"原状"是文物古迹价值的载体，是需要加以保护的对象和状态；"现状"既包含有价值的文物"原状"部分，也包含不符合"原状"的部分，同时也包括涉及文物古迹保护、管理、研究、利用等的综合现状条件。提出认识和评判文物古迹现状情况是确定文物古迹保护措施的基础和依据。"文物影响评估"是认识和了解文物古迹发展计划和其他行动的潜在影响的系统方法，认识和评判影响是确定和实施文物古迹发展计划和其他行动的依据。

为了加强评估工作，作者还明确提出，价值评估应首先明确体现在文物保护工作程序的每一步骤上。其次，价值评估与保护决策的针对性环节应予以完善和明确。第三，对影响评估等新的评估类型应给予更多的重视，使其发挥更大的作用。

滕磊先生的文物影响评估体系研究，不仅重视和体现了联合国教科文组织和西方发达国家已经探索出来的基于遗产价值认知，真实性、完整性评估，影响程度与价值挂钩和保护措施等的技术体系，还结合我国实际情况，提出如下建议：一、增加"前期审查及项目终止环节"，建议由文物行政部门把关，向建设单位确认是否需要开展文物影响评估工作，明确文物评估是个工作过程，而不仅仅是一个结论。通过这一措施，旨在使评估单位可以真正参与到建设方案的设计中，在出具正式评估报告、得出评估结论之前已经帮助建设单位将文物影响降至可以接受的程度，以帮助现行体制下作为建设单位委托方的评估单位扭转形同虚设、可有可无的被动局面。二、增加"评估工作等级和工作范围"，即考虑到不同项目文物影响评估工作的难易程度，参考文物保护单位等级及建设项目的规模、类型，对文物影响评估工作进行分级，以便做到突出重点，有的放矢。三、提炼文物资源的特征，尤其是确认反映文物价值属性特征作为评估工作的重点。四、在影响因素上提出较为具体的评估参考要点和一些定量的指标，以便指导今后的建设工作。

文物影响评估工作是一个系统工程。要做好这项工作，不仅要提高对文物影响评估工作重要性的认识，更要加强制度建设，滕磊先生对此也有清楚的认识。他提出要尽快完善文物影响工作的法理基础；尽快完善文物影响评估的制度建设和技术体系建设；充分研究国际文化遗产领域的发展方向，探索具有中国特色的文物遗产评估模式；尽快建设文物保护大数据库，为文物影响评估提供大数据支撑。这些也都是很有见地的深入思考。

就我所知，本书是我国第一部针对古代遗址展示利用建设项目所做的文物影响评估体系研究。它既是一种深入的理论探索，也是对文物影响评估工作流程和评估指标的系统概括和总结，还提供了很多文物影响评估的具体案例，因此具有很强的针对性和实用价值。可以相信，该书的出版，一定会对我国的文化遗产保护工作大有裨益，也一定会提振人们在确保可持续发展和社会福祉的前提下，使文物古迹得到成功保护的决心和信心。本书的出版，可喜可贺。是为序。

2019 年 12 月

（作者为中国社会科学院考古研究所所长、研究员）

目录

序言 ··· 陈星灿 / i

绪论 ·· /1

第一章 文物影响评估的基本概念 ·· /6
1.1 "评估"在文物保护工作中的应用 ··································· /6
1.2 "评估"的主要内容 ··· /15
1.3 "评估"与保护程序的关系 ··· /24
1.4 "影响评估"到"文物影响评估" ··································· /31

第二章 境外文物影响评估体系现状研究 ································ /39
2.1 评估范围及程序 ··· /39
2.2 评估技术框架和内容 ··· /64
2.3 评估手段和方法 ··· /68
2.4 评估报告 ··· /69

第三章 境内文物影响评估体系现状研究 ································ /71
3.1 境内相关行业影响评估(预评估)体系现状 ····················· /71
3.2 我国文物影响评估体系现状 ·· /74

第四章 国内外遗址展示利用建设项目现状研究 ······················· /84
4.1 国外古遗址展示利用的现状 ·· /84
4.2 我国古遗址展示利用的现状 ······································· /108

第五章 古遗址展示利用建设项目评估体系研究 ······················ /148
5.1 评估工作程序和流程 ··· /148

5.2 评估工作等级和范围 /151
  5.3 评估原则 /153
  5.4 评估依据 /153
  5.5 评估内容 /155
  5.6 评估方法 /162

第六章 古遗址展示利用建设项目评估指标研究 /165
  6.1 设计阶段影响因素 /165
  6.2 建设阶段影响因素 /173
  6.3 运营阶段影响因素 /175
  6.4 评估参考要点及指标 /176

第七章 文物影响评估实例研究 /184
  7.1 牛河梁遗址第二地点保护展示馆 /185
  7.2 五女山山城展示管理用房和停车场 /193
  7.3 喇家遗址一号、三号、四号保护展示馆 /199
  7.4 邢窑遗址博物馆 /208
  7.5 铜绿山古铜矿遗址博物馆 /213
  7.6 杜甫草堂遗址保护展示馆 /226
  7.7 南旺枢纽遗址大运河科技馆 /233
  7.8 明故宫遗址城市轨道交通项目 /238
  7.9 良渚遗址公路建设项目 /248
  7.10 合浦汉墓群保护展示棚 /257

第八章 研究总结及思考 /267
  8.1 研究总结 /267
  8.2 研究思考 /269

附录一 Cultural Heritage Impact Assessment Practices in China /272
附录二 Cultural Heritage Impact Assessment (CHIA):
      Theories and Methods /277
附录三 Impact Assessment of the Road Project Involving the
      Archaeological Ruins of Liangzhu City /290

参考文献 /318

CONTENTS

Preface ·· Chen Xingcan / i
Introduction ·· /1
Chapter 1   Basic Concept of Cultural Heritage Imapct Assessment ················ /6

  1.1   Practices of Assessment on Cultural Heritage Conservation Activities ············· /6
  1.2   Main Contents of Assessment ··· /15
  1.3   Relationship between Assessment and Conservation ································ /24
  1.4   The Development Course of CHIA from Impact Assessment ···················· /31

Chapter 2   Studies on Current Systematics of Cultural Heritage Impact Assessment in Hong Kong and Abroad ······································ /39

  2.1   The Scope and Procedures of CHIA ·· /39
  2.2   Technical Framework and Contents of CHIA ·· /64
  2.3   Methods and Tools for CHIA ··· /68
  2.4   Reports of CHIA ··· /69

Chapter 3   Studies on Current Domestic Systematics of Cultural Heritage Impact Assessment ··· /71

  3.1   Current Systematics of Impact Assessment on Related Industries ·············· /71
  3.2   Current Systematics of Cultural Heritage Impact Assessment ···················· /74

Chapter 4   Studies on Current Construction Projects of Display and Utilization for Archaeological Sites ··· /84

  4.1   Current Construction Projects of Display and Utilization for
       Archaeological Sites Abroad ··· /84

4.2　Current Domestic Construction Projects of Display and Utilization for Archaeological Sites ·················/108

Chapter 5　Studies on Systematics of CHIA for Construction Projects of Display and Utilization for Archaeological Sites ·················/148

5.1　Assessment Procedures and Processes ·················/148
5.2　Assessment Grade and Scope ·················/151
5.3　Assessment Principles ·················/153
5.4　Assessment Basis ·················/153
5.5　Assessment Content ·················/155
5.6　Assessment Methods ·················/162

Chapter 6　Studies on Assessment Indicators for Construction Projects of Display and Utilization for Archaeological Sites ·················/165

6.1　Impacting Factors on Design Stage ·················/165
6.2　Impacting Factors on Construction Stage ·················/173
6.3　Impacting Factors on Operation Stage ·················/175
6.4　Assessment Reference Points and Indicators ·················/176

Chapter 7　Studies on Assessment Cases ·················/184
Chapter 8　Summary and Expectation ·················/267

Appendix Ⅰ　Cultural Heritage Impact Assessment Practices in China ·················/272
Appendix Ⅱ　Cultural Heritage Impact Assessment (CHIA): Theories and Methods ·················/277
Appendix Ⅲ　Impact Assessment of the Road Project Involving the Archaeological Ruins of Liangzhu City ·················/290
References ·················/318

绪　　论

20世纪八九十年代以来，随着我国国力的不断增强，国家和地方对文化遗产保护工作的重视程度日益增长，经费投入的支持力度逐年增加，文化遗产保护面临着前所未有的机遇。一方面，我国已成为世界遗产大国。自20世纪80年代签署加入联合国《保护世界文化与自然遗产公约》以来，我国列入世界遗产名录的文化、自然遗产逐年递增，已经赶上意大利、西班牙等国家，成为世界遗产最为丰富的国家之一。作为缔约国，中国政府和全社会越来越重视和关注文化遗产，采取积极有效的措施保护和展示中华民族璀璨夺目的珍贵遗产，并尽力通过旨在使遗产在社会生活中起一定作用并把保护纳入全面规划、计划的总政策。近年来，保护本国遗产并承担国际义务已经成为中国维护国际地位和形象的重要行为。另一方面，我国不断加强文化软实力建设。近些年，通过第三次全国文物普查、第一次全国可移动文物普查等全面摸清我们的文物家底。同时，不断修订、完善《中华人民共和国文物保护法》，出台一系列专项法律、法规和文物行业的准则、标准、规范。各级文物工作者和研究、保护者不断学习国际先进的文化遗产保护理念，积极探索具有中国特色的文物工作方针、政策，并认真践行。在这样的背景下，近些年我国文化遗产保护工作成绩斐然，在保护理念、技术方法、多学科交叉科技支撑等方面取得了丰硕的研究和实践成果。

同时，我们也清醒地认识到：目前文化遗产保护利用还存在着很多的问题。国民经济的发展、人民精神文化需求的增长，使文化遗产保护面临着前所未有的挑战。这些挑战既有文物保护与经济建设的博弈，又有地方政府、部门和单位片面、狭隘的价值观作祟，如一些地方缺乏科学发展观，对文化遗产采取了过度的、不可持续的、甚至是破坏性的开发利用，使珍贵的文化遗产面临被破坏的危险。也有城乡发展和老百姓物质生活水平提高的实际需求问题，如一些老城、历史街区、传统村落中老百姓生产、生活的更新改善。当然还有我们行业自身的问题，如展示与利用的理念问题，对于展示利用的前置性影响评估缺乏的问题，以及评估缺少方法体系和技术标准的问题等。研究和解决这些问题势必对我们理解和把握文物保护原则中"不改变文物原状"和"最小干预"的"度"，文物保护工作方针中"合理利用"的"度"，古迹遗址保护准则中"真实性"和"完整性"有积极作用，最终对进一步加强文化遗产保护和传承具有重要的现实意义。

2001年，联合国教科文组织在越南会安召开了针对亚洲遗产地保护方面的国际研讨会，包括中国专家在内的与会专家认识到：丰富而不可替代的亚洲文化遗产正面临着被迫与基础设施、城市扩张和其他发展形势展开空间和资源竞争的局面。最理想的状态或许就是在改善建筑及社会环境和消除贫困的同时，又能保存文化遗产。那么如何实现遗产保护与社会发展的协调、可持续，从而达到两者理想的均衡状态？与会者一致认为，大力推动和开展文物影响评估将起到关键性的作用，即通过严格的数据收集、重要性和潜在影响评估以及影响减轻设计，保护文化资产免于遭到毁灭或出现不可挽回的损害，最终在确保可持续发展和社会福祉的前提下，令地区遗产得到成功保护。作为本次会议后续，2009年，联合国教科文组织与国际古迹遗址理事会（International Council on Monuments and Sites，简称ICOMOS）编写了《世界文化遗产影响评估导则》（2010），用以指导各国开展文化遗产影响评估工作。国际文化财产保护与修复研究中心（International Centre for the Study of the Preservation and Restoration of Cultural Property，Rome，简称ICCROM）、国际影响评估联合会（International Association for Impact Assessment，简称IAIA），以及联合国教科文组织亚太地区世界遗产培训与研究中心 [World Heritage Institute of Training and Research-Asia and Pacific (shanghai)，简称WHITRAP] 等国际机构也陆续开展了一系列的培训和研讨，如2012~2018年，ICCROM和WHITRAP先后组织了五次亚太地区的文物影响评估交流培训班，共有43个国家近百名专业人员受益。在2019年澳大利亚布里斯班举行的IAIA年会上，对文化遗产影响评估也组织了专门的研讨组进行研讨。上述这些都在不断推动文物影响评估的理论与实践活动的发展。

在国内，近十年来，国家文物局已经要求诸如重大基础项目、公路、铁路、城市轨道交通的选址、选线，国家考古遗址公园建设等项目开展前置性的文物影响评估，以供决策部门参考。自2007年起，国家文物局先后在多个文件中指导和规范文物影响评估，这一举措受到了中国文化遗产保护者的广泛关注。涉及世界遗产、全国重点文物保护单位、省级文物保护单位保护范围和建设控制地带的建设活动,国家考古遗址公园等的文物影响评估工作,已经成为新时代我国文物保护事业的一项重要内容。《国家文物保护科学和技术发展"十二五"规划(2011~2015年)》提出"十二五"的发展目标和重大专项任务:"1.文物风险预控技术体系研究与示范。系统开展文物自然劣化、突发灾害、人为破坏等风险因素的识别、分级、预测、评估和处理研究,建立文物风险预控的理论及方法体系。"明确将解决上述问题、建立风险评估基础上的主动的系统性保护作为时代的要求。

目前国内文物影响评估工作尚属起步阶段,法律法规不够健全,相关研究严重滞后,评估缺少理论支持、缺少体系支撑,有的评估内容过于简单,有的自己评估自己,有的照抄环境影响评估,因此评估结论很难令人信服!这就势必影响文物管理部门进行保护利用的决策,这种状况亟待解决。开展文物影响评估(CHIA)体系研究正是在上述背景下,为了响应《国家文物保护科学和技术发展"十二五"规划(2011~2015年)》提出"十二五"的发展目标和重大专项任务,为了探索文物风险预控技术体系研究与示范,研究和建立具有我国文物保护特点的文化遗产展示利用的前置性风险评估体系和方法,从而深化联合国教科文组织的文化遗产影响评估理论,为搭建我国文化遗产预防性保护及辅助决策的技术支撑体系奠定基础。

之所以从古遗址展示利用建设项目的角度开展文物影响评估体系研究,是基于以下几点考虑。

(1)我国古遗址数量众多、内涵丰富、保护困难,开展与古遗址相关的文物影响评估体系研究不仅具有代表性,而且更加迫切。

我国拥有大量的古遗址,第三次全国文物普查登记的766722处不可移动文物中,古遗址约占1/4,达到193282处。这些古遗址很多具有重要的历史、科学和艺术价值,目前已经被列入前七批全国重点文物保护单位的古遗址1022处,也占到了全部4296处国保单位的1/4。其中还有一部分遗址已被列为世界文化遗产或作为世界文化遗产的重要组成部分。

古遗址承载着丰富的历史信息,拥有丰厚的文化内涵,是中国5000多年灿烂文明史的主体和典型代表,其中许多大遗址不仅具有深厚的科学与文化底蕴,同时也是极具特色的环境景观和旅游资源,在建设社会主义政治文明、物质文明和精神文明,向世界展示悠久的中华传统文化,促进遗址所在地社会经济文化发展等方面发挥着重要作用。

相比较古建筑、石窟寺等其他文物类型,我国古遗址具有复杂性、不确定性、脆弱性等特点,极易遭受破坏,在保护上更加困难。因此开展与古遗址相关的文物影响评估体系研究不仅具有代表性,而且更加迫切。

（2）我国古遗址展示利用项目较多，建设规模大，对古遗址影响大，亟待开展系统的文物影响评估。

在我国大量的古遗址中，有很多已经开放展示。展示利用的形式主要包括考古遗址公园、遗址博物馆、遗址保护棚、原状展示、回填复原展示及其他等。目前，国家文物局已经批准挂牌了三批（36处）国家考古遗址公园，另有74处国家考古遗址公园已经立项，正在建设过程中。这些国家考古遗址公园采取了多种展示方法，如北京圆明园遗址、西安大明宫遗址、汉长安城遗址、辽宁牛河梁遗址、安阳殷墟遗址、四川三星堆遗址、成都金沙遗址等，有露天展示、回填复原、修建保护棚及遗址博物馆等。据我们的初步统计，我国已经建成或在建的遗址博物馆、遗址保护展示棚/厅不下百座。

这些展示利用方式有的对遗址干预较少，取得了很好的效果。但不可否认的是，遗址博物馆、保护展示棚等建设项目规模较大，形制多样，对遗址多有影响，有些还出现了较严重的问题。据第三次全国文物普查的统计数据，目前4580处开放展示的古遗址中因不合理的利用而遭到破坏或面临威胁的有780处，占到1/5。

这足以说明，由于前置性影响评估的缺乏，以及评估理论、体系的缺失，古遗址展示利用建设项目已经对遗址造成了诸多不利影响，亟待完善和加强相关研究工作，建立系统的体系。

（3）目前我国开展的文物影响评估主要针对古遗址保护与利用，已经积累了一定的工作基础，同时也暴露出很多问题，因此开展相关研究非常必要和紧迫。

我国目前执行的《关于加强基本建设工程中考古工作的指导意见》（2007年）、《国家考古遗址公园管理办法（试行）》（2011年）、《关于修订公布〈国家文物局行政许可项目说明〉的通知》（文物政发〔2011〕2号）等涉及文物影响评估的管理文件，都与古遗址的保护与展示利用相关。但是由于缺乏具体的评估要求和方法，除前些年北京、西安等古城开展地铁建设工程进行的较为深入的沉降和振动影响评估[①]，古遗址涉及地下埋藏区开展的考古勘探和发掘，以及2012年以来中国文物信息咨询中心开展的国家考古遗址公园文物影响评估[②]研究较深入外，大多数文物

[①] 参考S. Gupta, W.F. Liu, G. Degrande, G. Lombaert, W.N.Liu：《北京地下铁路交通引发的振动预测》；陶莹、常海青：《地铁工程工可研阶段文物影响评估初探——以西安地铁三号线为例》，《城市时代，协同规划——2013中国城市规划年会论文集（11-文化遗产保护与城市更新）》，2013年；西安建筑科技大学、陕西省古迹遗址保护工程技术研究中心、西安城市遗产保护研究中心编制：《西安市城市快速轨道交通建设规划（2012~2018）文物影响评估》等。

[②] 滕磊、李昂：《湖北铜绿山考古遗址公园建设项目文物影响评估报告》，《文物保护工程》2013年第3期；中国文物信息咨询中心等编著，吴东风主编：《文物影响评估》，科学出版社，2016年。

影响评估缺乏理论支持、缺少评估体系，内容过于简单，评估结论很难令人信服，这就势必影响文物管理部门进行保护利用的决策，这种状况亟待解决。

总之，文物影响评估体系研究是我国践行文化遗产大国责任，全面落实科学发展观，在确保可持续发展和社会福祉的前提下，保护全人类共有文化遗产，建立文物风险预控的理论及方法体系、细化具有我国文物保护特色的文物影响评估的基础性工作和重要内容。

本书的主要内容是笔者主持的国家文物局"优青"研究计划"古遗址展示利用建设项目文物影响评估体系研究"（课题编号：2014272）的成果。课题承担单位为中国文物信息咨询中心，参与单位包括北京大学考古文博学院和中冶集团国家检测中心。课题组成员主要包括：周双林、张文革、张学文、白露、李广华、杨凡、吴婧姝、胡程鹤、梁宁博、李建爽、韩腾飞、张伟。中国文物信息咨询中心王立平研究员和陕西遗产保护研究院马涛总工作为课题合作导师，全程指导课题的研究过程，付诸了大量心血！中国文物信息咨询中心的吴东风主任和刘铭威主任对课题的立项和成果的出版给予了大力支持，感谢张喆、周宇、贺占哲、邓越、唐维、李昂、戚军、王庆一、杨强义等领导和同事的热心帮助。课题的顺利完成，离不开国家文物局博物馆司、文保司、科技处和考古处等有关领导的支持！离不开陈洪海、陈同滨、陈星灿、段清波、杜金鹏、郭伟民、黄继忠、李宏松、梁宏刚、孟宪民、刘克成、唐际根、铁付德、王力军、吴晓红、张磊、周萍、周铁等专家在课题各个阶段的不吝赐教！离不开为收集资料和实地调研提供帮助的地方文物部门的同志，在此一并致谢。

本书由滕磊主笔写作，许多内容也吸收了课题组成员的辛勤劳动成果。有关国外文物影响评估体系及古遗址展示利用现状资料的整理得到了白露、朱柠和缴艳华的帮助，实地调研的遗址本体相关的检测和试验由周双林教授指导的北京大学团队完成，建筑结构检测由张文革高工指导的中冶国检中心团队完成。笔者受益匪浅，谨致谢意！

为了确保书籍的系统性，本书也吸纳了笔者近十年研究文化遗产保护及影响评估已经发表的学术成果，讲座公开的ppt，以及主持上百项文物影响评估项目的实践和经验。水平所限，书中不足在所难免，希望专业人士和热心读者多多指正，共同参与到文物影响评估的理论探索和实践中来，推动我们的文化遗产保护事业更全面、更深入、更科学的发展。

第一章

文物影响评估的基本概念

1.1 "评估"在文物保护工作中的应用

"评估"顾名思义,即评价、估量,英文对应的词有 evaluate、appraise、estimate、assess 等。"评估"与每个人的生活、工作都密不可分。例如,日常生活中的房产评估、车辆评估、信用评估,工作中的项目评估、资产评估等。而"评估"作为文物保护的一种重要手段、方法,来源于西方文物保护的实践。

1956 年,联合国教科文组织成立了国际文化财产保护与修复研究中心(ICCROM)和国际古迹遗址理事会(ICOMOS)两个咨询评估机构,专门负责文物保护研究、咨询评估、培训和技术方法的应用。1972 年第十七届联合国教科文组织大会通过了《保护世界文化和自然遗产公约》(以下简称《公约》),各成员国为保护全人类共同的世界遗产求同存异,达成了一致约定。《公约》旨在确认、保护、保存、展示具有突出的普遍价值的文化和自然遗产,并将其代代相传。《公约》确认了世界遗产委员会和世界遗产基金的建立,二者自 1976 年开始运行,逐步形成了一套各缔约国遵循的认定、保护、管理、阐释世界遗产的一整套工作流程和操作指南。在这套工作流程和《世界遗产公约操作指南》(图 1.1、图 1.2)中主要有以下涉及"评估"的工作内容:

各个时代为一古迹之建筑物所做的正当贡献必须予以尊重,因为修复的目的不是追求风格的统一。当一座建筑物含有不同时期的重叠作品时,揭示底层只有在特殊情况下,在被去掉的东西价值甚微,而

第一章
文物影响评估的基本概念

图 1.1　1977 版世界遗产公约操作指南
（图片来源：世界遗产中心）

图 1.2　2017 版世界遗产公约操作指南
（图片来源：世界遗产中心）

被显示的东西具有很高的历史、考古或美学价值，并且保存完好足以说明这么做的理由时才能证明其具有正当理由。***评估***由此涉及的各部分的重要性以及决定毁掉什么内容不能仅仅依赖于负责此项工作的个人。[《威尼斯宪章》（1964）第十一条]

由于所能得到的资源难免有限，积极的维护不得不在有选择的基础上进行。因此，它应该在各种古迹遗址的重要性和代表性的***科学评估***基础上适用于其中的一个范例，而不应局限于那些比较著名并引人注目的遗址。在考古遗产的维护和保护方面应适用 1956 年联合国教育、科学及文化组织的建议所规定的相应原则。（《考古遗产保护与管理宪章》第六条）

对文化遗产的所有形式与历史时期加以保护是遗产价值的根本。我们了解这些价值的能力部分取决于这些价值的信息来源是否真实可靠。对这些与文化遗产的最初与后续特征有关的信息来源及其意义的认识与了解时全面***评估***真实性的必备基础。

努力根据不断变化的价值和环境对真实性***评估***加以更新。[《奈良

真实性文件》(1994)]

遗产保护的首要目标是保护和延续文化遗产的历史真实性和完整性。因而任何一项干预措施都应建立在正确的**研究评估**基础上。问题的解决应根据相应的条件和需求，尊重历史古迹的美学和历史价值及其完整性。[《木结构遗产保护准则》(4)]

已规定了将遗产列入《世界遗产名录》的标准和条件，以**评估**遗产是否具有突出普遍价值，并指导缔约国保护和管理世界遗产。(《操作指南》I.B 8)

委员会的决定是出自客观和科学的考虑，为委员会进行的任何**评估工作**都应该本着彻底和负责的态度。委员会认识到这类决定取决于以下几个方面：a) 认真编撰的文献资料；b) 彻底并且连贯统一的程序；c) 合格专家的**评估**；以及 d) 如有必要，使用专家仲裁。(《操作指南》I.E 23)

委员会的主要职能是与缔约国合作开展下述工作：……i) 委员会定期审查和**评估**《公约》的实施情况；……(《操作指南》I.E 24)

咨询机构的角色：a) 以本领域的专业知识指导《世界遗产公约》的实施；b) 协助秘书处准备委员会需要的文献资料，安排会议议程及协助委员会决定的实施；c) 协助制定和实施加强《世界遗产名录》代表性、平衡性和可信性全球战略和全球培训战略，定期报告以及加强世界遗产基金的有效使用；d) 监督世界遗产的保护状况并审查要求国际援助的申请；e) 国际文物保护和修复研究中心和国际古迹遗址理事会**评估**申请列入《世界遗产名录》的提名财产并向委员会呈递**评估报告**；以及 f) 以咨询者的身份，列席世界遗产委员会及其主席团。(《操作指南》I.G 31)

国际古迹遗址理事会和《公约》相关的特殊职责包括：**评估**申报世界遗产的项目，监督世界遗产文物保护状况，审查由缔约国提交的国际援助申请，以及为能力建设活动出力献策和提供支持。(《操作指南》I.G 35)

世界保护自然联盟和《公约》相关的特殊职责包括：**评估**申报世界遗产的项目，监督世界遗产文物保护状况，审查由缔约国提交的国际援助申请，以及为能力建设活动出力献策和提供支持。(《操作指南》I.G 37)

《预备名录》作为计划与**评估**工具。72. 另外，鼓励缔约国参考由

第一章
文物影响评估的基本概念

咨询团体开展的具体主题研究报告。研讨内容参考了《预备名录》*评估*、《预备名录》协调会议报告、咨询团体以及其他具有资格的团体和个人的相关技术研究。73. 鼓励缔约国在区域和主题级别协调《预备名录》。在这个过程中，缔约国在咨询团体的协助下，**共同评估**各自的《预备名录》，评论并确认相同主题。(《操作指南》Ⅱ.C)

突出普遍价值的*评估*标准。(《操作指南》Ⅱ.D)

79. 依据标准（i）至（vi）申报的遗产须具备原真性。附件4中包括了关于原真性规定的《奈良文件》，为*评估*遗产的原真性提供了操作基础，概要如下：80. 理解遗产价值的能力取决于关于该价值信息来源的真实度和可信度。对涉及文化遗产原始及后来特征的信息来源的知晓和理解，是*评价*原真性各方面的必要基础。81. 对于文化遗产价值和相关信息来源可信性的*评价标准*可能因文化而异，甚至同一种文化内也存在差异。出于对所有文化的尊重，文化遗产的审查和*评估*必须首先在其所在的文化背景中进行。85. 在准备遗产申报考虑原真性时，缔约国首先要确认所有适用的原真性的重要特征。原真性声明应该*评估*原真性在每个特征上的体现程度。(《操作指南》Ⅱ.E)

88. 完整性用来衡量自然和/或文化遗产及其特征的整体性和无缺憾性。因而，审查遗产完整性就要*评估*遗产满足以下特征的程度：a）包括所有表现其突出的普遍价值的必要因素；b）形体上足够大，确保能完整地代表体现遗产价值的特色和过程；c）受到发展的负面影响和/或被忽视。(《操作指南》Ⅱ.E)

111. 考虑到上述多样性问题，有效管理体制需包括以下共同因素：……b）计划、实施、监管、*评估*和反馈的循环机制；……(《操作指南》Ⅱ.F)

132. "完整"申报需要满足下列要求：……6.监测 在申报材料中，缔约国应包括衡量、*评估*遗产保护情况的关键指标、遗产影响因素、遗产保护措施、审查周期及负责当局的标识。(《操作指南》Ⅲ.B)

139. 如被提名的第一项遗产本身具有突出普遍价值，系列遗产（无论是由一国或是多国提起的）可经历数轮提名周期，递交申报文件并接受*评估*。计划在数轮周期中分阶段进行系列提名的缔约国可向委员会说明此意向，以确保计划更加完善。(《操作指南》Ⅲ.C)

140. 收到各缔约国递交的申报文件后，秘书处将回执确认收到，核查材料是否完整，然后进行登记。秘书处将向相关咨询机构转交完

整的申报文件，由咨询机构进行**评估**。……(《操作指南》Ⅲ.D)

咨询机构**评估**提名 143. 咨询机构将**评估**各缔约国提名的遗产是否具有突出的普遍价值，是否符合完整性和原真性，以及是否能达到保护和管理的要求。国际古迹遗址理事会和世界保护自然联盟的**评估程序**和形式在附件6有详细说明。144. 对文化遗产提名的**评估**将由国际古迹遗址理事会完成。145. 对自然遗产提名的**评估**将由世界保护自然联盟完成。146. 作为"人文景观"类提名的文化遗产，将由国际古迹遗址理事会与世界保护自然联盟磋商之后进行**评估**。对于混合遗产的**评估**将由国际古迹遗址理事会与世界保护自然联盟共同完成。147. 如经世界遗产委员会要求或者在必要情况下，国际古迹遗址理事会与世界保护自然联盟将开展主题研究，将被提名的世界遗产置于地区、全球或主题背景中进行**评估**。……148. 以下是国际古迹遗址理事会和世界保护自然联盟的**评估**与陈述所遵循的原则。**评估**与陈述必须……b) 做出客观、严谨和科学的**评估**；c) 依照一致的专业标准；d) **评估**和陈述均必须遵守标准格式，必须与秘书处一致，必须注明进行实地考察的**评估员**的名字；……f) 根据所有相关标准，对每处遗产进行系统性的**评估**，包括其保护状况，并与缔约国境内或境外其他同类遗产的保护状况进行比较；……149. 咨询机构在审查其**评估**意见后，应在每年的1月31日以前向各缔约国进行最终征询或索要信息。150. 相关缔约国应邀在委员会大会开幕至少两个工作日前致信大会主席，附寄致咨询机构的复印件，详细说明他们在咨询机构对于其提名的**评估意见**中发现的事实性错误。……(《操作指南》Ⅲ.E)

155.《突出的普遍价值声明》应包括委员会关于该遗产具有突出的普遍价值的决定摘要，明确遗产列入名录所遵循的标准，包括对于完整性或原真性状况及实施保护和管理的要求**评估**。此声明将作为未来该遗产的保护和管理的基础。(《操作指南》Ⅲ.G)

159. 委员决定发还缔约国以补充相关信息的提名，可以在委员会下届会议上重新递交并接受审议。补充信息须在委员会拟定审议当年2月1日前呈交秘书处。秘书处将直接转交相关咨询机构进行**评估**。……160. 为了进行更深入的**评估**和研究，或便于缔约国对提名进行重大修改，委员会可能会做出推迟提名的决定。……届时相关咨询机构将根据第168段所列程序和时间表对这些提名重新进行周期为一年半的**评估**。(《操作指南》Ⅲ.G)

第一章 文物影响评估的基本概念

162. 紧急受理提名的程序如下：……c）由秘书处直接将该提名转交相关咨询机构，要求对其具有的突出普遍价值以及对紧急情况、损害和/或危险的性质进行**评估**。……（《操作指南》Ⅲ.H）

165. 166. ……再次提名应于2月1日以前递交，并根据第168段所列程序和时间表接受周期为一年半的评估。……所推荐遗产将只依照新的标准接受**评估**……（《操作指南》Ⅲ.I）

176. 获取的信息与相关缔约国和咨询机构的**评价**一起以遗产保护状况报告的形式呈交委员会审阅。委员会可采取以下一项或多项措施……（《操作指南》Ⅳ.A）

182. 在审议是否将一项文化或自然遗产列入《濒危世界遗产名录》时，委员会可能要考虑到下列额外因素……c）对于潜在的危险必须首先考虑：i）结合遗产所处的社会和经济环境的常规进程对其所受威胁进行**评估**；……d）最后，委员会在作**评估**时应将所有未知或无法预料的但可能危及文化或自然遗产的因素纳入考虑范围。（《操作指南》Ⅳ.B）

201.《定期报告》主要由以下四个目的：……b）**评估**《世界遗产名录》内遗产的突出的普遍价值是否得到长期的保持；……（《操作指南》Ⅴ.A）

205. 为期六年的定期报告周期结束后，会按上表标明的顺序对各区域进行**评估**。首个六年周期后，新周期开始前，会留出一段时间，**评估**和修正定期报告机制。（《操作指南》Ⅴ.B）

国际援助的**评估**和核准 248. 所有文化遗产国际援助的申请都由国际古迹遗址理事会和国际文物保护和修复研究中心**评估**。249. 所有混合遗产国际援助的申请都由国际古迹遗址理事会和国际文物保护和修复研究中心和世界保护自然联盟**评估**。250. 所有自然遗产国际援助的申请都将由世界保护自然联盟做出**评估**。251. 咨询机构所使用的**评估标准**在附录9中列明。252. 所有提交主席批准的申请都可以随时提交给秘书处，主席在做出适当的**评估**后会批准该申请。（《操作指南》Ⅶ.G）

国际援助的**评估**和跟踪 256. 在整个申请程序结束12个月之后，将开始对国际援助申请进行监测和**评估**。秘书处和咨询机构会对**评估**结果进行比较，委员会将对这些结果定期进行检查。257. 委员会将对国际援助的实施、**评估**和后续工作进行评论，以便评估国际援助的使用效力并重新定义国际援助的优先顺序。（《操作指南》Ⅶ.I）

咨询团体对申报材料的**评估程序** A. 国际古迹遗址理事会的文化

遗产**评估程序**。B. 世界自然保护联盟的自然遗产**评估程序**。C. 咨询团体文化和自然遗产及文化景观的合作**评估程序**。……（《操作指南》附件6）

《世界遗产公约》实施的定期报告的格式……Ⅱ.5 影响遗产的因素……应**评估**上述因素对遗产的影响程度的变化，指出采取了哪些有效的应对措施和未来计划采取的措施。Ⅱ.6 监测定期报告的第Ⅱ.3 条对遗产的普遍价值进行了全面的**评估**。本条中根据衡量保护情况的关键指标，会更详细地分析遗产情况。编制定期报告也是**评估**以往使用指标的有效性的机会。必要时，应对指标做出修改。（《操作指南》附件7）

从上述联合国教科文组织关于世界遗产的工作程序和《操作指南》中，我们可以看到，"评估"在遗产价值认定、申报、列入、管理、援助、监测、定期报告等整个工作过程中均发挥着重要的作用。

与此同时，西方发达国家和地区的文物管理机构，如美国国家公园管理局、澳大利亚古迹遗址协会、英国遗产局、加拿大公园管理局等，以及保护研究机构，如美国盖蒂保护研究所（GETTY）等，还有其他非政府组织，也积极推进"评估"在各国文物保护中的实践和应用。

例如，美国盖蒂保护研究所自1982年成立以来，一直在推动基于"评估"的一套科学的文物保护决策程序。1995年，由盖蒂保护研究所组织的"地中海区域考古遗址保护会议"，将地中海区域的政策制定者（包括考古学家、保护专业人士以及旅游业专家）聚集在一起，探讨这一区域的遗址管理需求和相关问题。2000年5月，盖蒂保护研究所与希腊罗亚拉马里蒙大学在科林斯召开了考古遗址管理规划国际研讨会，会议形成论文集《考古遗址管理规划》[①]。针对考古遗址，积极探索价值理念和保护工作中以价值为驱动的规划方法。玛莎·迪玛斯（Martha Demas）发表的《考古遗址保护和管理规划——一种以价值为基础的方法》[②]详细阐述了这一套方法。

---

① 《考古遗址管理规划》（*Management Plan for Archaeological Sites: An International Workshop Organized by the Getty Conservation Institute and Loyola Marymount University*），May 2000, Colinth, Greece, Los angeles: Getty Conservation Institute 2000.

② 《考古遗址管理规划》（*Management Plan for Archaeological Sites: An International Workshop Organized by the Getty Conservation Institute and Loyola Marymount University*），May 2000, Colinth, Greece, Los angeles: Getty Conservation Institute 2000。本文的中文翻译稿参见孟宪民等编著：《大遗址保护理论与实践》，科学出版社，2012年，第281~303页。

从收集信息（第一阶段），到评估和分析所有影响遗址管理的因素（第二阶段），再到做决定阶段（第三阶段）。

评估和分析是规划编制过程的核心部分。有关遗址的决策直接来源于这个阶段，意味着规划工作的主要部分以及成效都体现在这个阶段。这个阶段有三种类型的评估：

价值：确定遗址的重要性以及对谁来说是重要的；

状况：确定物理条件和识别威胁；

管理：确定影响保护遗址的管理能力的约束条件和机会。

通过这三方面的评估加强对遗址及其管理环境的理解，将会对随后的决策过程给予指导。虽然评估包括收集资料，但是它主要是评估价值和分析信息的过程，在这个过程中价值被揭示，对各种关系进行分析——包括因果关系以及任何机构之间的关系。在这个过程中，分析和总结的技能加上经验是担任此项工作的人员和顾问应该具备的重要素质。

通过评估对价值、问题、现状、威胁和机会形成一个全面的认识，对理解现状和管理评估对遗址价值影响至关重要。

在编制埃及帝王谷管理规划的工作过程中，项目组从对其他考古遗址管理规划的评估以及对帝王谷感兴趣的利益相关群体的调查开始，采访了数百名不同国家的旅游者，还有导游、文物看护人员、保护工作者、汽车司机以及古董商人——确确实实同帝王谷有关的利益相关者——询问了他们对帝王谷所处优势和弱点的看法，他们认为有哪些问题，以及解决这些问题的方法。通过对其他开放的考古遗址（例如英国的史前巨石阵遗址、约旦佩特拉古城、柬埔寨吴哥窟、美国查科峡谷和英国哈德良长城）管理规划的研究以确定可能适用于底比斯的保护方法、交通组织以及管理体制[①]。经过多年的实践积累，盖蒂保护研究所形成了一套基于评估遗址价值和重要性为核心的保护"决策程序"。2006年，玛莎·迪玛斯和内莫·阿格纽（Martha Demas and Neville Agnew）发表的《保护考古遗址的决策：以坦桑尼亚拉多里原始人类道路为例》(*Decision Making for Conservation of Archaeological Sites: The Example of the Laetoli Hominid Trackway,*

---

① Kent R. Weeks. *Developing a Management Plan for Egypt's Valley of the Kings*. The Getty Conservation Institute Newsletter, Vol 23, Number 2, 2008.

Tanzania）[①] 详述了评估和保护决策程序的过程。它有着一系列的步骤：前期筹备和了解遗址的背景知识，价值和重要性评估，利益相关者兴趣的考虑，遗址保存状况和病害原因的评估，以及遗址已经或将要被管理、使用和保护的相关体制评估。

2000 年，由中国国家文物局与美国盖蒂保护研究所、澳大利亚遗产委员会合作编制的《中国文物古迹保护准则》印发颁行。它充分结合中国文物保护保护实践的经验，积极推动中国文物保护的理念与国际文化遗产保护领域接轨，成为指导新时代中国文物保护工作的通用行业规则和主要标准（图 1.3、图 1.4）。

图 1.3　2000 版《中国文物古迹保护准则》

图 1.4　2015 版《中国文物古迹保护准则》
（图片来源：《中国文物古迹保护准则》）

"评估"也作为《中国文物古迹保护准则》规定的文物古迹保护和管理工作程序的六大步骤之一（依次是调查、研究评估、确定文物保护单位等级、制订文物保护规划、实施文物保护规划、定期检查文物保护规划及其实施情况）被给予了充分的重视，在我国新时代的文物保护工作中发挥着越来越重要的作用。

[①]《立足过去，面向未来：整合考古与保护》，盖蒂保护研究所，2006 年。（*Of the Past, For the Future, Integrating Archaeology and Conservation*, the Getty Conservation Institute，2006.）

1.2 "评估"的主要内容

结合当今国际文化遗产保护理论和实践,我们认为"价值评估"、"现状评估"和"影响评估"无疑已经成为文化遗产保护工作的三大主要内容。

1.2.1 价值评估

关于文物古迹价值的认识和阐述有很多,不同的利益相关者、不同行业、不同角度,看法各不相同。从文化遗产保护领域来看,较有代表性的国际宪章和公约有:1964年在威尼斯召开的第二届历史古迹建筑师及技师国际会议通过的《关于古迹遗址保护与修复的国际宪章》[《威尼斯宪章》(1964)](图1.5);1972年联合国教科文组织第十七届会议上通过的《保护世界文化和自然遗产公约》;1999年澳大利亚国际古迹遗址理事会年会形成的《巴拉宪章》(图1.6)。

图1.5 《威尼斯宪章》(1964)
(图片来源:国际古迹遗址理事会)

图1.6 《巴拉宪章》(1999)
(图片来源:澳大利亚古迹遗址理事会《巴拉宪章》)

其中《威尼斯宪章》认为历史古迹应具备"历史、考古和美学价值"。《保护世界文化和自然遗产公约》在定义文化遗产时明确其所具备的"历史、艺术或科学的普遍价值":文化遗产包括纪念物、建筑群、遗址。纪念物:从历史、艺术或科学角度看具有突出的普遍价值的建筑物、碑刻和绘画、具有考古性质成分或结构、铭文、窟洞以及联合体。建筑群:从历史、艺术或科学角度看在建筑式样、分布均匀或与环境景色结合方面具有突出的普遍价值的单体或建筑群。遗址:从历史、审美、人种学或人类学角度看具有突出普遍价值的人类工程或自然与人联合工程以及考古遗址等。《巴拉宪章》在此基础上进一步扩展了人们对于文化遗产价值的认识:文化重要性(等同于"文化遗产价值")指对过去、现在及将来的人们具有美学、历史、科学、社会和精神价值。文化重要性包含于遗产地本身、遗产地的构造、环境、用途、关联、含义、记录、相关场所及物体之中。

在我国,1982年颁布的《中华人民共和国文物保护法》延续了联合国教科文组织对文化遗产价值的认识,将文物价值分为历史、艺术、科学三大价值。此后又经过十数年的保护实践,2000年出台、2015年修订的《中国文物古迹保护准则》(以下简称《准则》)参照上述的法规和国际原则,在原有历史、艺术、科学三大价值的基础上,也强调了社会价值、文化价值等的重要性。并在关于《准则》若干重要问题的阐释中进一步明确了价值的内涵:

> 历史价值:文物古迹作为历史见证的价值。①由于某种重要的历史原因而建造,并真实地反映了这种历史实际;②在其中发生过重要事件或有重要人物曾经在其中活动,并能真实地显示出这些事件和人物活动的历史环境;③体现了某一历史时期的物质生产、生活方式、思想观念、风俗习惯和社会风尚;④可以证实、订正、补充文献记载的史实;⑤在现有的历史遗存中,其年代和类型独特珍稀,或在同一类型中具有代表性;⑥能够展现文物古迹自身的发展变化。
>
> 艺术价值:文物古迹作为人类艺术创作、审美趣味、特定时代的典型风格的实物见证的价值。①建筑艺术,包括空间构成、造型、装饰和型式类;②景观艺术,包括风景名胜中的人文景观、城市景观、园林景观,以及特殊风貌的遗址景观等;③附属于文物古迹的造型艺术品,包括雕刻、壁画、塑像,以及固定的装饰和陈设品等;④年代、类型、题材、形式、工艺独特的不可移动的造型艺术品;⑤上述各种艺术的创意构思和表现手法。
>
> 科学价值:文物古迹作为人类的创造性和科学技术成果本身或

创造过程的实物见证的价值。①规划和设计，包括选址布局，生态保护，灾害防御，以及造型、结构设计等；②结构、材料和工艺，以及它们所代表的当时科学技术水平，或科学技术发展过程中的重要环节；③本身是某种科学实验及生产、交通等的设施或场所；④在其中记录和保存着重要的科学技术资料。

社会价值：文物古迹在知识的记录和传播、文化精神的传承、社会凝聚力的产生等方面所具有的社会效益和价值。

文化价值：①文物古迹因其体现民族文化、地区文化、宗教文化的多样性特征所具有的价值；②文物古迹的自然、景观、环境等要素因被赋予了文化内涵所具有的价值；③与文物古迹相关的非物质文化遗产所具有的价值。

总体来看，文物古迹具有明确的核心价值，即历史、艺术与科学价值。这三大价值毋庸置疑，通过它们来确定文物古迹，并进而通过三大价值的高低来衡量和认定不同保护级别的文物古迹也比较令人信服。除此之外，还存在着与核心价值相关的一些衍生的价值，社会价值包含了记忆、情感、教育等内容；文化价值包含了文化多样性、文化传统的延续及非物质文化遗产要素等相关内容；文化景观、文化线路、遗产运河等文物古迹还可能涉及相关自然要素的价值。对于它们的认识，则随着不同的社会、不同的人群存在着不同的价值观而不断变化。目前它们也与三大价值一起，构成了我们认识和阐述文物古迹价值的核心内容。

认识和评判文物古迹价值不仅是确定文物古迹的基础，同时也是保护它们的依据。

众所周知，文物古迹往往历史久远，其历史信息的保留和挖掘不可能是一个短期的行为，必然是一个长期的、随着社会发展、随着科学文化水平不断提高而不断深化的、逐渐积累的过程，因此我们对于文物古迹价值的认识和评判同样也是一个不断变化和更新的过程。目前我国的文物保护单位体系正是这种阶段性价值认识的体现，从一处不可移动文物到市县级、省级和国家级文物保护单位，随着我们对文物古迹研究的不断深入、认识的不断提高，它的价值和保护级别也在不断变化。此外，随着国际国内文化遗产保护理念的不断发展，新的文化遗产类型如文化景观、文化线路、工业遗产、乡土建筑、非物质遗产、复合型的文物保护单位等不断涌现，需要我们用新的理念、新的眼光、新的角度去评估、认识其价值和内涵。那么，在对文物古迹价值既有认识的基础上，通过不断评估来重新认知和更新，并进行阶段性总结就显得尤为重要了。

国际国内的宪章文件对价值评估的重要性也多有强调。如：

> 对文化遗产的所有形式与历史时期加以保护是遗产价值的根本。我们了解这些价值的能力部分取决于这些价值的信息来源是否真实可靠。对这些与文化遗产的最初与后续特征有关的信息来源及其意义的认识与了解是全面评估真实性的必备基础。[《奈良真实性文件》(1994)]
>
> 对文化重要性的认识也可随信息的更新而改变。在进行决策之前，最好通过一系列信息收集与分析，了解场所的文化重要性及可能影响其未来的其他事务。[《巴拉宪章》(1999)]
>
> 第2条"保护是指为保存文物古迹实物遗存及其历史环境进行的全部活动。保护的目的是为了真实、全面保存并延续其历史信息及全部价值。"第5条 保护必须按照程序进行。其中对文物古迹价值的评估应当置于首要的位置。[《中国古迹遗址保护准则》(2015)]

2001年《会安草案》强调了遗产价值保护的重要性，并将其视为保护整个区域文化身份的多元性和持久性的基石。继而提出了"重要性评估"（价值评估）和"重要性陈述"（价值陈述）的概念。前者是指出台一个简明的重要性陈述，对某一项目的遗产价值加以评估总结的过程。这一评估是影响项目未来并确保其价值保留的政策和管理结构的基础。后者是重要性评估的产物，它简明总结了一项遗产的价值并阐明了其重要的原因。重要性陈述是遗产项目管理的重要组成部分，构成了所有相关政策、管理结构以及所有对该项目的未来具有积极影响的遗产决策的基础。

价值评估的内容通常包括历史原状认定、历史衍变的研究、分析确定价值的研究，以及比较确定古迹各方面价值的等级和古迹各方面价值之间关系的研究等。价值评估的标准可参考以下几个文件。

关于《准则》若干重要问题的阐述对文物价值评估的具体阐释内容有三：

1. 文物古迹历史的、艺术的和科学的价值，包括：现状的价值；经过有效保护，公开展示其对社会产生的积极作用的价值；其他尚未被认识的价值。
2. 通过合理利用可能产生的社会效益和经济效益。
3. 本项文物古迹在构成历史文化名城和历史文化地区中的地位，和在当地社区中特殊的社会功能。

此外，联合国教科文组织对世界文化遗产突出普遍价值的评定标准也同样可以作为文化遗产价值评估的参考，尽管这一标准基于全球视角，但其并不适用于所有的国家和地区。标准有五：

标准Ⅰ．创造精神的代表作；

标准Ⅱ．在一段时间或世界某一文化区域内，对建筑、技术、古迹艺术、城镇规划或景观设计的发展产生的重大影响；

标准Ⅲ．能为现存或已消逝的文明或文化传统提供独特的或至少是特殊的见证；

标准Ⅳ．是一种建筑、建筑整体、技术整体及景观的杰出范例，展现历史上一个（或几个）重要阶段；

标准Ⅴ．是传统人类居住地、土地使用或海洋使用的杰出范例，代表一种（或几种）文化或人类与环境的相互作用，特别是由于不可逆变化的影响下变得脆弱时。

值得重视的是，《巴拉宪章》和《会安草案》同时强调了"相对价值评估"（即价值分级）的重要性。前者指出：可依据某一场所的文化价值的相对程度决定不同的保护措施。后者阐述更加全面：了解遗产资源的相对价值对我们至关重要，可帮助我们合理判断哪些要素必须在任何情况下得到保存，哪些要素需要在某些情况下得到保护，以及哪些要素可以在某些特殊情况下被牺牲掉[①]。价值程度可基于资源的代表性、稀缺性、条件性、完备性、整体性及诠释潜质等加以评估。相对价值评估的理念是对文物古迹整体价值的分解和细化，有利于指导文物古迹化整为零开展保护，强化保护措施的针对性。

1.2.2　现状评估

根据《中国文物古迹保护准则》及其阐释，"评估"包括对文物古迹的价值、保存状态、管理条件和威胁文物古迹安全因素的评估，也包括对文物古迹研究和

---

① 所谓"牺牲"的理念正是在亚洲众多发展中国家所面临的文物保护与社会发展的矛盾、传统建筑群的可持续发展等的大背景下提出的。为了避免这种"牺牲"的理念被无限扩大，《巴拉宪章》进一步强调：应尊重遗产地各方面的文化价值。如果某个遗产地包括不同时期的构造、用途、关联或意义，只有在准备忽略、移除或弱化的某一历史阶段或部分仅具有极小文化价值，以及所要强调或诠释的某一阶段或部分具有远为重大的文化价值的情况下，方能牺牲前者，强调或诠释后者。

展示、利用状况的评估。评估对象为文物古迹本体以及所在环境,评估应以勘查、发掘及相关研究为依据。

理解和评估文物现状首先需要区分什么是"现状",什么是"原状"?《中国文物古迹保护准则》的相关阐释为:

> 文物古迹的原状是其价值的载体,不改变文物古迹的原状就是对文物古迹价值的保护,是文物古迹保护的基础,也是其他相关原则的基础。
>
> 文物古迹的原状主要有以下几种状态:1.实施保护之前的状态;2.历史上经过修缮、改建、重建后留存的有价值的状态,以及能够体现重要历史因素的残毁状态;3.局部坍塌、掩埋、变形、错置、支撑,但仍保留原构件和原有结构形制,经过修整后恢复的状态;4.文物古迹价值中所包含的原有环境状态。情况复杂的状态,应经过科学鉴别,确定原状的内容。由于长期无人管理而出现的污渍秽迹,荒芜堆积,不属于文物古迹原状。历史上多次进行干预后保留至今的各种状态,应详细鉴别论证,确定各个部位和各个构件价值,以确定原状应包含的全部内容。一处文物古迹中保存有若干时期不同的构件和手法时,经过价值论证,可以根据不同的价值采取不同的措施,使有保存价值的部分都得到保护。
>
> 不改变文物原状的原则可以包括保存现状和恢复原状两方面内容。
>
> 必须保存现状的对象有:1.古遗址,特别是尚留有较多人类活动遗迹的地面遗存;2.文物古迹群体的布局;3.文物古迹群中不同时期有价值的各个单体;4.文物古迹中不同时期有价值的各种构件和工艺手法;5.独立的和附属于建筑的艺术品的现存状态;6.经过重大自然灾害后遗留下有研究价值的残损状态;7.在重大历史事件中被损坏后有纪念价值的残损状态;8.没有重大变化的历史环境。
>
> 可以恢复原状的对象有:1.坍塌、掩埋、污损、荒芜以前的状态;2.变形、错置、支撑以前的状态;3.有实物遗存足以证明原状的少量的缺失部分;4.虽无实物遗存,但经过科学考证和同期同类实物比较,可以确认原状的少量缺失的和改变过的构件;5.经鉴别论证,去除后代修缮中无保留价值的部分,恢复到一定历史时期的状态;6.能够体现文物古迹价值的历史环境。

通过上述阐释不难理解，"原状"是文物古迹价值的载体，是需要保护的对象和状态；"现状"既包含有价值的文物"原状"部分，又包含不符合"原状"的部分，同时也包括涉及文物古迹保护、管理、研究、利用等的综合现状条件。因此认识和评判文物古迹现状情况是确定文物古迹保护措施的基础和依据。

现状评估是认识和了解文物古迹保护、管理、研究、利用等现状的必要手段。

现状评估的内容通常包括文物古迹本体的现存状态（真实性、完整性）、环境状态（自然、人文）、管理条件（管理机构、四有情况、预防能力）、利用状况（文物展陈、其他利用功能）、研究状况等。

针对现状开展以下各类专项勘察、研究和评估，有助于对文物古迹现状获得更加全面、科学、准确的信息。

- 地下遗存评估

对可能涉及地下遗存的文物保护项目进行考古勘探、调查。

- 空间分析评估

利用测绘、航拍、三维扫描等，通过 GIS、SKETCHUP、3DMAX 等信息技术等进行空间分析和评估。

- 水文勘察和地质勘探

通过对场地进行水文勘察和地质勘探，获取水、岩土的相关评价参数，了解保护项目的场地和结构安全性和可行性。

- 采样实验

通过采集文物本体样本进行物理、化学实验，或开展无损检测，获取文物本体的相关评价参数。

- 结构检测安全评估

通过无损或微损检测手段，对文物古迹外观及结构材质状况进行整体勘察，发现内部潜在问题，通过数据分析，对整体及局部安全状况进行鉴定评估，为科学开展维修加固提供依据。

- 综合监测评估

监测内容应根据文物的类型、特点确定。例如，大地形变监测、位移监测、雨量监测、温湿度监测、地下水位监测及震动监测等，获取项目所在区域的地质、水文、气象等宏观环境状况和微观环境状况。

只有现状勘察做到具体、深入、针对性强，才能对文物形制、年代、价值、环境和病害原因等得出全面、准确的评估结论，从而提出科学的保护对策。

现状评估的延伸——定期评估

根据《世界遗产公约》，定期报告是联合国教科文组织通过世界遗产委员会检验缔约国履行遗产公约承诺的报告，内容包括法规、保护措施、开展的各项工作、保护管理状况等。在世界遗产委员会的推动下，截至2017年，全球每六年一个周期的定期监测评估已经完成了两轮的定期报告，并于2018年启动了第三轮定期报告。

为了推动世界遗产地的定期监测评估工作，国家文物局自2012年开始搭建中国世界文化遗产监测平台，负责组织开展中国世界文化遗产地及预备清单动态信息、预警监测系统的建设与运行，开展反应性监测和遗产地监测报告评估工作，为各遗产地监测工作提供技术指导等。根据《中国世界文化遗产2018年度总报告》的数据：截至2018年，我国98处世界遗产地都设置了专门的监测机构/部门或者指定了特定机构承担监测工作，其中专门监测机构/部门有54个，从事遗产监测工作的人员共计2349人。近十年来取得了突飞猛进的发展。

参照世界遗产保护管理模式，我国在文物保护单位的保护管理上也提出了定期评估的要求。根据《中国文物古迹保护准则》的相关阐释：

> 定期评估是保证落实文物保护规划、验证规划实施效果的重要措施。也是文物行政管理部门监督、促使文物保护规划实施，提高文物古迹保护管理水平的基本方法。
>
> 定期评估应根据文物保护规划的进度逐项评估落实情况和效果，解决未能按规划落实的问题。
>
> ……
>
> 在实施文物保护规划或完成一定阶段的工作后，应及时总结，发现问题，经过论证、评估后可修订或调整规划。

通过评估，对文物古迹的保护规划、各类保护工程进行质量和效果跟踪，为文物管理、工程验收、保护经验总结提供依据。

尽管定期评估并没有成为当下文物保护单位的日常工作内容，但是对于文物保护规划和保护项目实施效果进行跟踪评估的探索和实践从来没有停止。这其中较早的探索有2009~2010年，笔者参与的中国文物信息咨询中心申请并组织实施的国家文物局2009年文物保护科学技术专项课题——"文物保护规划实施情况跟踪监测体系研究"课题，通过调研分析文物保护规划实施情况，研究探索了我国文化遗产地保护规划监测评估体系如何搭建和运作，为文物行政部门开展规划实施情况的跟踪监测评估工作提供科学依据。

此外，近几年国家文物局组织开展的一批重大文物保护项目的实施效果评估如四部委开展的传统村落保护实施效果评估、第一批12家国家考古遗址公园2011~2013年运行情况综合评估、前两批24家国家考古遗址公园2014~2016年的运行情况综合评估[①]、"十二五"大遗址保护综合效益评估[②]等，以及一些地方文物部门组织开展的工程后评估如新疆"十一五"保护工程效果评估等都属于此范畴。这些评估工作较为系统、客观地评估分析了重大文物保护项目施行以来所取得的成绩以及所面临的问题，并提出后续政策完善和保护措施等的相关建议。

1.2.3 文物影响评估

文物影响评估是认识和了解文物古迹发展计划及其他行动的潜在影响的系统方法。认识和评判文物影响情况是确定和实施文物古迹发展计划和其他行动的依据。

中国古迹遗址协会秘书处在《世界文化遗产影响评估导则》（指南）"译序"中阐述了其编制目的：

> 突出普遍价值（OUV）是世界遗产工作的核心和基础。遗产地因具有 OUV 而列入《世界遗产名录》；因 OUV 受到威胁和破坏而引发反应性监测，严重者被列入《濒危世界遗产名录》，甚至从《世界遗产名录》中除名。按照《实施世界遗产公约操作指南》（《操作指南》）的要求，任何可能严重影响世界文化遗产 OUV 的活动均应进行遗产影响评估（第169、172段），并将评估报告提交世界遗产委员会审议。
>
> ……
>
> 中国世界文化遗产数量多，分布广，绝大多数遗产地位于城镇建成区，面临开发、旅游等各种压力。如何能在保证 OUV 不受威胁的前

---

① 第一次评估工作具体由中国文化遗产研究院实施，成果为《国家考古遗址公园评估总报告（2011~2013年度）》。2014~2016年的评估由中国社会科学院考古研究所具体承担。

② "十二五"大遗址综合效果评估由北京国文信文物保护有限公司实施，成果为《"十二五"大遗址综合效果评估报告》。

提条件下进行开发建设,《评估指南》成为了极为有用的工具。

遗产影响评估绝不是在开发项目确定之后进行,用来证明项目的合理性;而是应在立项之初就进行,以便确定项目的可行性,避免投资方不必要的损失。遗产影响评估的费用,正如配合基建的考古发掘一样,应由投资方负担。

不仅世界文化遗产,各级文物保护单位也需要遗产影响评估。在保护范围内和建控地带开展的任何活动均应事先经过遗产影响评估,方可保证保护单位的价值不受威胁。

如本书绪论所述,近十年来这项工作正受到越来越多国内外文化遗产保护者的重视。在国内,文物影响评估已经涉及诸如重大基础项目、公路、铁路、城市轨道交通的选址、选线、国家考古遗址公园建设项目等,供相关部门进行决策和参考。

影响评估的延伸——文物定损评估

文物定损评估作为文物影响评估的一种特殊类型,旨在通过一套科学方法,评估人为因素对当下文化遗产造成的破坏程度,为文物执法、修缮保护提供依据。

事实上,这项工作尚处在起步阶段。2015年由国家文物局委托、笔者主持的《文物建筑定损评估办法》(试行),吸取了消防部门火灾损失评估等的方法,结合建筑结构定损评估和价值分级评估,对各类人为因素造成的影响程度进行了探索,并开展一定的有益实践,取得了初步的成效[1]。

1.3 "评估"与保护程序的关系

尽管评估已经成为当前文物保护工作的前置条件之一,但是为什么要评估?它在保护工作中究竟起到怎样的作用? 与文物保护各工作程序间到底怎样运转?由于理论研究的不足,目前很多文物保护工作者在认识上都存在误区,导致保护实践中评估工作往往被忽视,或者草草了事。这说明我国现行的文物工作程序对评估作为文物保护工作的依据和基础仍然强调不足。

(1)评估环节没有明确体现在文物保护工作程序的每一步骤上。

(2)评估与保护决策的针对性环节强调不够。

---

[1] 滕磊、刘瑛楠:《文物建筑定损评估体系初探》,《中国文物科学研究》2018年第3期。

（3）对文物影响评估、定损评估、保护效果评估等还没有给予足够的重视。

这些误区和程序缺环，在过去的保护实践中已经造成了一定的工作疏漏，从而影响到文物保护工作的实际效果。

例如，价值评估方面，一种是认为前人已有评估结论，没有必要再次进行评估。这种认识表现在保护工作上，没有花费力气对文物古迹的内涵和价值进行深入的研究、科学的评估、予以阶段性的总结，或者抄袭四有档案，或者网上百度得来。他们认为这些文物保护单位既然公布了相应的保护级别，就已经过充分的评估，并体现出了它们的价值，往往忽略了这些评估结论是否已补充最新的考古发掘资料、保护修复资料或其他科学研究成果，是否符合国内外当下的文物保护理念，是否因当地经济的发展、城乡建设出现了影响文物古迹价值真实性、完整性的变化，因此原先的评估结论可能已经不准确、需要更新。此外，一组建筑群、一片遗址、一群墓地、一座石窟中的某一座建筑、一处遗迹、一座墓葬、一个洞窟需要保护，或者壁画、石刻等专项保护，如果仅以这些文物古迹的整体价值为保护依据，而不是针对分解的建筑构件、遗迹现象、壁画等进行相对价值的具体评估，那么以此为基础进行保护方案设计和规划必然影响保护决策的科学性和准确性。

《成吉思汗陵保护规划》编制过程中，规划编制单位到现场了解情况后认识到成吉思汗陵的价值可能因为年复一年的祭祀工作及其相关的祭祀群体而形成了极具价值的非物质文化遗产价值。因此他们重新调整了工作思路，评估通过历史对比和现状祭祀活动、对祭祀执行人的调查确定濒危性和影响因素。其中，还针对目前掌握的达尔扈特人祭祀礼仪程度和传承状况，对守陵人进行问卷调查。在此基础上，规划对成吉思汗陵的价值进行了重新评价和陈述：祭祀活动（仪式）是成吉思汗陵的价值核心，达尔扈特人是祭祀活动的执行者和仪式的传承人，祭祀物是奉祀之神（灵魂和精神）的物化载体，是祭祀活动开展的主要对象，也是达尔扈特人主持仪式的物质前提。这三者（仪式、物品、人）构成了成吉思汗祭祀文化的主要特征。陵宫和陵园是祭祀活动开展的空间场所，附属文物是成吉思汗陵祭祀文化和陵园环境不可分割的部分。不同类型的文化遗产，包括无形的和有形的遗产以及伊金霍洛周围的草原环境，共同组成了举世瞩目的独特的成吉思汗陵文化遗产体系[①]。了解和理顺成吉思汗陵文化遗产的价值体系，为规划单位确定规划重点目标，继而为提出具有针对性的规划对策提供了完整而详细的依据。

---

① 朱宇华：《成吉思汗陵保护规划的特点简述》，《文物保护工程》（中国文物信息咨询中心内部刊物）2006年第1期。

佛光寺东大殿保护研究过程中，专业机构合作对东大殿建筑进行了专项的勘察研究，通过建立文物信息数据库（CHIS）系统，以构件为单位，记录所有的相关信息，并据此进行分析评估。价值评估的具体内容包括东大殿整体价值赋存的文物点和载体（构件等）[①]。根据这样的研究评估结论，我们就可以确定东大殿的木构件中哪些可以替换，哪些尽可能不要更换，哪些绝不能更换，在涉及结构安全等问题上如何取舍。这种针对性的价值评估无疑为实施东大殿的保护修缮工程提供了科学、准确的依据。

一种是认为得出评估结论即可，阐述评估过程并不重要。这种认识表现在保护方案、规划编制阶段，尽管对文物古迹的价值进行了阶段性的研究评估，文本（或说明）却没有表现，仅呈现出价值评估的结论，即价值陈述，而价值评估结论如何得来，通过怎样的资料分析、研究、比较等问题没有进行归纳和阐述，这就使我们对这些结论的信服程度大打折扣，以此为依据制定的保护决策是否科学、准确就不得而知了。

《莫高窟保护管理规划》《故宫保护规划大纲》等保护规划在评估方面做得很好，后者不仅确定了故宫的总体价值，同时还在文物古迹本身各方面价值之间设定衡量比较系统，以便在各价值保存间出现矛盾时作为决策、取舍的标准。相对价值的评估为决定保护措施的力度和利用方式及程度提供了依据[②]。文化线路、大遗址、复合型的文物保护单位等，内涵涉及面广，其价值评估往往需要考古学、历史学、建筑学、地质学、生物学、社会学、管理学等多学科参与研究，并采取先进的科学技术手段和分析、检测手段作为辅助。那么，这些多学科参与研究的过程和成果更应该在文本（或说明、附件）中呈现出来。中国建筑设计研究院建筑历史研究所在编制《大地湾遗址保护规划》的过程中，通过多学科的配合，对遗址地表重新进行了普查，进行了环境考古学的研究，利用了航拍手段，以此为基础的价值评估及结论得以更加科学、准确[③]。

一种是认为价值评估与保护对象（遗产构成）关系不大。这种认识表现在保护工作中，在没有深入和全面认识文物古迹价值的前提下，对于所要保护的对象界定往往不够明晰，尤其是涉及内涵比较复杂的文物古迹时，往往会出现保护对象不完整或保护对象重点不突出，丢了西瓜捡了芝麻的问题。

大同北魏明堂遗址发现后，由于土地和建设等问题，仅发掘了西南侧的部

---

① 吕舟编著：《文化遗产保护100》，清华大学出版社，2011年，第26～29页。
② 国际古迹遗址理事会中国国家委员会：《中国文物古迹保护准则案例阐释》案例31，2005年。
③ 国际古迹遗址理事会中国国家委员会：《中国文物古迹保护准则案例阐释》案例15，2005年。

分区域,其遗址东北侧被建筑占压,保存情况不明。保护规划编制初期,由于对于明堂建筑的整体价值评估不足,尤其是没有认识到建筑圆形布局在礼制上的意义,因此对东北侧部分未予考虑,致使保护对象不完整,从而直接影响了其价值的完整性。后来经过专家论证,认为它是我国目前发现的构造最为奇特的一处明堂,集明堂、辟雍、灵台为一体,反映了十六国以来北方民族与中原传统文化融合的历程,是古代民族融合、团结的例证。要求该规划进一步论证,充分表述北魏明堂遗址的重要价值,并据此坚持保护遗址价值的"全面性"和"完整性",通过分期实施,逐步实现对遗址的全面保护[①]。

类似于北魏明堂的例证还有很多,遗址和墓葬大多掩藏于地下,范围、内涵多有不清,有些是因为考古工作不足所限,有些则属于价值评估不够深入、全面,从而使保护对象的界定出现偏差。陈同滨同样发现了这一问题,她结合保护规划的实践提出了:根据综合评估(包括价值评估和现状评估),分析遗产构成,明确保护对象和层次,进而建立整体的保护目标。这一改进将《全国重点文物保护单位保护规划编制要求》中"从保护对象—价值评估—现状评估—保护目标—规划策略"的工作流程调整为"从综合评估—保护对象—保护目标—规划对策",使得规划工作流程更加科学、合理[②]。

还有一种认为价值评估与保护决策没有必然联系。这种认识表现在不知道价值评估的目的是什么?尽管有的方案和规划对文物古迹的价值进行了深入、全面的评估,总结出符合现状的价值陈述,有的评估还针对不同的保护对象、不同的构件等进行了相对价值的评估、分级,但是他们仅仅是为了评估而评估,这些评估结论在保护措施和规划对策中没有得到体现,导致保护决策缺乏针对性、重点不突出,出现保护计划安排不合理,保护经费浪费,保护效果不理想、管理利用方式不合理等问题。

《扎塘寺壁画保护方案》将价值评估的过程在文本中单列章节呈现出来,通过对扎塘寺壁画的历史、科学和艺术价值进行分析、对比研究,提出了壁画整体价值及相对价值等级,并以此为基础提出了针对性的保护措施[③]。对于A类壁画,要求必须采取慎之又慎的保护态度。减少人为干预,能不扰动的壁画绝不扰动。必须保护的部位,应尽可能遵守可逆性的原则,必须在进行室内模拟实验和现场

---

① 中国文物信息咨询中心关于对《山西大同北魏明堂辟雍遗址保护规划》的评审意见书,2006K98号。
② 陈同滨:《文化遗产保护总体规划的制定——案例研究:莫高窟》,《古迹遗址保护的理论与实践探索》,科学出版社,2008年,第53页。
③ 滕磊、高峰:《扎塘寺壁画价值评估与针对性保护措施》,《中国文物保护技术协会第六次学术年会论文集》,科学出版社,2010年,第133~139页。

实验获得数据的基础上，组织专家进行评估指导后，根据病害的程度，分步实施。对于 B 类壁画，根据室内模拟实验和现场实验的结果，参照目前西藏壁画保护中较为成熟的经验予以实施。

圆明园遗址价值评估除了高度评价该园林、建筑在艺术、科学方面的价值之外，突出强调了现存遗址是中国近代屈辱史的见证，在进行反帝反封建爱国主义教育方面具有极为重要的历史和社会价值，因此为了彰显圆明园遗址的历史和社会价值，对于其保护利用的决策是建设遗址公园的总体定位，遗址上除了环境整修措施外，建筑不得大规模重建，尤其是主体和重要建筑①。尽管几十年来，有关圆明园遗址重建的呼声不断，但是基于对遗址核心价值的评估，国家文物局一直强调其遗址公园的决策和定位，很好地贯彻了价值评估指导保护决策的内在关系。

在现状评估方面，有人认为其与价值评估没有直接关系。这种认识表现在保护方案和规划编制阶段，现状评估没有围绕文物古迹价值所依附的载体及背景环境的真实性、完整性、延续性来开展，往往无法确定现状评估的范围、内容、重点，从而使现状调查和研究出现偏差，不仅造成时间、人力、物力的浪费，也直接影响了保护的科学性和准确性。

事实上，价值与现状是我们全面认识文物古迹不可分割的组成部分，价值告诉我们应该从哪些方面了解文物古迹的现状，而现状评估又能告诉我们价值保存的真实、完整程度及其发展趋势。现状调查从保护、利用、管理、研究几个方面入手，从而使我们对于文物古迹价值的初步认识得以深化、完善，形成较为客观、全面的价值评估结论。从这个角度来说，价值评估与现状评估往往需要结合起来，同步进行，并及时调整，不断深化。

在影响评估方面，同样有人认为其与价值评估没有必然联系。

事实上，对文物价值（遗产突出普遍价值）的认识和理解是影响评估的关键点。

联合国教科文组织以及英国、加拿大等国家的文物影响评估均强调文物价值（遗产突出普遍价值）在影响评估中的重要性。《会安草案》指出，评估要考虑到已知文化遗产的价值，以及项目所在地或附近可能出现的（尽管目前尚未记录）文物的预期价值。影响评估过程还包括出台一份有关所有文化遗产价值的声明，将遗产的完整性和真实性与其整体价值相联系。《世界文化遗产影响评估导则》更是强调，对于世界文化遗产协调的、合理的改变依赖于对于遗产地价值的深入

---

① 国际古迹遗址理事会中国国家委员会：《中国文物古迹保护准则案例阐释》案例 11，2005 年。

了解，谁赋予了遗产地的价值，为什么会有这样的价值？这样就能获得一份清晰的遗产地价值陈述，据此才有能力理解可能的变化对于遗产价值造成的影响。《世界文化遗产影响评估导则》明确指出，理解世界文化遗产的普世价值（以及遗产其他价值）的全部含义是文物影响评估的关键部分。而世界文化遗产的普世价值特征必须作为影响的"基线数据"予以遵守。

文物影响评估必须紧扣文物价值，只有这样，评估才能做到有的放矢，才能达到评估的最终目标。

尽管《中国文物古迹保护准则》将"评估"作为文物保护工作程序的六大环节之一，但评估在工作中的基础依据和重要地位依旧不能完全体现出来。我们在上文中提及的一些认识误区也与文物保护工作程序强调和指导不够有关（图1.7）。

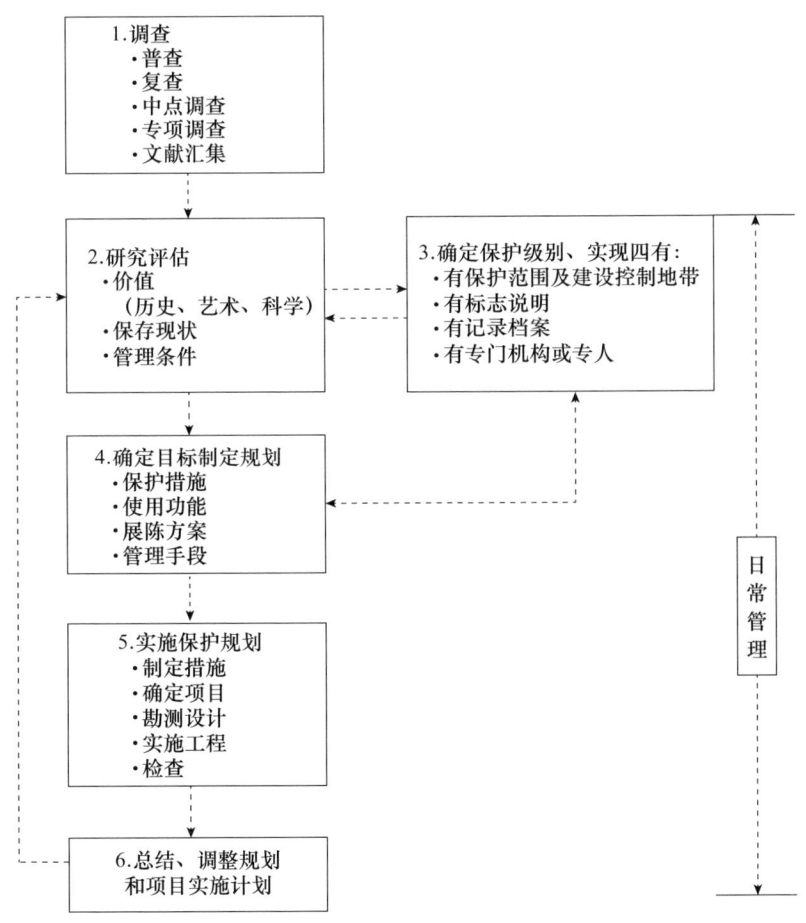

图 1.7 中国文物保护工作程序图

（图片来源：《中国文物古迹保护准则》）

那么，我们应该在以下几个方面切实加强评估工作，以彰显其在整个工作环节中的重要性。

首先，价值评估环节应明确体现在文物保护工作程序的每一个步骤上。

陈同滨指出，《中国文物古迹保护准则》对遗产价值评估与研究的强调不足；遗产整体保护目标要以遗产价值的整体构成为依据。因此"遗产价值构成"分析应作为保护总体规划相对独立的一项基本内容，在制定规划总原则前完成[①]。事实上，不仅是规划阶段需要进行价值评估，很多文物古迹从调查和初步研究，到初次价值评估，再到确定保护级别，再到制定保护规划和具体的保护方案，长者前后几十年，短者也需要数年，在此过程中，它的内涵和构成往往会发生很多变化，因此无论是确定保护级别，还是制定保护规划，或是编制保护方案，都应该对其价值及现状进行重新评估。这些评估环节应该在文物保护工作程序中予以明确体现。

其次，对价值评估与保护决策的针对性环节应予以完善和明确。

《巴拉宪章》在工作程序中将价值的认识和评估放在首要地位，将"明确与价值有关的责任义务"置于保护方针的第一环节，同时要求在制定各项保护方案时评估对价值的影响。从价值评估——明确与价值相关的保护目标——到评估保护方案对价值的影响，环环相扣，确保了价值评估与保护决策的针对性（图1.8）。反观《中国文物古迹保护准则》，价值评估环节指导确定目标和制订规划，但是确定的目标和制订的规划是不是与价值相关，具体的保护项目是否对价值造成影响，这些与价值密切相关的针对性环节明显欠缺，应在保护工程程序中予以完善和明确。

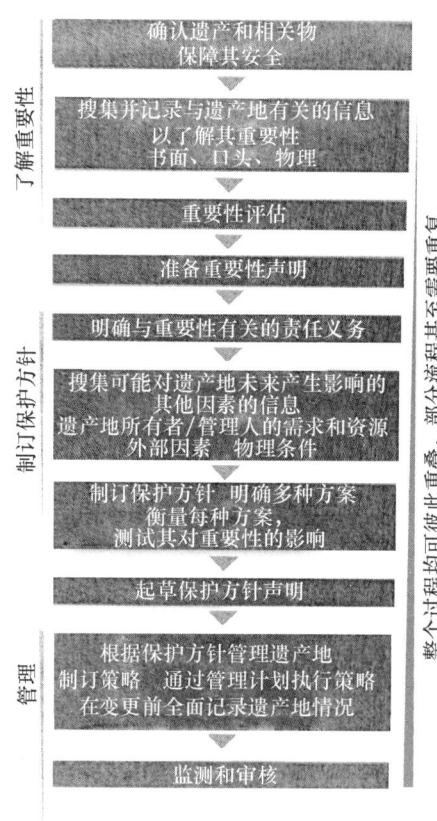

图1.8 《巴拉宪章》文物保护工作程序
（图片来源：《巴拉宪章》）

---

① 陈同滨：《文化遗产保护总体规划的制定——案例研究：莫高窟》，《古迹遗址保护的理论与实践探索》，科学出版社，2008年，第52页。

最后，对影响评估等新的评估类型应给予更多的重视，使它们发挥更大的作用。

近年来，文物影响评估在文物保护工作中受到越来越多的关注。例如，重大基础建设项目的选址、选线，国家考古遗址公园建设项目等都需要进行文物影响评估。《巴拉宪章》要求在确定保护方针前，应对多种方案进行衡量，而衡量的标准是对价值的影响。《会安草案》指出，文物影响评估可以为达成改善人类生活及社会环境和消除贫困与文物保护之间的均衡状态起到关键性作用：通过严格的数据收集、重要性和潜在影响评估，以及影响减轻设计，保护文物免于遭到毁灭或不可挽回的损害。最终在确保可持续发展和社会福祉的前提下，令文物古迹得到成功保护。

文物影响评估的核心无疑是对文物价值影响程度的评估，因此它作为文物保护工作，尤其是涉及国计民生的基础设施或重大建设项目的必要环节，正在发挥着越来越大的作用。对于文物价值影响评估的环节同样应在保护工作程序中给予足够的重视和规范。

此外，近些年文物定损评估、文物保护规划实施情况评估、文物保护工程效果评估等也都开展了一定的探索，但在我们的保护工作中仍缺少政策和资金的支持，没有发挥它们应有的作用。

如图1.9所示，文物保护工作是一项日积月累、年复一年的世代工程，它基于文物古迹的全部价值，通过调查与研究—日常管理—制定保护方针—实施保护方针—调查与研究循环往复，采用价值评估、价值现状评估、价值影响评估确保保护方针紧跟价值，并协调各方面与价值的矛盾，最终目标是实现文物古迹价值的永远保存和延续。

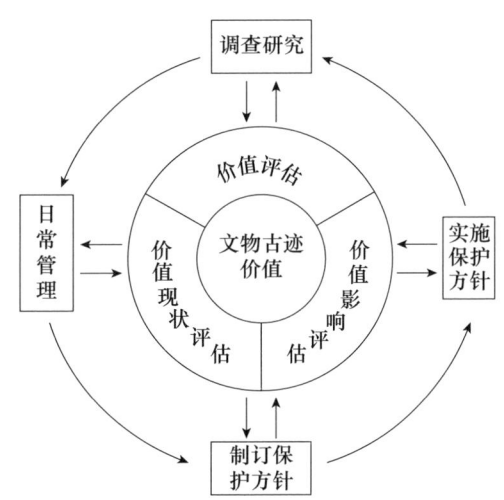

图1.9　基于价值的文物保护工作关系图
（图片来源：滕磊绘制）

1.4 "影响评估"到"文物影响评估"

文物影响评估作为"影响评估"（impact assessment）的一个分支，在国际社会中出现较晚。

1969年，美国《国家环境政策法》（1969）首次将环境影响评估（EIA）作为一项重要管理方法和制度予以确认。1980年成立的国际影响评估联合会（IAIA）对影响评估的定义是"对当前或未来计划所产生后果的认识过程"（the process of identifying the future consequences of a current or proposed action）（图1.10）。该组织积极推动影响评估在政府决策中的作用，并不断扩展"环境"的概念和范畴，将环境影响评估、社会影响评估、技术评估、风险评估及相关领域结合起来。

图1.10 IAIA对影响评估的定义
（图片来源：国际影响评估联合会）

1992年，联合国环境与发展峰会在巴西里约热内卢召开，针对发展带来的破坏，会议将可持续发展理念提高到需要全人类共同遵守的高度，并呼吁各国立法加强环境影响评估（EIA），从而推动世界范围内环境立法和环境影响评估的普遍开展。此后英国、加拿大、澳大利亚、南非等西方国家和中国香港出台了一系列的环境影响评估法案或文件等，并在实践中逐步把文物、文化、社会等作为环境影响评估的一部分内容予以考虑。例如，加拿大环境评估机构《物质文化遗产资源参考指南》，澳大利亚政府《环境保护和生物多样性保护法案》（1999），《国家环境重要性事项：重大影响指导方针1.1》（1999），《英国遗产政策声明，发展和保护文物资产》（2001），香港政府总部发展局《香港工程项目文物影响评估机制》等[①]。而一些国际机构在世界范围内组织开展项目时也注意到环境影响评估中涉及的社会人文的影响因素，如经合组织在《开发项目环境影响评估的良好实践》（1992）中明确要求重视环境影响评估涉及的古迹。世界银行《环境评估原始资料第8号文件——环境评估中的文化遗产》（1994）要求凡涉及文化遗产的项目，在进行环境影响评估时要增加遗产影响

---

① 如 Canadian Environmental Assessment Agency. *Reference Guide on Physical and Cultural Heritage Resources*; Australian Government, Environment Protection and Biodiversity Conservation Act 1999. *Matters of National Environmental Significance: Significant Impact Guidelines 1.1* (1999); English Heritage Policy Statement, Enabling *Development and the Conservation of Heritage Assets* (2001).

评估内容[①]。通过十几年的实践摸索，上述这些国际机构、国家和地区已经针对许多项目开展了文物影响评估，积累了丰富的评估经验。

2001年，联合国教科文组织在越南会安召开了针对亚洲遗产地保护方面的国际研讨会，与会专家认识到：丰富而不可替代的亚洲文化遗产正日益面临着被迫与基础设施、城市扩张和其他发展形势展开空间和资源竞争的局面。最理想的状态或许就是在改善建筑及社会环境和消除贫困的同时，又能保存文化遗产。那么如何实现遗产保护与社会发展的协调、可持续，从而达到两者理想的均衡状态？与会者一致认为，大力推动和开展文物影响评估将起到关键性的作用。通过严格的数据收集、重要性和潜在影响评估，以及影响减轻设计，保护文化资产免于遭到毁灭或不可挽回的损害。最终在确保可持续发展和社会福祉的前提下，令地区遗产得到成功保护。几年后，《会安草案——亚洲最佳范例》（2005）的出台，为亚洲国家开展文物影响评估提供重要的指导（图1.11）。遗憾的是，尽管与会专家已经认识到文物影响评估与环境影响评估不同，但依然延续了此前的做法，将前者作为后者的一部分。

2002年，国际文化多样性网络组织（INCD）在南非开普敦召开第三届年会，专题研讨文化影响评估项目。而文化遗产资源作为文化的重要组成部分，也成为随后出台的《文化影响评估框架》（2004）的一部分内容（图1.12）。2005年，国际古迹遗址理事会第十五届大会在西安召开，世界遗产各缔约国达成了共识："对任何新的施工建设都应当进行遗产影响评估，评估其对古建筑、古遗址和历史区域及其周边环境重要性产生的影响"（《西安宣言》第八条）。

由于文物影响评估大多包含在各国的环境影响评估中，缺少具体的、专业的指导，因此各国开展的文物影响评估要求、程序也不一样。事实上，在广大的第三世界国家，环境影响评估（包含或不包含文物影响评估）往往得不到重视，也缺少相应的操作程序和理论支撑。尤其是涉及发展中国家社会经济发展、基础设施建设、人民生活改善时，相对的环境、文化遗产保护的重要性、紧迫性就没有那么突出了。

联合国教科文组织世界遗产委员会在指导和保护各国的世界文化遗产时，也不断处理到一些涉及世界遗产地的大型发展项目，包括基础设施、大型建筑、不适宜的发展、更新、破坏、土地性质的变化、过度的、不合适的旅游等，这些项目可能会对世界遗产的外观、天际线、核心景观等造成威胁，从而破坏遗产的

---

① OECD, Good Practices for Environmental Impact Assessment of Development Projects, 1992; World Bank: Environmental Assessment Sourcebook (Update No.8), Cultural Heritage in Environmental Assessment, 1996.

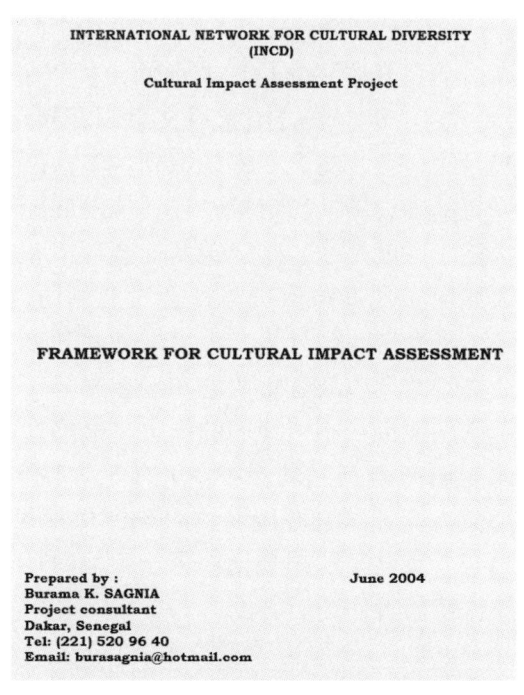

图 1.11 《会安草案——亚洲最佳保护范例》
（2005）
（图片来源：国际古迹遗址理事会）

图 1.12 《文化影响评估框架》（2004）
（图片来源：国际文化多样性网络组织）

突出普遍价值，而这种影响的内涵和外延与环境影响并不相同。根据世界遗产中心的数据，截至 2018 年，世界 195 个国家和地区 1092 处世界遗产地主要面临着发展项目和基础设施建设、管理和立法问题、其他人为因素、自然变迁和灾害等影响。例如，非洲马里通布图古城（Tombouctou）因为不当的大型建设和破坏，2012 年被联合国教科文组织列入濒危世界遗产（图 1.13、图 1.14）。当国际政治、经济、军事等与文化遗产保护发生冲突或者陷入两难局面时，有时候发达国家也同样会牺牲后者，做出错误的抉择。例如，世界第一经济大国——美国，因政治经济原因 2018 年 12 月 31 日起正式退出联合国教科文组织，不再承担文化遗产保护的缔约国责任。而德国德累斯顿易北河文化景观（Dresden，Elber River Cultural Landscape）因为新规划的桥梁建设，2006 年被联合国教科文组织列为濒危遗产，2009 年被除名，成为全球首个被清除出世界遗产名录的文化遗产（图 1.15、图 1.16）。为此，自 2009 年始，联合国教科文组织与国际古迹遗址理事会开始编写《世界文化遗产影响评估导则》，力求推动和指导各国开展前置性的文化遗产影响评估工作（图 1.17）。

图1.13　马里通布图古城老照片
（图片来源：维基共享信息）

图1.14　马里通布图古城内新建的大型设施
（图片来源：世界遗产中心）

图1.15　德国德累斯顿易北河文化景观
（图片来源：国外媒体）

图1.16　德国德累斯顿易北河文化景观上新建的桥梁
（图片来源：国外媒体）

与此同时，许多专家学者也开始探讨文化遗产影响评估的理论和方法等。2008年，理查德·阿考托（Richard Akoto）等在国际影响评估理事会28届年会上发表了《文化遗产影响评估中的土著观念》一文，探讨了文化遗产影响评估中的非遗问题[1]。阿兰·邦德（Alan Bond）等则归纳了欧盟范围内遗产影响评估的特点和进展，并讨论了建筑遗产、公众参与、文化遗产评估等[2]，以及琼斯等对欧洲西

---

[1] Richard Akoto, Knight Piésold & Co. Denver, CO. USA. *Indigenous Cosmology of Cultural Heritage for Impact Assessment*. "IAIA08 Conference Proceedings", The Art and Science of Impact Assessment 28th Annual Conference of the International Association for Impact Assessment, 4-10 May 2008, Perth Convention Exhibition Centre, Perth, Australia (www.iaia.org).

[2] Alan Bond, *Cultural Heritage: Dealing with the Cultural Heritage Aspect of Environmental Impact Assessment in Europe*. Impact Assessment and Project Appraisal, Vol.22 No.1, pp.37-45.

图 1.17 《世界文化遗产影响评估导则》
（图片来源：联合国教科文组织、
国际古迹遗址理事会）

北部开展环境影响评估中文化遗产评估实践的探讨①。2011 年年底，阿耶莎·帕米拉（Ayesha Pamela Rogers）等起草《会安草案》的专家，在香港大学与其他国家的 26 名专家一起研讨了操作文化遗产影响评估的理论和技术路线，希望为推动亚洲国家的文化遗产影响评估工作提供科学的支撑②。吴瑞梵（Ron Van Oers）等介绍了文化遗产影响评估的背景，对于遗产地管理的应用，指出它的潜在角色是促使遗产地管理和可持续发展的关系更加密切③。2013 年，保罗·詹姆斯（Paul James）等讨论了遗产评估实施制度的构建。国际文化财产保护与修复研究中心、国际影响评估联合会及联合国教科文组织亚太地区世界遗产培训与研究中心等国际机构也陆续开展了一系列的培训和研讨。从 2012 年至 2018 年，ICCROM 和 WHITRAP 先后组织了五次亚太地区的文物影响评估交流培训班，共有 43 个国家近百名专业人员受益④（图 1.18、图 1.19）。在 2019 年澳大利亚布里斯班举行的 IAIA 年会上，文化遗产影响评估也组织了专门的研讨组进行研讨。

与国际文化遗产保护形势相比，国内形势同样严峻。据《中国世界文化遗产 2018 年度总报告》的统计：2015~2018 年，遭受人为破坏的遗产地分别占当年遗产地总数的 17.33%、17.14%、20.56%、19.39%。而 2018 年共有 19 处遗产地、18 项遗产遭受人为破坏。比较严重的有殷墟遗址盗掘破坏、颐和园和大昭寺局部火灾事故。从事件类型来看，1/3 属于违法活动，如盗掘、盗窃、拆毁、违法

---

① Jones C.E. and Slinn P. *Cultural Heritage in EIA-reflections on Practice in North West Europe*, Journal of Environmental Assessment, Vol.10 No.3, pp.215-238.

② Ayesha Pamela Rogers, *Cultural Heritage Impact Assessment: Making the Most of the Methodology*, Paper presented at the International Conference on Heritage Conservation 2011.

③ Ana Pereira Roders and Ron Van Oers, *Editorial Guidance on heritage impact assessments: Learning from its application on World heritage site management*.

④ 数据参见联合国教科文组织亚太地区世界遗产培训与研究中心上海中心网站及 APP。

图 1.18　文物影响评估交流培训班（2016 菲律宾维甘古城）

（图片来源：WHITRAP）

图 1.19　笔者在菲律宾文物影响评估交流培训班上进行交流

（图片来源：WHITRAP）

建设、违法挖掘、纵火等；2/3属于其他人为活动破坏，如乱涂乱写、攀爬、踩踏、开垦种植等。另据国家文物局通报，自2016年至2018年，在全国范围内实施"文物法人违法案件专项整治行动"以来，全国共查处文物法人违法案件673起，典型的案例如河南安阳世界文化遗产殷墟周边违法建设问题，湖北红安国保单位七里坪革命旧址、河南商城省保单位南街民居一条街、黑龙江哈尔滨刘亚楼旧居等7处不可移动文物遭拆除，一些反映中国革命历程、承载民族精神的重要史迹遭严重破坏等。为此，24个省、直辖市、自治区开展督察约谈工作，行政处罚349起，责令改正408起，行政追责314人次，刑事追责74人次。可以说，人为破坏仍然是影响文物安全的主要因素之一。

近十年来，国家文物局已经要求诸如重大基础项目、公路、铁路、城市轨道交通的选址、选线，国家考古遗址公园建设项目等，开展前置性的文物影响评估以供决策部门参考。自2007年起，国家文物局先后在多个文件中指导和规范文物影响评估，这一举措受到了中国文化遗产保护者的广泛关注。每年涉及世界遗产、全国重点文物保护单位、省级文物保护单位保护范围和建设控制地带的建设活动，国家考古遗址公园等的文物影响评估工作与日俱增，已经成为新时代我国文物保护事业的一项重要内容。

许多研究机构、大学也都参与到文化遗产影响评估的理论研究中来，如2010年，武汉大学开展的《建设项目文物影响评价制度研究初步方案》；2010年，郑州市文物考古研究院等单位对郑州市城市快速轨道交通涉及的文物进行了影响评估[①]；2012年，西安建筑科技大学等对西安市城市快速轨道交通建设规

---

① 郑州市文物考古研究院编著：《郑州市城市快速轨道交通文化遗产环境影响评估报告》，科学出版社，2010年。

划（2012～2018）进行文物影响评估①，以及张治强、安磊对文物保护单位建设工程文物影响评估的探讨②；2013年，狄文莉硕士研究论文《西安地铁五号线之文物影响评估初探》；2013年，陶莹、常海青在中国城市规划年会上发表的《地铁工程可研阶段文物影响评估初探——以西安地铁三号线为例》③；2014年，滕磊在中国文物报上连载的对文物影响评估的理论和方法的探讨④；2014年，宋文佳、别治明等对文物影响评估的初步探讨⑤；2016年，中国文物信息咨询中心等单位编著的《文物影响评估》⑥，以及重庆大学肖洪未、李和平对香港遗产影响评估的梳理和述评⑦；2018年，滕磊在"他山之石：国际文物保护利用理论与实践论坛"和"第二届中国考古学大会"上发表的《国外文物影响评估体系的几点启示》《古遗址展示利用建设项目影响因素探究》⑧，以及近几年华东理工大学冯艳、上海同济大学叶建伟等对国外遗产影响评估进行较为全面的概述及对英格兰、加拿大、澳大利亚等国家影响评估体系进行了深入、系统的述评⑨。

上述国际、国内的种种研究、探索及实施都在不断推动文物影响评估的理论与实践活动不断科学化、规范化。

---

① 西安建筑科技大学、陕西省古迹遗址保护工程技术研究中心、西安城市遗产保护研究中心等编制：《西安市城市快速轨道交通建设规划（2012～2018）文物影响评估》。

② 张治强、安磊：《文物保护单位建设工程文物影响评价探讨》，《中国文物报》2012年8月3日第3版。

③ 陶莹、常海青：《地铁工程工可研阶段文物影响评估初探——以西安地铁三号线为例》，《城市时代，协同规划——2013中国城市规划年会论文集（11-文化遗产保护与城市更新）》2013年。

④ 滕磊：《何为文物影响评估》，《中国文物报》，2014年5月2日第6版；滕磊：《文物影响评估的范围》，《中国文物报》，2014年5月14日第6版；滕磊：《文物影响评估的主要内容》，《中国文物报》，2014年5月30日第6版；滕磊：《文物影响评估的方法》，《中国文物报》。

⑤ 宋文佳、别治明、王庆丽："文物影响评估"初探》，《中原文物》2014年第5期，第122～125页。

⑥ 中国文物信息咨询中心等编著，吴东风主编：《文物影响评估》，科学出版社，2016年。

⑦ 肖洪未、李和平：《我国香港地区遗产影响评价及其启示》，《城市发展研究》2016年第8期。

⑧ 滕磊：《国外文物影响评估体系的几点启示》，《他山之石：国际文物保护利用理论与实践》，文物出版社，2019年；及2018年10月23日，滕磊在第二届考古学大会文化遗产保护专委会分论坛的发言。

⑨ 叶建伟、冯艳、袁世凡：《遗产影响评价方法发展综述及我国的应用前景》，《华中建筑》2016年第7期，第25～28页；叶建伟、周俭、冯艳：《澳大利亚遗产影响声明（SOHS）方法体系——以新南威尔士州为例》，《城市发展研究》2016年第2期；冯艳、叶建伟：《国内外遗产影响评估发展述评》，《城市发展研究》2017年第24卷第1期，第130～134页；冯艳、叶建伟：《英格兰遗产影响评估的经验》，《国际城市规划》2017年第6期，第54～60页；冯艳、叶建伟：《加拿大遗产影响评估方法——以安大略省为例》，《现代城市研究》2018年第3期，第58～65页。

第二章

境外文物影响评估体系现状研究

从世界范围内看,文物影响评估在各国、各大洲开展得并不均衡。相比较而言,欧美的西方发达国家,以及历史上的英联邦国家或地区在文物影响评估的理论和实践方面均走在世界前列,他们充分吸收环境影响评估成熟的组织运行体系,在评估范围、程序、技术框架、内容及方法手段等方面都较为健全和成熟。而亚非的发展中国家和地区,不仅文物影响评估缺乏,甚至连环境影响评估体系也尚待健全。

中国香港地区由于历史的原因,在文物影响评估体系上沿袭了英联邦的作法,为了表述的连贯性和完整性,特将中国香港地区的现状放在本章。

2.1 评估范围及程序

从我们收集的文物影响评估资料看,超过一定规模或长度的基础设施建设项目,公路、铁路、城市轨道交通的选址、选线,地下管道、墙体,建筑或其他可能改变遗产价值的发展项目计划等,都需要开展文物影响评估。具体案例如英国卡尔顿市洛奇农场文物影响评估(2012)[1]、肯特郡查塔姆市73号大街文物影响评估(2013)[2]、爱尔兰关于爱尔兰电力公司在阿基尔岛进行的WESTWAVE波动能试验项目的初步文物影响评估(2012)[3]、关于大西洋海洋能源测试站的文

---

[1] Cultural Heritage Impact Assessment Lodge Farm, Carlton Scroop, 2012.1.24.
[2] Cultural Heritage Impact Assessment for 73 High Street, Chatham, Kent ME4 4EE, 2013.9.
[3] preliminary cultural heritage impact assessment of proposed westwave wave energy pilot project at achill island on behalf of esb international, 2012.1.

物影响评估[①],澳大利亚阿博特波特港口 X110 基础设施发展项目文物影响评估（2009）[②]、Maules Creek 煤矿项目对原始考古和文化遗产的影响评估（2010）[③],南非夸祖鲁-纳塔尔省彼得马里茨堡运河沿岸发展的文物影响评估（2010）[④]、南非自由州省 Bethlehem 地区波士顿农场小型水电站发展文物影响评估（2011）[⑤]等。中国香港等地区文物影响评估主要集中在历史建筑物"活化"的影响[⑥]等。

联合国教科文组织与国际古迹遗址理事会在相关文件中也发出了如下倡议：

> 对于不同文化遗产类别在真实性可能面临诸如侵占、分割、破坏等潜在威胁时，应该对这些威胁的项目采取文物影响评估的手段。（《会安草案》）

> 对任何新的施工建设都应当进行遗产影响评估，评估其对古建筑、古遗址和历史区域及其周围环境重要性会产生的影响。在古建筑、古遗址和历史区域的周围环境内施工建设应当有助于体现和增强其重要性和独特性。（《西安宣言》）

> 为了令人信服地评价那些针对于世界文化遗产的潜在威胁，有必要专门评估其计划改变突出普遍价值的影响。（《世界文化遗产影响评估导则》）

我们根据上述条款可以总结出表 2.1，总而言之，凡是涉及文物（文化遗产），包括文物本体及周边环境（保护范围或核心区、建设控制地带或缓冲区）的各种发展计划、建设活动、土地利用或其他开发活动，均应采取文物影响评估的保护手段和工作方法。

表 2.1 《会安草案》推荐影响评估范围表

文化遗产类别	真实性面临的主要威胁	标志	保护手段
文化景观	侵占	不恰当的文化景观构成和不合尺度的景观；不适宜的土地用途（如现代化的商业或居住群落、大规模的农业种植等）	开展文物影响评估

---

① Cultural Heritage Asessment for the Proposed Atlantic Marine Energy Test Site.

② Cultural heritage impact assessment study port of abbot point X110 infrastructure development project, 2009.4.

③ Maules Creek Coal Project Aboriginal archaeological and cultural heritage impact assessment, 2010.

④ Heritage impact assessment of proposed development along the camps drift canal, Pietermaritzburg, kwazulu-natal, south Africa, 2010.10.15.

⑤ Cultural heritage impact assessment for the Proposed development of a mini hydropower station on the farm boston, Bethlehem area, free state province, 2011.8.

⑥ 如《香港旧大澳文物影响评估文件》。

续表

文化遗产类别	真实性面临的主要威胁	标志	保护手段
文化景观	分割	由线形的基础设施或建筑单元造成的分割（如道路、铁路、下水道等）	开展文物影响评估
考古遗址	破坏和侵扰	对考古遗迹造成破坏的侵害性活动，如建设、利用性发掘、传统农业活动、现代工具和化学药品的使用等；穿过遗址区域的地上及地下工程（道路、管道、下水道、河道工程等）	
水下遗产	破坏	有可能直接影响海底及其上的遗迹和/或保存环境的开发计划和工程项目	
历史城区和遗产群落	分裂	丧失历史结构和空间，并为不恰当的建筑风格所取代	
	规模（尺度）	在历史街区内部或者周围建设规模（尺度）不恰当的建筑	
	背景分割	不适当/非真实的活动和历史环境利用	
纪念物、建筑物与构筑物	脱离背景/扩侵	非法建设和土地征用	

（表格来源：中国古迹遗址保护协会译《会安草案》）

从我们搜集到的、评估组织运行较为完善的国家和中国香港地区的资料来看，主要有以下一些。

1. 英国

英国文化遗产署（English Heritage）是负责英国文物保护管理工作的政府机构。为避免文化遗产在发展中遭到破坏，借助强大的规划系统进行遗产影响评估，对历史环境（historic environment）及其场所环境（setting）[①]进行管理，将与其相关的开发与变化纳入审批程序，即所有开发均需要提交遗产的重要性和场所环境对重要性贡献的研究以及开发影响大小的评估，并提出缓解措施，使历史环境的重要性得以延续。

为支撑上述工作，有一系列文物保护和规划等方面的法律、法规文件，如《古迹古物区域保护法》（*the Ancient Monuments and Archaeological Areas Act*）（1979）、"不列颠国家规划政策指导第16号文件"（*the British Government-Planning*

---

① 历史环境，指人与场所之间长时间相互作用所产生的周围环境的总和，包括过去人类活动的所有物质遗存。如登录建筑、保护区、世界遗产、历史公园和花园、历史战场、更广泛的历史景观等。场所环境，指遗产所能依附的周边环境，如土地、海洋、建筑物、构筑物、外观、景观、天际线及重要景点，涉及了物质和非物质范畴。参见冯艳、叶建伟：《英格兰遗产影响评估的经验》，《国际城市规划》2017年第6期，第54~60页。

Policy Guidance 16: Archaeology and Planning）(1990)、《规划政策导则：规划和历史环境》(Planning Policy Guidance: Planning and the Historic Environment, PPG15)（1994)、《英国遗产政策声明，发展和保护文物资产（2001)》[English Heritage Policy Statement, Enabling Development and the Conservation of Heritage Assets (2001)]、《历史环境可持续管理的保护原则、政策和导则》(Conservation Principles, Policies and Guidance)（2008)、《规划政策声明5：历史环境规划》(Planning Policy Statements 5: Planning for the Historic Environment, PPS5)（2010)、《历史环境规划实践指导》(Historic Environment Planning and Practice Guide)（2010)、《国家规划政策框架》(the National Planning Policy Framework, NPPF)（2012)。

这些法令文件规范了文化遗产的保护管理，提出了用于评估开发建设对历史环境影响的可接受性或不可接受性的总原则。为使开发建设能更积极地融合到历史环境保护中，不仅需要对历史环境有清楚地理解，更需要评估开发建设是否适宜，以及开发建设如何应对特定情况。土地所有者或开发商计划改变土地使用性质，必须向地方规划部门（LPA）申请开发许可。做出决定之前需要遵循申请流程，这一过程以及相关规划文件被称为开发控制（development control）或开发管理（development management）。遗产影响评估是规划许可的支撑信息和前期研究，而地方发展框架中的地方发展规划（local development plans）则对遗产影响评估进行指导。

遗产影响评估涉及英国遗产署和地方政府。遗产影响评估全程都有英国遗产署的参与。地方政府在遗产保护中的作用颇为关键，它的重要职能之一就是平衡开发建设与遗产保护之间的关系，评估新建设活动对地方环境带来的益处。地方政府通过地方规划（local planning）确定不适当的开发，评估某些可能对历史环境产生影响的开发区域。地方规划包括地方发展框架（local development frameworks）和开发控制（development control），由地方规划当局制定（图2.1）。

2011年，英国遗产署在探讨场所环境的开发管理时，进一步明确了遗产影响评估的五个主要工作步骤：①识别出受影响的遗产及其场所环境。在项目申请前或范围确定阶段，地方规划部门应该指出开发计划对特定遗产场所环境是否存在潜在影响，划定开发计划周边的合理研究区域，对该区域内的遗产及其场所环境进行识别。②评估场所环境对遗产重要性（价值）的贡献、方式和程度。③评估拟开发项目对遗产重要性（价值）的影响。④探寻最大限度增强遗产重要性（价值）、避免或最小化破坏的途径。⑤做出决策并形成文件、成果[①]（图2.2）。

[①] 冯艳、叶建伟：《英格兰遗产影响评估的经验》，《国际城市规划》2017年第6斯，第54~60页。

第二章 境外文物影响评估体系现状研究

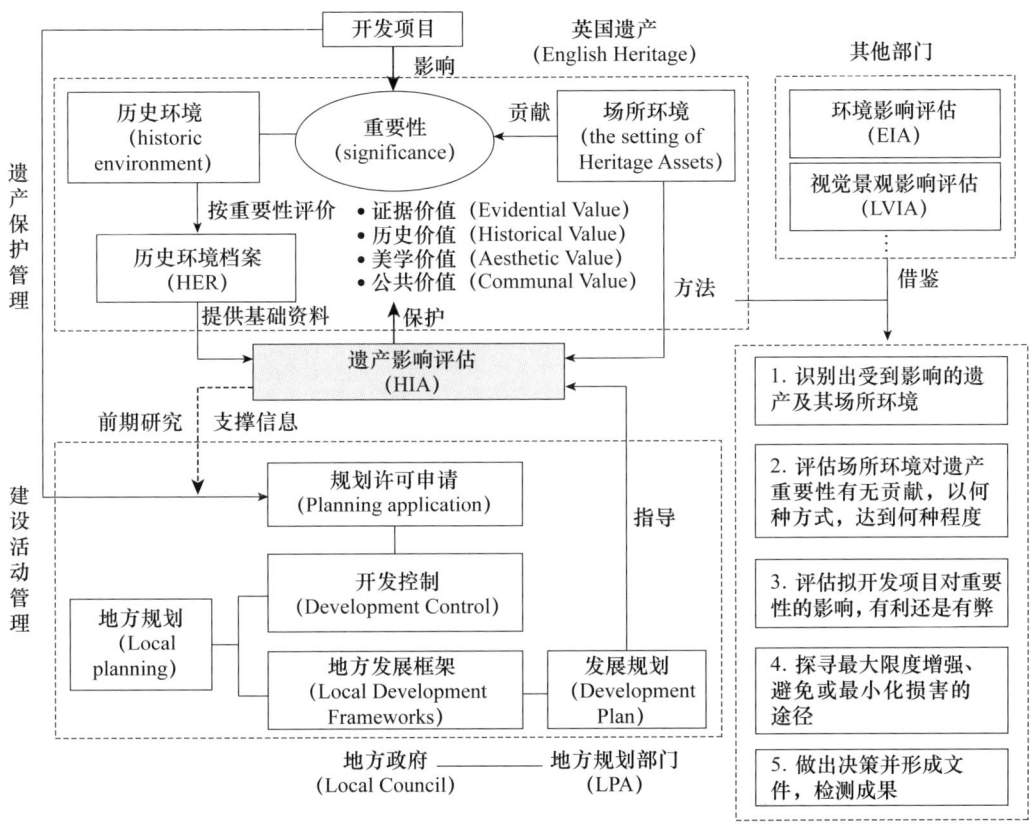

图 2.1 英国文物影响评估体系图
（图片来源：《英格兰遗产影响评估的经验》）

第一步：识别出受到影响的遗产及其场所环境	
在较广区域内确定遗产（无论是指定遗产还是非指定遗产）；识别出遗产的场所环境（无论是直观环境还是引申环境）；基于地形、景观特色、视域、土地利用、公共空间及交通模式建立"理论视觉影响区"及"视觉影响区"；识别出受到开发项目影响的遗产（受体）；描述受到拟开发项目影响的遗产重要性	
第二步：评估场所环境对遗产重要性有无贡献，以何种方式，达到何种程度	
考虑遗产的物质环境	地形；其他遗产（包括建筑物、构筑物、景观、区域或考古遗存）；周边的街道景观、景观和空间的清晰度、尺度和纹理；规则式设计；历史材料和外观；土地利用；绿色空间、树木和植被；开敞空间、围墙和边界；功能性的关系和交流；历史与发展流变；整体性；例如土壤化学和水文等地质问题

图 2.2 英国文物影响评估的主要步骤图
（图片来源：《英格兰遗产影响评估的经验》）

考虑遗产的感知	周边景观或城镇景观的特色；以遗产为中心的一系列视图；作为焦点的视觉支配，显著性或作用；与其他历史及自然名胜预留的视线通廊；噪声、震动及其他污染源或干扰物；宁静、偏远、荒芜；围和感、隔离感与私密性；动力和活力；可达性、通透性、交通模式；面向公众进行解读与推广的程度；遗存的场所环境的稀有性
考虑遗产的关联属性（associative attributes）	遗产之间的相互联系；文化联系；著名艺术；传统
第三步：评估拟开发项目对重要性的影响	
开发项目的位置和选址	邻近遗产；程度；在地形中的位置；在某些位置上对遗产在物质空间或视觉上产生影响的程度；观景位置
开发项目的造型和外观	显著、突出、惹人注目；对遗产造成的干扰；规模、尺度和体量；比例；视觉渗透性（包括能看到的所有区域）；材料（质地、色彩、反光等）；建筑形式和设计；交通或活动；每天或季节的变化
开发项目的其他影响	建设环境和空间的改变；天际线的改变；噪声、气味、振动、灰尘等；灯光效应；总体特色的变化；公众可达性、使用或舒适度的改变；土地使用、土地覆盖，树木植被的改变；考古环境、土壤化学或水文的变化；沟通、可达性、渗透性的变化
开发的持久性	预期周期 / 暂时；循环；可逆
开发的长期和间接影响	所有权的改变；经济和社会的活力；公共使用和社会活力
第四步：探寻最大限度增强遗产重要性、避免或最小化损害的途径	
移除或重建不协调的建筑及外观；用新的和更和谐的形式替代；恢复或展示业已消失的历史特色；引入全新特色加强遗产的公众观赏性；引入全新视图增进公众对遗产的感知	
第五步：做出决策并形成文件，检测成果	

图 2.2 （续）

2. 加拿大

加拿大是较早开展遗产影响评估（heritage impact assessments，HIAs）的国家。文化遗产保护管理及规划的相关法律、法规等要求，项目涉及单个指定遗产，毗邻单个指定遗产，或在单个指定遗产附近，均需提交文化遗产影响评估。不同城市还建立了遗产目录，如《怀特彻奇司托夫维尔镇建筑遗产目录》(*Town of Whitchurch-Stouffville Built Heritage Inventory*)、《多伦多市遗产目录》(*City of Toronto's Inventory of Heritage Properties*)，凡涉及目录中的相关遗产，均需提交遗产影响评估。除此之外，一些城市还扩大了范围，如宾顿市、多伦多市都指出，未被指定或登录的遗产，只要被认定具有"遗产潜力"，在其周边进行开发时也需要提交遗产影响评估。除此之外，在遗产保护地区中，毗邻或在遗产保护地区边界附近的，当要开发或再开发时，需提交遗产影响评估。官方规划修编、分区地方法规修编、辅助规划和地块规划控制涉及遗产的，均需提交遗产影响评估[①]。

文化遗产影响评估应由具有资格的遗产专家来进行。申请者可以在网站上指定由加拿大遗产协会（Canadian Association Heritage Professionals，CAHP）列出的专业成员来具体操作。

支撑文化遗产影响评估工作的文物保护和规划等方面的法律、法规及指导文件有加拿大环境评估机构《物质文化遗产资源参考指南》（Canadian Environmental Assessment Agency. *Reference Guide on Physical and Cultural Heritage Resources*）、《加拿大历史地区的保护标准与导则》（2003）、《保护历史遗产的八大指导性原则》（1997）、《土地利用规划的遗产保护原则》（2007）、《安大略遗产基金会建筑保护原则与实践手册》（1988）、Provincial Policy Statement（2005）、Ontario Heritage Act, R.S.O.（1990）、《安大略省遗产工具手册》（*Ontario Heritage Tool Kit*）。

加拿大文物影响评估的原则与大纲：基于对遗产资源重要性及遗产属性的全面理解，明确拟建设项目对遗产资源可能造成的所有影响，对减缓措施进行考量，推荐在拟建设项目实施的背景下能够最大限度地保护遗产资源的策略。

遗产保护策略包括保护原则、具体保护工作、推荐避免或减缓对遗产资源的不利影响的方法。最小干预原则是所有工作的指导原则。另外，建议的遗产保护措施应涵盖足够的细节，以便告知决定以及指导保护规划。

对于所有可能对考古资源产生潜在影响的项目都应附上考古评估作为附属研究。

根据冯艳、叶建伟对加拿大安大略省文物影响评估程序和机制的研究可知，加拿大安大略省旅游、文化和运动部主管遗产，将遗产按照价值、属性分级登录，而遗产保护地区必须开展遗产保护地区规划，并将其纳入分区地方法规、辅助规划中。市镇事务和住宅部、市政府通过官方规划、分区规划和辅助规划，对遗产进行管理，力图将其纳入土地利用规划体系中。特别是在遗产变更、新建设、拆除等对遗产价值产生影响的项目申请规划许可时，以及对涉及遗产保护地区的规划需要修编时，都需要提交遗产影响评估来作为支撑性工具，为决策提供参考。省政策声明中明确规定，对建成遗产和文化遗产景观的保护，可以通过辅助规划、遗产保护地区规划和遗产影响评估共同完成。这三者共同确保了影响遗产价值的开发项目的有序进行，保证了遗产价值的延续（图2.3）。

在安大略省，保护文化遗产，使遗产的价值、属性和整体性得以保持，需要通过遗产影响声明才能实现。遗产影响评估适用于任何明确受到开发计划影响的

---

① 冯艳、叶建伟：《加拿大遗产影响评估方法——以安大略省为例》，《现代城市研究》2018年第3期，第58~65页。

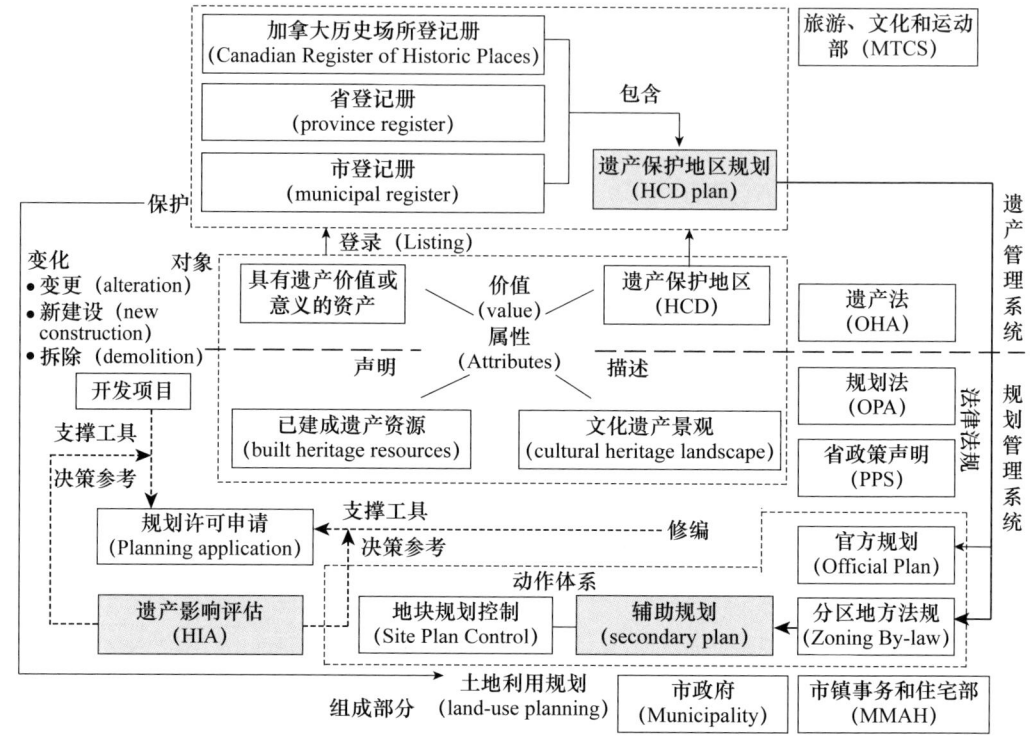

图 2.3 加拿大文物影响评估体系图

（图片来源：《加拿大遗产影响评估方法——以安大略省为例》）

文化遗产，或任何具有考古潜力的地区。市镇议会或审批部门需要遗产影响评估来通过、修改或否定影响文化遗产的开发计划，而遗产影响评估应研究如何在开发中保存文化遗产，并提出缓解影响的措施或替代方案[①]（表 2.2、表 2.3）。

表 2.2 安大略省文化遗产影响评估要求

发展计划涉及场地的简介	*标明拟评估对象的位置平面图（数据图与航片） *以书面文字和可视化形式标明该场地的重要特征、相关建筑、地貌特征和视域景观 *以书面文字和可视化形式标明发展计划场地内包含的文化遗产资源重要特征、相关建筑、地貌特征和视域景观，保证囊括该场地内所有可识别的遗产 *以书面文字和可视化形式描述周边环境，包括毗邻的文化遗产、它们的地貌景观和任何潜在的未指定的文化遗产资源 *提供所有者的联系方式

---

① 冯艳、叶建伟：《加拿大遗产影响评估方法——以安大略省为例》，《现代城市研究》2018 年第 3 期，第 58～65 页。

续表

基础调研和分析	* 以书面文字或可视化形式综合调研分析场地涉及的所有遗址的潜在遗产价值或利益（不论是否已认定），包括自然形成的或人工设计的，历史性的或关联性的，以及它们的情境价值 * 场地的开发历史，包括原始建筑，有据可查的建筑加建与改建 * 调研材料，包括相关的历史地图与地图集、图纸、照片、示意图/透视图、许可记录、土地记录、征税名册、列治文山镇名录等
价值陈述	* 文化遗产价值重要性的陈述以及文化遗产资源的遗产属性描述。这项陈述将由目前的调查研究、现场分析以及已有的遗产描述提供相关资料。这项陈述应当遵循安大略遗产手册中所提及的地方性导则 * 价值陈述无须响应或提前于任何现有的或建议的干预措施。城镇政府在进行判断与审核之后，在他们自己对于目标遗产的价值陈述中可能反驳也可能使用该项价值陈述的全部或部分内容 * 文化遗产资源目前状态的专业级别记录照片
现状评估	* 对文化遗产资源现状条件与物理环境（地点、街景等）的综合描述书面文件，附有高质量的彩色照片 发展计划或场地变化情况的说明 * 以书面文字或可视化形式描述发展计划或场地变化情况 * 对遗址的影响情况 * 对拟进行的发展计划或场地变化可能对文化遗产资源造成的所有影响进行评估。文化遗产资源的影响包括但不限于《安大略遗产手册》和《阿普尔顿宪章》中所陈述的： —— 剥离或损害任何重要的遗产属性或特征 —— 影响历史建筑物及其外观的改变 —— 改变遗产特性的外观和/或环境，或是改变相关的自然要素或植被的生存条件的潜在影响 —— 使遗产特性与它的周边环境、赋存场景或一种重要关系相隔绝 —— 对构筑景观或自然特征的视野或景观造成直接或间接的视线阻碍 —— 使文化遗产的价值受到减损的土地用途改变（如重新分区使教堂划入一个多单元的居民区） —— 土地扰动，如改变土壤土层或排水方式并对文化遗产资源（包括考古资源）造成不利影响 —— 位置变化（在《阿普尔顿宪章》中提及的情况下须加以考虑）
调整或减缓措施	* 调整选线或减缓措施的评估，以及避免或限制文化遗产资源负面影响的保护方法。最小化或避免文化遗产资源负面影响的方法包括但不限于《安大略遗产手册》中所提及的： —— 寻求替代发展方式 —— 将重要建筑、自然特征和景观与发展项目及场地变化隔离开 —— 设计能够使建筑规模、建筑退缩尺度与遗产环境和材料达成和谐一致的导则 —— 限制建筑高度与密度 —— 只允许能与文化遗产兼容的重建或加建 —— 可逆的替代选项 —— 位置变化（在《阿普尔顿宪章》中提及的情况下须加以考虑）
保护策略	* 基于最佳实践保护原则，保护或增强文化遗产价值与文化遗产资源的遗产属性的最优策略包括但不限于： —— 推荐的方法中的减缓策略

续表

保护策略	—— 包括推荐的方法的保护工作范围 —— 实施与监测计划 —— 相关但不限于保护、阐释或纪念的附加研究或计划推荐 * 如果提议除去该项文化遗产资源，文化遗产影响评估必须提供详尽的场地细节设计导则以明确：照明设备、引导标示、景观美化、场地稳定/沉降，以及拆除前的影像记录 * 参考的保护原则与先例
附件	* 列出调查材料的清单与准备遗产影响评估过程中咨询的信息源

（表格来源：朱柠译《加拿大遗产影响评估报告》）

表2.3 多伦多市遗产影响评估要求

描述	遗产影响评估是衡量发展计划或场地变化对文化遗产资源产生的影响并提出对遗产资源的整体保护方式的研究报告。这项分析研究须由具备相应资质的遗产保护专业人员来进行，遗产评估中既应包含在多伦多市遗产清单名录（包括列入遗产与提名遗产）中明确指定的遗产，也应包含尚未经认定的文化遗产资源。 这项研究应建立在对于文化遗产资源重要性与遗产属性全面了解的基础上，认定发展计划或是场地变化对资源可能产生的任何影响，考量减缓措施，并提出在发展计划或场地变化实施的情境下最优的遗产资源保护策略建议。 保护策略须应用保护原则，描述保护工作并提出避免或减缓对文化遗产资源的不利影响的方法。最小干预原则应是所有工作的指导性原则。另外，建议的保护策略应具备足够的细节以便告知决定并指导保护规划的编制。 在任何可能对考古资源有潜在影响的情境下，都应提交考古学评估作为附属研究
要求的情境	如果遗产在多伦多市文化遗产清单之列，以下几种申请类型需要做遗产影响评估： * 官方规划修正案 * 分区条例修正案 * 土地细分规划 * 总平面控制 以下几种申请类型中遗产影响评估可能需要作为参考： * 任何包含在多伦多市文化遗产清单之列的遗产的一致和/或细微变化与建设许可申请 * 毗邻一处文化遗产资源的项目从属于官方规划修正案、分区条例修正案、总平面控制和一致和/或细微变化与建设许可申请 * 对任何登记在《安大略遗产法案》第四部分（个人）或第五部分（遗产保护区）的遗产做出的遗产许可申请
理论基础	遗产影像评估应包含广阔的范围，同时提供丰富的细节以便交流遗产地的相关问题并告知文化遗产资源的建议保护方式评估结果。 遗产影响评估将应用以下适宜的保护原则： 《加拿大历史地区的保护标准与导则》（2003） 《保护历史遗产的八大指导性原则》（1997）

续表

理论基础	《土地利用规划的遗产保护原则》(2007) 《安大略遗产基金会建筑保护原则与实践手册》(1988)
内容与格式	遗产影响评估应包括但不限于以下信息： 对发展计划用地的简介 背景调查与分析 价值陈述 现存条件评估 发展计划或场地变化的描述 发展计划或场地变化的影响 替代选项的考量与减缓策略 保护策略 附件

（表格来源：朱柠译《加拿大多伦多遗产影响评估报告》）

3. 美国

在美国，凡在联邦所有的土地上进行建设的项目，或在私人拥有的土地进行、但由联邦政府出资的建设项目，都必须考虑该项目对自然环境、文化、历史资源可能造成的影响。

1969年，林顿·卡德威尔（Lynton Caldwell）在《国家环境政策法》提案的听证会上提出应当包含要求联邦机构判断其行政行为对环境影响的建议，从而使环境影响评估作为该法案的核心制度被确定。随后正式颁布实施的《国家环境政策法》(the National Environment Policy Act of 1969)首次为影响评估提供了立法依据。该法不仅要保证为全体国民创造安全、健康、富有生命力并符合美学和文化上的优美的环境，还要保护国家历史、文化和自然等方面的重要遗产，并尽可能保持一种能为每个人提供丰富与多样选择的环境。政府在进行可能对人类环境产生影响的规划和决定时，应当采用足以确保综合利用自然科学、社会科学及环境设计工艺的系统性和多学科的方法。

大多数建设项目的文化资源管理经历两个阶段：评价期和减缓期。在评价期内，可能受到影响的土地要准备环境影响评价报告（environmental impact statement，简称EIS）；接下来是决定怎样"减缓"可能的影响，包括项目规划可否改变、是否需要进行抢救性发掘等[①]。

[①] 参考武汉大学2010年研究报告；中国文物信息咨询中心等编著，吴东风主编：《文物影响评估》，科学出版社，2016年。

美国也强调了文化影响评估与环境影响评估的不同。在对文化影响部分进行调研的时候,调研覆盖的地理范围应当比拟进行项目所涉及的范围大,以确保一些发生在拟进行项目范围之外但仍然会受到影响的文化现象也被包含在评估的范畴之内。评估的文化现象与信仰具体类型可能包括生存遗迹、商业遗迹、居住遗迹、农业遗迹、交流遗迹以及娱乐、宗教与精神民俗等。

环境委员会建议文化影响评估分析的前期工作遵循以下协议:

- 与拟进行项目所涉及的较大地理范围内相关的文化源起、文化现象与信仰的研究专家或专业组织进行咨询与确认。

- 与拟进行项目可能造成潜在影响区域的研究专家或专业组织进行咨询与确认。

- 与拟进行项目可能造成潜在影响区域的研究专家进行人种学的访谈研究,获取相关的口述历史资料。

- 对拟进行项目区域进行人种学研究、历史学研究、人类学研究、社会学研究以及其他与文化相关的案头研究。

- 对拟进行项目区域的文化起源、文化现象与文化信仰等进行界定与描述。

- 评估拟进行项目对界定的文化起源、文化现象与文化信仰等造成的影响、能够采取的替代方式以及减缓措施。

4. 澳大利亚

澳大利亚文化遗产管理以遗产重要性(价值)的延续为核心,从遗产的识别、评价登录,到遗产变更管理,到规划许可,工作层层递进、互相融合。这其中,通过确保遗产变更中建设活动有序进行是重中之重,而遗产重要性影响声明(statements of heritage significance impact,SOHS)是遗产变更管理中的关键一环,在遗产保护管理中发挥了重要作用[①]。任何改变遗产的建设项目,无论何等规模,在申请开发许可时,都需要准备一份遗产重要性影响声明。遗产委员会把遗产重要性影响声明作为审批流程的一个常规部分,使之成为环境效应声明、环境因子综述或环境影响声明的一部分。

支撑文化遗产影响评估工作的文物保护和规划等方面的法律、法规及指

---

① 叶建伟、周俭、冯艳:《澳大利亚遗产影响声明(SOHS)方法体系——以新南威尔士州为例》,《城市发展研究》2016年第2期。

导文件，如《国家环境重要性事项：重大影响指导方针1.1》（1999）[*Matters of National Environmental Significance: Significant Impact Guidelines 1.1* （1999）]、《环境保护和生物多样性保护法案》（1999）[*Australian Government, Environment Protection and Biodiversity Conservation Act* （1999）]。

  澳大利亚遗产变更实施管理的工作内容必须纳入规划开发评价系统，对导致遗产变更的建设活动进行评价，评价其对遗产重要性的影响。对于登记在册的遗产来说，并不意味着不能对遗产做任何更改。而是地方环境规划中的遗产计划，以及和遗产相关的各种开发建设活动，包括变更（alteration）、损坏（damage）、拆除（demolition）、开发（development），都要按照地方环境规划和评价系统进行评价，进行开发申请和建筑申请。对遗产变更（altering heritage assets）实施管理包括遗产重要性声明（statements of heritage significance）、保护政策（conservation policy）、保护管理规划（conservation management plan）、遗产影响声明（statements of heritage impact），合称遗产保护管理档案制度。遗产影响声明需要选择能够帮助地方政府（议会）做出明智决定的信息来支撑开发计划。如果涉及遗产具有地方重要性及州或区域重要性的小型工程，需要实地踏勘，收集历史、地理信息确定历史环境，概况已有资料，分析重要性（涉及主题、宅地、完整性），分析遗产周边条件，制定保护政策。但是，对于一个会影响具有州重要性遗产的复杂计划，需和审批许可部门一起确定是否需要保护政策、保护管理规划，然后制定保护管理规划或保护政策。遗产影响声明需要解释通过开发计划，遗产价值将被如何保存或增益。对于在开发计划中对遗产重要性产生不利影响的设计，遗产影响声明需要证明为何其是唯一可行的解决方案，为什么没有备选方案；应当列出带来消极影响的开发，逐点陈述为何无法避免，以及用来消减这种影响所采取的每个步骤（图2.4、图2.5、表2.4）。

  澳大利亚遗产影响评估也较多地关注了对文化多样性的影响方面。参考评估目标如下：

  - 回顾项目场地范围内或毗邻地区现有的考古研究以评估文化遗址的现状并为项目场地开发的预测模型提供理论基础。

  - 定位并记录项目边界范围内的土著遗产与遗址，以协助制定合适的遗产管理建议并指定潜在约束范围。

  - 定位并记录未包含在项目边界范围内、在阿斯顿所有土地里的土著遗产与遗址，以协助制定合适的遗产管理建议并指定潜在约束范围与保护途径。

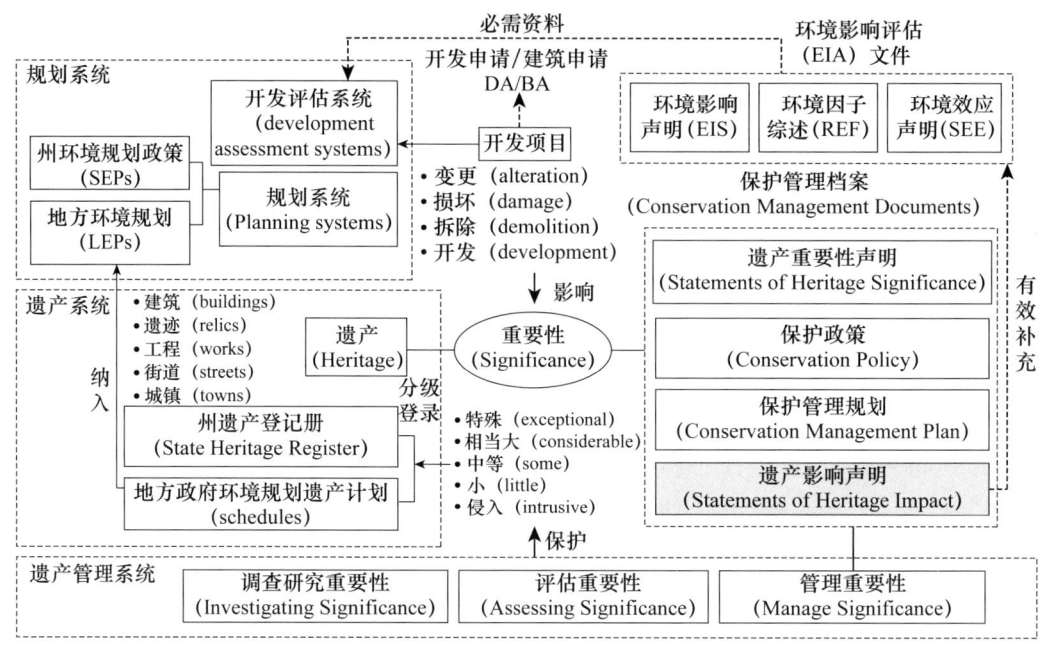

图 2.4　澳大利亚文物影响评估体系图

（图片来源：《澳大利亚遗产影响声明（SOHS）方法体系——以新南威尔士州为例》）

图 2.5　澳大利亚发展与建设项目许可流程图

（图片来源：朱柠译）

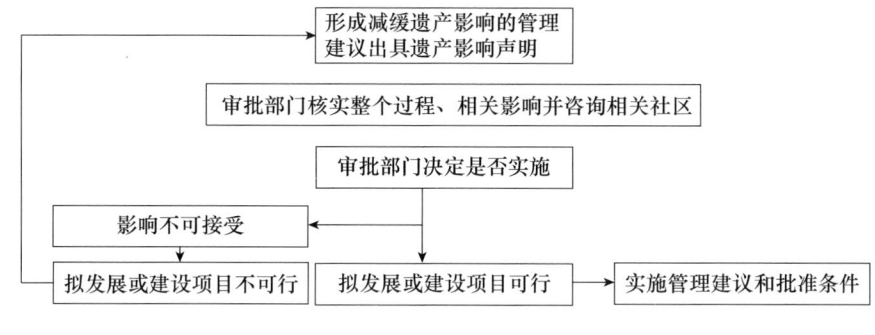

图 2.5 （续）

表 2.4 澳大利亚遗产影响声明要求

对遗产地拟进行的改变	在遗产影响声明中需要回答的问题	根据要求至少提供的信息
拆除一处建筑物或构筑物	- 是否已探究过所有对其保留或改造再利用的可能性？ - 是否能够保留该遗产地的所有重要元素以及是否有新建项目可以在用地的别处选址？ - 是否必须现在进行拆除，可否推迟至日后保留与保护更加可行的时候？ - 是否已经寻求遗产咨询顾问的建议？咨询顾问提出的建议是否已被采纳？如果没有，是因为什么？	当地：SOS 国家：保护管理规划（CMP）
少数部分拆除（包括内部元素）	- 拆除部分对遗产地的功能与运转是否重要 - 遗产地的重要特征是否受拆除的影响（如：建筑内部的壁炉） - 进行部分拆除的决议是否顺应遗产地的价值重要性 - 如果是因建筑自身的情况而需要进行部分拆除，是否能够确认建筑无法修复？	当地：SOS 国家：保护政策（CP）
大量部分拆除（包括内部元素）	- 拆除部分对遗产地的功能与运转是否重要 - 遗产地的特殊特征是否受拆除的影响（如：建筑内部的壁炉） - 部分拆除的设计细则是否顺应遗产地的价值重要性（如：在内部墙面上大面积开口而非直接移除整间墙） - 如果是因建筑自身的情况而需要进行部分拆除，是否能够确认建筑无法修复？	当地：SOS 国家：保护管理规划（CMP）
使用方式变更	- 是否已寻求遗产咨询顾问或结构工程师的意见？咨询顾问提出的建议是否已被采纳？如果没有是因为什么？ - 当前的使用方式是否有助于遗产地的价值的发挥？ - 使用方式为何需要改变？ - 使用方式的改变需要建筑本身发生怎样的变化？ - 使用方式的改变需要遗产地发生怎样的变化？	当地：SOS 国家：保护管理规划（CMP）

续表

对遗产地拟进行的改变	在遗产影响声明中需要回答的问题	根据要求至少提供的信息
少数加建（亦参照少数部分拆除）	- 如何尽可能减少加建部分对遗产价值的影响？ - 加建区域想要实现的功能是否能够直接利用现存建筑达成？如果不能，为什么？ - 加建部分是否位于遗产地的主要视点处？ - 加建部分是否位于任何已知或潜在的重要考古埋藏区？如果是，是否已经考虑过加建部分的其他选址替代方案？ - 加建部分是否与遗产地相协调？在哪些方面协调（如形式、比例、设计）？	当地：SOS 国家：保护政策（CP）
大量加建（亦参见大量部分拆除）	- 如何尽可能减少加建部分对遗产价值的影响？ - 加建区域想要实现的功能是否能够直接利用现存建筑达成？如果不能，为什么？ - 加建部分是否有占据遗产地主要视点处的倾向？ - 加建部分是否位于任何已知或潜在的重要考古埋藏区？如果是，是否已经考虑过加建部分的其他选址替代方案？	当地：SOS 国家：保护管理规划（CMP）
毗邻遗产地的新发展项目 （包括新建建筑和连栋式建筑） [注：大多数规划文件（如地方性和区域性环境规划）要求审批部门考量新发展项目对邻近遗产地或保护区的影响]	- 新发展项目对遗产地价值或周边区域的影响如何降至最低？ - 新发展项目为何选址于遗产地附近？ - 获准建在遗产地周围的宅第对遗产地的价值保护有怎样的贡献？ - 新发展项目对遗产地景观有怎样的影响（包括从遗产地观看和向遗产地方向观看）？为尽可能降低负面影响采取了怎样的措施？ - 新发展项目是否位于任何已知或潜在的重要考古埋藏区？如果是，是否已经考虑过其他选址替代方案？为何未采纳替代方案？ - 新发展项目是否与遗产地相协调？在哪些方面协调（如形式、比例、设计）？ - 新建设部分是否位于遗产地的主要视点处？如何尽可能降低影响？ - 公众和遗产地使用者是否仍然能够看到并欣赏遗产地的价值？	当地：保护政策（CP） 国家：保护管理规划（CMP）
土地分割 [注：新的土地分割对遗产价值产生的影响通常可以通过发展控制规划（DCPs）进行减缓。参见规划部门发布的发展控制规划最佳实施导则]	- 遗产地周边允许建设的拟建设项目是否合适？ - 此次土地分割导致的未来发展情况是否会损害遗产价值？如何将不利影响降到最低？ - 此次土地分割导致的未来发展情况是否会影响遗产地景观（包括从遗产地观看和向遗产地方向观看）？为尽可能降低负面影响采取了怎样的措施？	当地：SOS 国家：保护管理规划（CMP）

续表

对遗产地拟进行的改变	在遗产影响声明中需要回答的问题	根据要求至少提供的信息
重新粉刷 使用新的色彩方案	- 是否已经调查过以前的（包括最初的）色彩方案？是否采取了以前的色彩方案？ - 重新粉刷是否会影响遗产结构与组织的保存？	当地：SOS 国家：保护政策（CP）
重装屋顶或重做覆层	- 是否已经调查过以前的（包括最初的）屋顶或覆层材料（通过档案材料查询和物质材料调查）？ - 是否采取了以前的材料？ - 重做覆层是否会影响遗产结构与组织的保存？ - 是否所有细节与遗产价值相符合（如排水系统、覆层轮廓）？ - 是否寻求遗产咨询顾问或技术人员（如专业石板瓦工）的意见？	当地：SOS 国家：保护政策（CP）
新建服务设施 （如空调系统、管道系统）	- 如何尽可能降低新建服务设施对遗产价值的影响？ - 现存的服务设施是否承载有遗产价值？在何种方面？它们是否会受新建服务设施影响？ - 是否已寻求保护咨询顾问（如建筑师）的意见？该意见是否已得以实施？ - 是否有任何已知或潜在的考古埋藏区受新建服务设施的影响？	当地：SOS 国家：保护政策（CP）（如有重大服务设施升级工程则需要保护管理规划）
防火系统升级	- 如何尽可能降低防火系统升级对遗产价值产生的影响？ - 现存的防火系统是否承载有遗产价值？在何种方面？它们是否会受升级项目的影响？ - 是否有任何已知或潜在的考古埋藏区受防火系统升级项目的影响？ - 是否已咨询防火顾问的建议以寻求对遗产影响更小的替代选项？该建议是否已实施？如何实施的？	当地：SOS 国家：保护政策（CP）
新的景观工程与景观特征 （包括停车场与围栏）	- 如何尽可能降低新的工程对现存遗产地景观的价值影响？ - 是否已经调查过以前的景观方案（包括档案材料查询和物质材料调查）？是否采取了以前的景观方案？ - 是否已咨询遗产景观专家顾问的建议？如果是，该建议是否已实施？ - 景观工程是否会影响到任何已知或潜在的重要考古埋藏区？如果是，是否已经考虑过其他替代方案？ - 景观工程会对毗邻的遗产地景观（包括从遗产地观看和向遗产地方向观看）产生怎样的影响？	当地：SOS 国家：保护管理规划（CMP）（如果是较小景观工程则提交保护政策即可）
树木砍伐或替换 （注：提议砍伐树木时确保要与地方委员会核实当地的树木保护条例）	- 树木是否承载遗产地及其景观的价值？ - 为何进行树木砍伐？ - 是否已咨询树木保护专家或园艺师的建议？ - 树木是否被替换？为什么？是否采用相同树种？	当地：SOS 国家：保护政策（CP）

续表

对遗产地拟进行的改变	在遗产影响声明中需要回答的问题	根据要求至少提供的信息
新的标识系统 （注：核实地方委员会是否有标识系统政策或设计导则）	- 如何尽可能减小新的标识系统对遗产价值的影响？ - 是否已经考虑过标识系统形式的替代选项（如自由布置的标识或小标识）？为何未采纳？ - 标识系统是否符合第六部分"遗产价值区域－室外广告：城市设计方式"？是怎样与之相适应的？ - 标识系统是否位于遗产地、遗产保护区或遗产街区的主要视点处？ - 是否可用从远处进行标识取代从内部进行标识？	当地：SOS 国家：保护政策（CP）

（表格来源：朱柠译《澳大利亚遗产影响评估报告》）

- 记录所有认定的土著遗产与遗址的 GPS 信息以便 GIS 绘图录入。
- 与相关的土著社区群体进行咨询。
- 根据 NSW 的土著遗产考古调研实施导则（DECCW2010a）和支持者的土著文化遗产咨询要求（DECCW2010b）来评估土著文化遗产与遗址的价值。
- 提出管理建议和项目对认定的考古资源产生影响的减缓建议。

5. 南非

南非作为英联邦国家，有较为完善的文物影响评估机制。指导文化遗产保护及影响评估的法案有《国家环境管理修订法案》（*National Environmental Management Amendment Act*，NEMA）(2009)，《国家遗产资源法案》（*National Heritage Resources Act*，NHRA）(1999)。其中，后者明确以下几种情况需要开展文物影响评估[①]：

- 超过 300 米长的道路工程、墙体、电线、管线、沟或者其他类似的线路或者边界；
- 超过 50 米长的桥梁或者相似的结构；
- 任何可能改变以下遗产地特征的发展项目或者行动计划
  规模超过 5000 平方米或者；
  包含三个及以上现存区块或者附属地且或；
  包含过去五年内合并的三个以上区块或分支；

---

① National Heritage Resources Act, No25 of 1999.

项目成本超过 SAHRA 或者省级遗产机构规定的条款；
- 重新界划面积超过 10000 平方米的遗产地；
- 其他被 SAHRA 或者省级遗产机构规定的发展项目类型。

遗产影响评估应强调以下几个主要方面：

- 受到影响区域所有遗产资源的身份认定与图像。
- 根据遗产评估原则对这些资源的重要性进行评估。
- 发展计划对遗产资源造成影响的评估。
- 评估由发展计划所衍生的可持续社会与经济利益对遗产资源的影响。
- 与收到拟发展计划影响的社区或是其他利益相关方关于发展计划对遗产资源影响的讨论结果。
- 如果拟发展计划对遗产资源产生不利影响，则应提供替代方案。
- 拟发展计划进行中与完成后都应提供不利影响的减缓方案。

遗产评估标准与分级：

第一级：遗产资源具备卓越的品质，在国家层面上具有特殊价值。
第二级：遗产资源尽管是国家土地财产的组成部分，但可以认定是在某省市或地区背景下具有重要特殊价值。
第三级：在当地当局程度上值得保护的其他遗产资源。

影响程度分级：

低——没有影响或是拟建设项目根据要求实施重大减缓。
中——产生需要拟建设项目进行修改或采取替代减缓措施的影响。
高——无论采取何种减缓措施拟建设项目都不宜实施。

6. 日本

日本有一套较为独立的文化遗产分类体系（图 2.6）。从我们收集到的相关的法律、法规和条文看，日本目前尚没有明确的遗产影响评估的法律、法规及部门文件，但是通过一套完整的行政许可、咨询程序，对建设项目可能造成的影响进行管控。

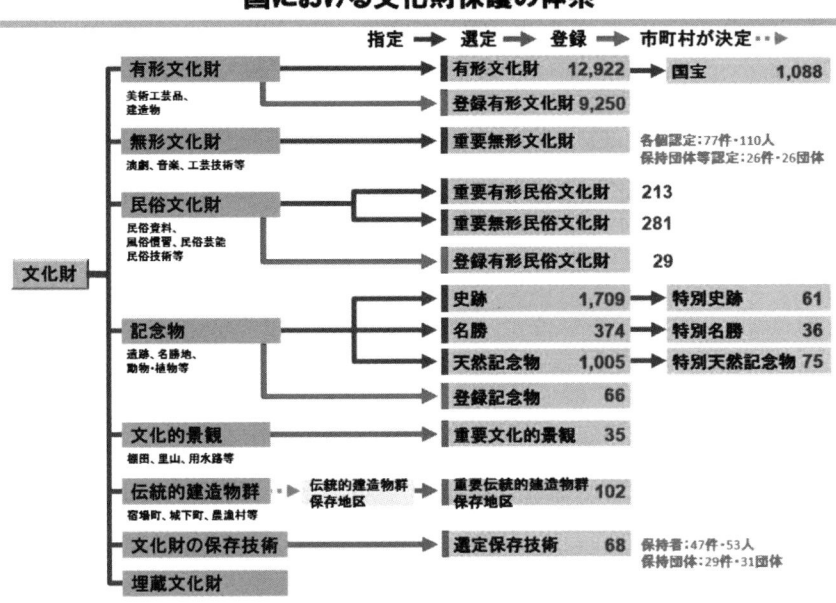

图 2.6　日本文化遗产的分类体系
（图片来源：日本文化厅）

这其中涉及的法律、法规及部门文件有：《文化财保护法》（1950年）、《文化财保护管理方式》（文化厅，2012年）、《登录有形文化财建造物制度说明》（文化厅）、《文化财保护审议会制度》、《文化财保护相关手续清单》等以及各都郡府县、市的文化财保护条例等。

《文化财保护法》第 43 条规定：

1. 重要文化财变更现状或对其保存产生影响的行为，应当得到文化厅长官的许可。但是，其中维持的措施或者为了特殊灾害采取的应急必要措施时，并对保护产生的影响轻微的前提下，不设此限制。①

2. 前款中所指的维持措施的范围，由文部科学省令规定。

3. 文化厅长官在给予第 1 项许可的情况下，作为该许可的条件，可以对该项目的现状变更或者对保存产生的影响的行为给出必要的指示。

---

① 例如，为了设备的保守检查，在重要文物（建筑物）内外设置的临时设备，此临时性的装置，与重要文物（建筑物）接触的部分充分被防护的情况。同时，并不是结构体需要新的加固或贯通的情况，而是建筑设备的机器需要更新的情况。

4. 获得第1项许可的人未遵循前项许可的条件时，文化厅长官有权叫停不符合许可的现状变更或保护产生影响的行为，或者可以取消许可。

5. 对于未能获得第1项许可或由于被赋予了第3项许可条件而受到损失的人，国家补偿其通常应发生的损失。

6. 前项的情况下，准用第41条第2项到第4项的规定。

日本文化遗产的保护管理工作也经过调整，目前由国家层面的文部科学省下设的文化厅以及地方的教育委员会负责。咨询工作由文化厅下设的文化审议会和地方教育委员会下设的文化财审议会负责。《文化财保护相关手续清单》第6章比较明确规定了文化财变更现状或对其保存产生影响的行为的许可程序、步骤、内容等。重要文化财产现状变更等许可申请书的主要内容包括：现状变更影响文化财保存行为的必要理由；现状变更的主要内容及实施方法；为改变现状而变更文化财所在位置时，应说明变更后的所在地点及现状变更等结束后复原的所在地及时间；现状变更开始、结束的预计时间；有关施工的说明。附件包括：现状变更等的设计说明及设计图纸、现状照片，足以证明需要变更现状等理由的资料，持有者或管理责任人或管理团队的许可书等（图2.7）。

在文化厅长官签署许可前，应由文化审议会提出咨询意见。文化审议会由专家委员组成，下属的"第二专门调查会""第三专门调查会"作为文化遗产保护的咨询组织，针对地上、地下文物、文化景观等进行审议，形成审议报告（图2.8）。

7. 中国香港[①]

尽管香港是属于中国的一个特别行政区，但因为历史原因，它的一些文物保护程序继承了英联邦国家的很多做法。2007年8月，香港特别行政区行政长官在《2007-08施政报告》中宣布了一系列倡议来加强对历史文化遗迹和建筑的保护，这些倡议包括评估由基础建设项目的实施引起的历史文化遗迹和建筑的影响的要求。为此，香港发展局（Development Bureau）于2007年通过了第11号技术通告《基本建设项目文物影响评估机制［技术通告（工务科）第11/2007号］》。

香港基本工程项目的文物影响评估机制于2008年1月1日开始实行。机制强调须尽一切努力避免或减轻因将会展开政府基本工程项目而进行的任何拟议工程对具有历史及考古学价值的地点及建筑物（统称"文物地点"）构成的不良影响。在工程代理提交给立法会辖下工务小组委员会的报告中，应包括一段将由古

---

① 参见香港发展局文物保育网站：https://sc.devb.gov.hk/TuniS/www.heritage.gov.hk/tc/impact/index.htm。

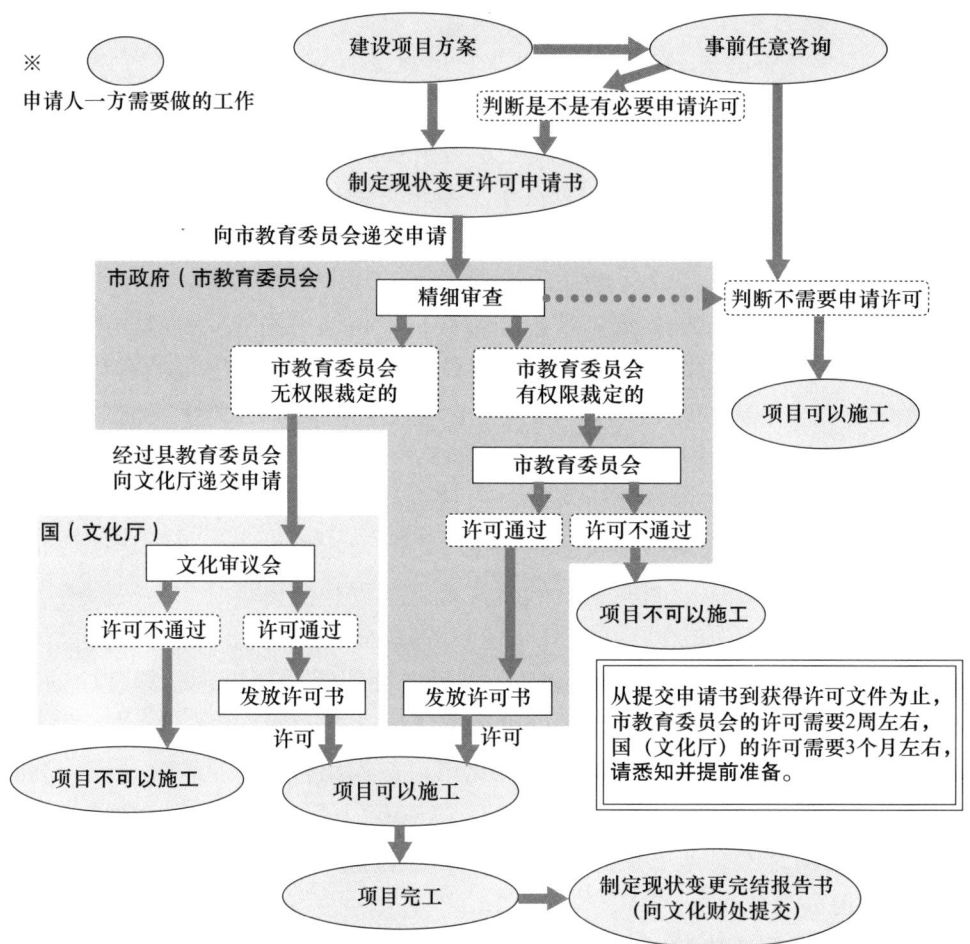

〈申请书提交份数〉国（文化厅）的许可文件：正文3份、市的许可文件：正本1份

注释：日本为都道府县制，县下列各市。

图 2.7　日本文化财变更现状或对其保存产生影响的行为的许可程序
（图片来源：日本文化厅／缴艳华／译）

物古迹办事处（古迹办）审批的文物影响内容，清楚说明有关工程项目是否会影响任何"文物地点"；如会造成影响，便须说明将采取什么缓解措施，以及拟议措施在公众参与的过程中是否得到大众支持。

2008年5月制定了《文化遗产评估指南》，进一步解释文物影响评估的具体要求。香港发展局于2009年又进一步修订了《基本工程项目文物影响评估机制》［发展局技术通告（工务）第6/2009号］［*Heritage Impact Assessment Mechanism for Capital Works Projects*］（图2.9）。

第二章 境外文物影响评估体系现状研究

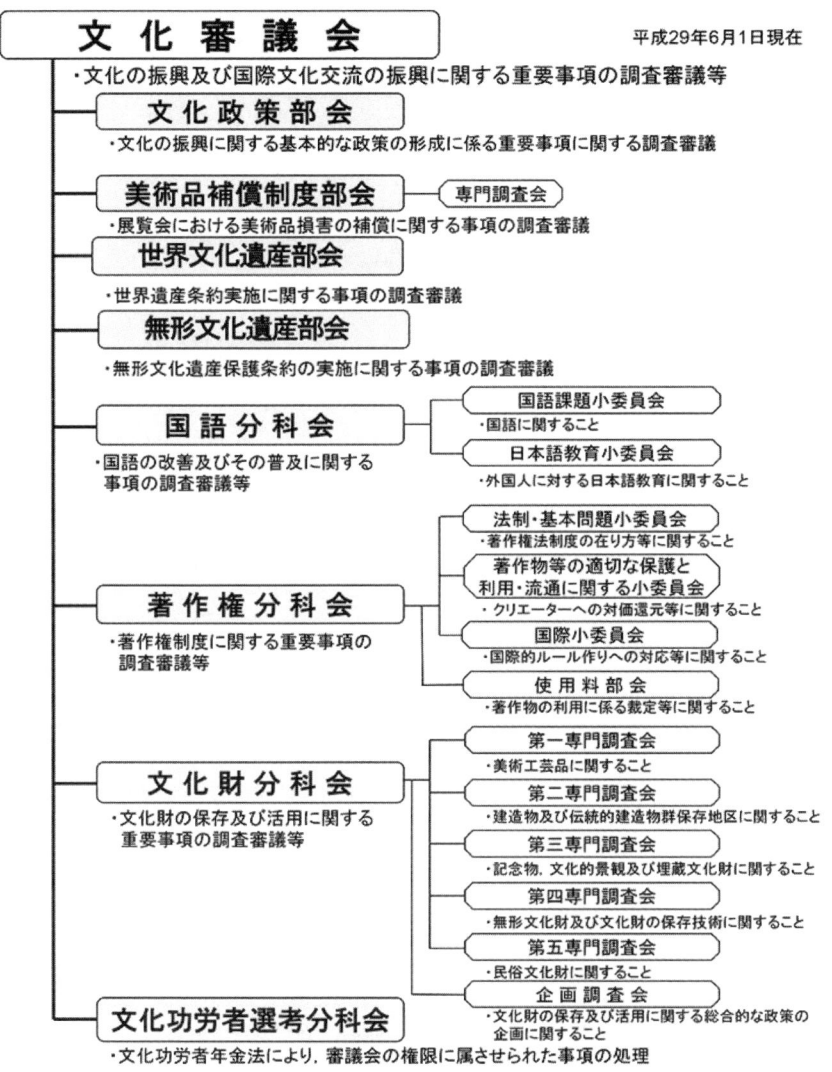

图 2.8　日本文化审议会组织结构图
（图片来源：日本文化厅）

由建设项目承建单位向康乐及文化事务署古物古迹办事处（AMO）提交项目周边的文物分布信息，并由 AMO 决定承建单位是否应该为项目实行文物影响评价（HIA）。

《基本建设项目文物影响评估机制》制定了基本建设项目文物影响评价的基本程序，并提出了评估要求，主要包括：

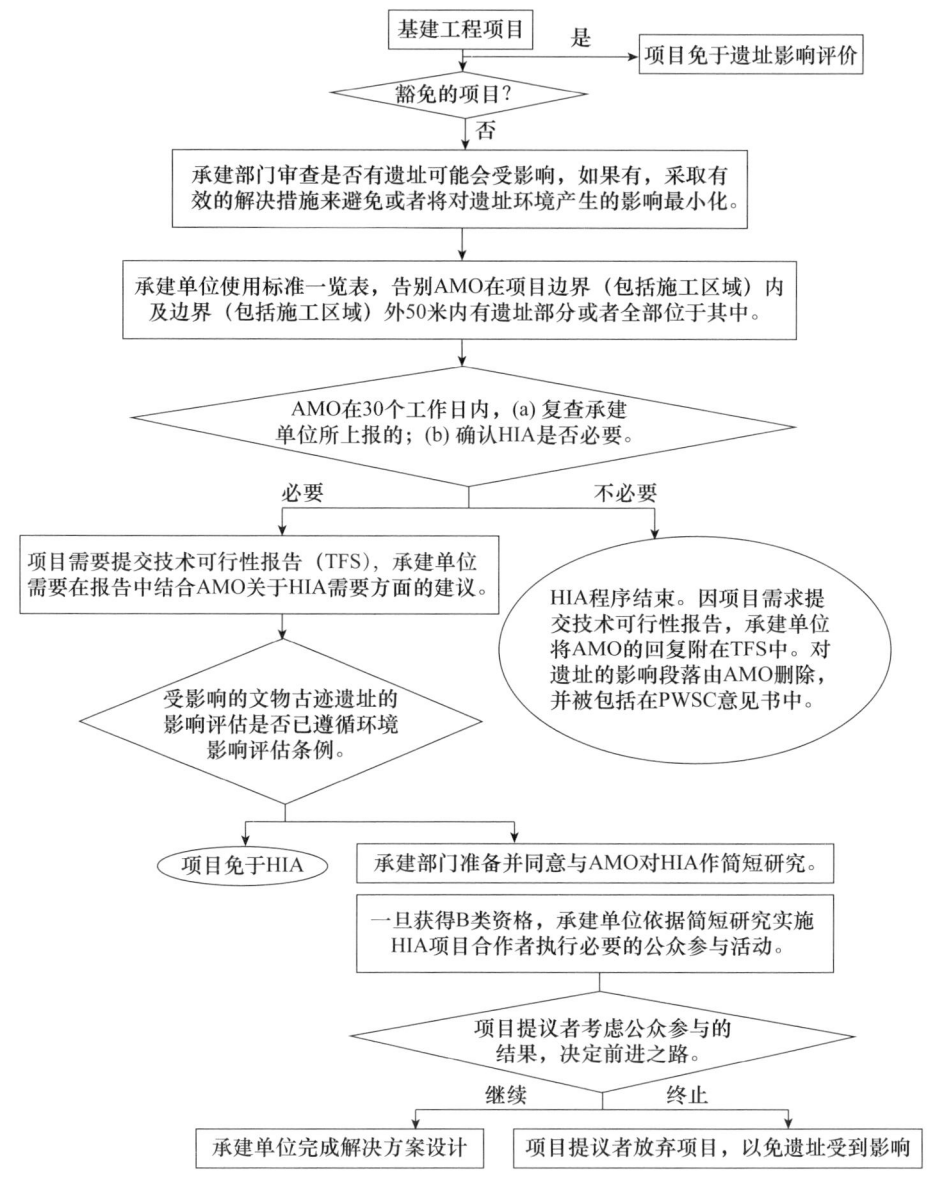

图 2.9　香港文物影响评估机制流程图

(图片来源:《基本建设项目文物影响评估机制》)

- 对建设项目进行了分类(划分为 ABCD 四类),明确提出了需要进行文物影响评估及免于进行文物影响评估的建设项目类别;
- 严格界定了需要保护的遗址类别;
- 制定了详细的文物影响评估工作程序;

- 由康乐及文化事务署的文物古迹办公室（AMO）对文物影响评价工作进行监督和管理。

- 提出了文物影响评价的相关要求。

8. 联合国教科文组织

近年来，联合国教科文组织与国际古迹遗址理事会（ICOMOS）也认识到文物影响评估与环境影响评估的不同，他们吸收西方国家文物影响评估的主要方法，在2010年编写了《世界文化遗产影响评估导则》（以下简称《导则》）[①]。这一《导则》是目前最为系统的文物影响评估指导文件，但是因为需要照顾和平衡全世界各个国家和地区，它更强调理论和宏观指导。尽管如此，它提出的工作原则、程序等依然值得我们重视，并加以实际应用。以下是《导则》推荐的影响评估程序（图2.10）。

遗产影响评估各阶段
初期开发和设计
早期咨询
确认并招募合适的机构来开展工作
明确研究区域
明确工作范围
收集数据
整合数据
提炼遗产资源的特征，尤其是确认反映遗产突出普遍价值的属性特征
建立直接及间接影响模型并进行评估
编制影响减轻草案-避免、减少、修复或补偿
报告草案
咨询
中和评估结果并减轻损失
最终报告及插图例证-为决策提供信息
减缓
传播结果及获取的知识

图2.10　联合国教科文组织推荐的文物影响评估程序图
（图片来源：《世界遗产影响评估导则》）

它首先强调"及早介入"。早期介入可以使各方对遗产影响评估的范围和预期目标达成一致，这也是整个工作程序的重要一环。在工作开始初期应及早确认对遗产可能造成的负面影响，以便能积极主动地将相关信息反馈给开发设计和规划的相关人员，而非被动参与。

早期阶段还应与相关方展开讨论磋商，包括任何将受影响的社区等。遗产影

[①] ICOMOS, Guidance on Heritage Impact Assessment for Cultural World Heritage Properties, 2010.

响评估还有助于有序整理不易获取的世界遗产信息。对所有利益相关方来说，遗产影响评估都将是一个有用的合作工具。这也是它强调的"广泛参与"原则。

规范工作范围，按照协议开展评估，也是《导则》所强调的。并非只在对遗产实施大型开发项目时才需要影响评估。政策变迁也可能对世界遗产造成重大影响。例如，土地使用和城市规划政策等；旅游基础设施和不断增加的游客数量也可能产生意想不到的结果；考古发掘虽然能够获得更多的知识，但对遗产的突出普遍价值可能产生负面影响。

《导则》也特别强调评估机构、评估团队的独立性和专业性。它指出，应确保开展遗产影响评估的组织机构或个人有足够的能力和经验来承担项目，他们所具备的专业知识和能力应能胜任评估遗产地、遗产的物质和非物质文化内容、突出普遍价值等方面的需要，还应对遗产改变的性质和程度进行分析。单靠某个专家无法完成整个遗产影响评估，组成全面的遗产影响评估团队是非常重要的。这一团队应该包括遗产专家及具有其他相关专业才能的人员，应具有对某些特殊项目或遗产地进行分析的技巧。可寻求相互之间的合作机会，这将有助于培养整个遗产影响评估团队的能力，开发最佳实践做法，并分享经验和成果。

由于《导则》过于宏观，在操作层面的深度明显不足。例如，不同发展项目对不同类型文化遗产的影响因素，针对不同发展项目开展评估的内容、方法及具体评估指标，针对文化遗产的不同类型开展评估的具体方法等，这就需要我们根据自身文化遗产的类型和特点，分别予以研究和制定。国际古迹遗址理事会和世界遗产中心也鼓励缔约国采取措施确保遗产影响评估符合《导则》的规定，并做到最好。

2.2 评估技术框架和内容

通过资料分析可以看出，在已开展文物影响评估较为成熟的国家和中国香港地区，评估技术框架和主要内容还是趋同的，有以下几方面。

1. 对文物价值（遗产突出普遍价值）的认识和理解是评估关键点

联合国教科文组织以及英国、加拿大等国家的文物影响评估均强调文物价值（遗产的突出普遍价值）在影响评估中的重要性。《会安草案》指出，评估要考虑到已知文化遗产的价值，以及项目所在地或附近可能出现的（尽管目前尚未记录）文物的预期价值。影响评估过程还包括出台一份有关所有文化遗产价值的声明，将遗产的完整性和真实性与其整体价值相联系。《世界文化遗产影响评估导则》更是强调，对于世界文化遗产协调的、合理的改变依赖于对于遗产地价值的深入了解，探索谁赋予了遗产地的价值，为什么会有这样的价值？这样才能获得一份清晰的遗产地价值陈述，据此才有能力理解可能的变化对于遗产价值造成的影响。《世界遗产影响评估导则》明确指出，理解世界文化遗产的普世价值（以及遗产其他价值）的全部含义是文物影响评估的关键部分。而世界文化遗产的普世价值特征必须作为影响的"基线数据"予以遵守。

文物影响评估必须紧扣文物价值，只有这样评估才能做到有的放矢，才能达到评估的最终目标。

非指定的考古遗址、纪念物、文物出土处或登录古代遗址的价值如何判定？英国规定，基于法定与非法定认定和考古调研框架的，同时还有政府所使用的登录古代遗址修订后的标准。根据这些标准，每一处要素都有与表 2.5 中所示的六种评分等级相对应的价值等级。

表 2.5 考古遗产价值衡量因素表

考古遗产价值衡量因素	
非常高	*世界遗产（包括提名遗产） *国际公认的知名重要遗产 *对国际公认研究对象有突出贡献的遗产
高	*纪念物（包括提名纪念物） *未指定的有列入意义与重要性的遗产 *对全国公认研究对象有突出贡献的遗产
中等	*特定的或非特定的对区域研究对象有所贡献的遗产
低	*特定的或非特定的地方重要遗产
可忽略	*对考古的贡献非常小或已不复存在
未知	*资源重要性尚未被确认

（表格来源：朱柠译《英国文化遗产影响评估报告》）

2. 诠释真实性与文物价值的内在联系是评估的重要环节

真实性与文物价值密切相关。真实性的各个方面包括位置与环境、形式与设计、用途与功能、原料与材料等几个方面，每个方面又有几条具体内容。

对于文物影响评估来说，需要阐明完整性、真实性与价值之间的内在联系；对于缺少相关研究的文物影响评估对象，需要补充诠释和评估。这是影响评估项目未来并确保其价值保留的决策的基础。

与英国比较接近的爱尔兰还提出了考古学潜力分级的概念："考古学潜力"是一个用于定义已知地下埋藏的文物有可能遗存的区域的术语。它的创造与使用主要是为了在规划过程中警示规划师发展计划可能引起的考古学扰动，可以被分为以下（表2.6）三个宽泛的类别：

表2.6 考古学潜力分级表

潜力较低	发展计划所处区块被分类为"潜力较低"的区域一般认为对该区域的文化遗产（已知的或未知的）产生影响的可能性不大
潜力中等	在这个分级内，考古学与建筑学的特征都被记录在发展计划的邻近范围，并且有发现以前不为人所知的特征或人工制品的潜在可能。同时，这些区域内的发展计划有对考古学与建筑学特征造成破坏或损毁的潜在可能
潜力较高	在这个分级内发展计划与某已知的考古学纪念物或建筑物、构筑物距离很近，对遗址或其特征造成破坏或损毁以及对已发现的材料造成损失的可能性很大

（表格来源：朱柠译《爱尔兰文化遗产影响评估报告》）

3. 评估所有直接和间接的潜在影响是核心内容

《会安草案》指出，所有提议的发展项目都必须经过审查，以判断其是否会对任何已知或潜在文化遗产的构造造成任何直接影响。同时还必须考虑该项目可能对遗产的大环境、视线和总体背景带来的影响，因为这些影响都可能导致完整性的丧失，从而破坏遗产的真实性。这一过程需要对遗产开发的广泛后果展开详细的分析，包括侵蚀、干扰、不恰当的介入和使用、背景分离、分割及毁坏。对于考古遗址，评估不应仅仅集中在项目对遗产地的直接损害，同时也要考虑到有可能改变遗产地所处土壤微观环境的各种间接影响。

《世界文化遗产影响评估导则》对可能影响世界文化遗产的坏的或好的，直接的或间接的，累积的、暂时的或长期的，可逆的或不可逆的，视觉上的或本体上的，社会的或文化的、甚至经济的方面，都要求进行评估。

影响类型根据遗产的类型，各个国家并不完全相同。例如，爱尔兰有"累积""不可实施""无法判断""不可逆""残余""叠加"等（表2.7）。

表2.7 影响类型表

累积影响	很多微小的影响加合起来形成一个较大的、更严重的影响
"不可实施"影响	条件不允许日后实施任何形式的发展计划
无法判断的影响	改变造成的全部结果无法全面描述
不可逆影响	特征、特殊性、多样性或繁衍能力永久性丧失
残余影响	改变在提出的减缓措施被实施之后发生
叠加影响	叠加导致的影响比它的构成部分之总和更加严重
"最坏情况"影响	由减缓措施实质上已经失败的发展案例引起的影响

（表格来源：朱柠译《爱尔兰文化遗产影响评估报告》）

为了便于评估，直接和间接的影响程度同样可以分级。影响的评估包括对于遗址环境的考量，这项考量因案例而异，无法给出普适的定义。例如，英国文物影响评估将影响程度分为"变化无""变化可忽视""变化很小""变化中度""变化很大"等五级（表2.8）。

表2.8 考古遗址影响程度量级的衡量因素表

考古遗址影响程度量级的衡量因素	
较大影响	* 大多数或是所有关键考古学材料的变化，即资源完全被改变 * 环境的综合改变
中度影响	* 许多关键考古学材料的变化，即资源明显有所变化 * 影响遗产性质的重大环境改变
较小影响	* 关键考古学元素的变化，即遗产有轻微变化 * 环境的轻微改变
可忽略的影响	* 考古学材料或是环境的微小改变
没有变化	* 没有变化

（表格来源：朱柠译《英国文化遗产影响评估报告》）

对影响程度的量级（采取合适的减缓措施）的评估是相对独立的，并不参照遗产特征的价值。影响评估的结果与遗产特征的重要程度等级相结合起来，最终确立提案项目投入实施后对于遗产影响的严重程度。

《世界文化遗产影响评估导则》进一步完善了这种分级方法，将影响程度与遗产的价值分级相结合，形成了九级的文物影响评价度，即"好处多""好处中""好处少""好处可忽视""中（不好不坏）""坏处可忽视""坏处少""坏处中""坏处多"，建立了一套更为完整的体系（表2.9）。

表2.9 影响程度与价值分级对应表

遗产价值	变化/影响规模和程度				
	变化/影响无	变化/影响可忽视	变化/影响小	变化/影响中等	变化/影响大
世界遗产价值极高	效果或全面影响的重要程度 （不好的或好的）				
	无	轻微	中等/大	大/非常大	非常大
其他遗产	影响的重要程度 （不好的或好的）				
价值极高	无	轻微	中等/大	大/非常大	非常大

续表

价值高	无	轻微	中等/轻微	中等/大	大/非常大
价值中等	无	无/轻微	轻微	中等	中等/大
价值低	无	无/轻微	无/轻微	轻微	轻微/中等
价值可忽视	无	无	无/轻微	无/轻微	轻微

（表格来源：滕磊译《世界文化遗产影响评估导则》）

4. 对负面影响进行减缓设计是重要组成部分

《会安草案》指出，在每种情况下，均需要设计相关措施，减轻对文化遗产本体及环境的负面影响。这些措施应该在相对价值与项目的整体公众惠益之间达成平衡。《世界文化遗产影响评估导则》进一步强调影响评估是一个反复的过程，数据收集和评估的结果应该反馈给发展项目和计划。保护是为了控制持续的变化，应该做合理的努力去避免、消除或消减对于普世价值的负面影响，最终也是为了达到项目的公众惠益与破坏遗产地之间的平衡。《世界文化遗产影响评估导则》也提出减缓设计应该考虑发展项目的其他选择，包括选址、项目时机、持续时间和具体设计等。减缓设计也要明确从延续普世价值，包括完整性和真实性的角度可以接受。

加拿大《遗产影响评估参考条款》中提供了几种减缓策略：变更发展项目；隔离发展项目与遗址的重要建筑和自然环境、景观；设计指导方针来协调遗产区域的各种项目、障碍、背景和材料；限制高度和密度；仅允许协调的增补；改变必须可逆。

2.3 评估手段和方法

在联合国教科文组织的相关指导文件中，他们充分考虑到不同国家、地区发展的不平衡性，因此在文物影响评估的方法和手段上并没有提出明确的要求和技术标准。根据发展项目不同、涉及文物的不同，只要适用于评估的目标，为评估结论提供清晰、有效的依据，文物影响评估可采取不同的、各具特色的方法和手段。

2.4 评估报告

《世界文化遗产影响评估导则》指出，遗产影响评估报告应提供依据，使决策清晰透明、切实可行。报告的详细程度取决于遗产地和拟做出的改变的复杂性。突出普遍价值声明是评估对遗产及其遗产地影响的核心。

遗产影响报告应包括：正确的世界遗产名称；世界遗产的地理坐标；列入《世界遗产名录》的日期；出具遗产影响评估报告的日期；负责制定遗产影响评估报告的组织或实体机构；报告提交对象；声明：是否已对报告进行了外在评估或同行审议。

报告内容大纲为：

（1）非技术性概述——必须包括所有关键点，且能独立使用。

（2）目录。

（3）前言。

（4）方法论：数据来源，出版著作，未出版报告，数据库，田野调查，影响评估方法，评估范围，遗产评估，特定影响和改变的程度评估，整体影响评估，界定评估区域。

（5）遗产地的历史和描述——突出普遍价值声明是这部分的关键内容，此外，还应包括对突出普遍价值属性的描述、对反映遗产真实性和完整性声明的属性的描述。

这部分还应涵盖国家或地方公布的遗产地、遗迹或构筑物，以及尚未公布的遗产地。应描绘研究区域的历史发展过程、特征，如历史景观等，包括土地类型、边界、景观及文化遗产的现存的历史要素等。还应描述全部和个别遗产属性和构成要素的状况、物理特征、敏感视点，以及与遗产属性相关的非物质内容。应重点关注受到影响的区域，但对整体的描述也不能缺失。

（6）描述拟做出的改变或开发项目。

（7）对改变造成的总体影响进行评估分析。

这一部分应对遗产突出普遍价值属性和其他遗产要素可能出现的变化和受到的影响进行评估。应描述和评估直接和间接影响，包括对单一遗产属性、遗产构成要素和关联特征，以及遗产整体所造成的实物影响、视觉和噪声影响等。通过评估对遗产突出普遍价值属性的影响来评估对突出普遍价值的影响。应考虑对所有遗产属性的各种影响，并将专业判断以适当的形式展示，帮助决策的制定。

还应对影响效果的整体严重程度进行评估,即改变或开发项目对单一属性或整个世界遗产的影响。同样,还应评估这些改变将如何影响人们对遗产地的认知,从地方层面到国家层面,再到国际层面。

(8)为避开、减轻或抵消影响而采取的缓和措施。

这些措施应包括一般性的措施、针对遗产地的措施及针对特定遗产要素的措施:在项目开发或改变开始(如考古发掘等)之前应做的事情;在项目建设期间或进行改变时应做的事情(如旁站监理或对遗产地的实物特征进行防护等);改变或开发项目运转时应采取的措施(如阐释或开放、提升知名度、教育、重建提议等);制定建议书,宣传在遗产影响评估和详细案头研究、实地考察或科学研究过程中获取的知识、信息或理解认知等。

(9)综述和结论,包括改变对世界遗产突出普遍价值、完整性和真实性造成影响的清晰说明;影响该遗产地列入《世界遗产名录》的风险;有益的影响,包括可获取更多的知识,得到更深入的理解,提升认知度等。

(10)参考书目。

(11)所使用的术语表。

(12)致谢和作者。

(13)插图和照片,如遗产地的地址和范围,包括缓冲区;任何确定的研究区域;开发项目或提议的改变;可视化或通视条件分析;减缓措施;主要遗产地及其景观。

(14)含详细数据资料的附件,如列有单一遗产地或元素、概要描述或影响综述的信息列表;案头研究;实地调查报告(如物探测量、试验、发掘等);科学研究;顾问及咨询回复清单;范围界定说明或项目招标书。

我们也参考了英国、爱尔兰、加拿大、南非、澳大利亚等国家的评估报告,他们的评估报告总体框架同联合国教科文组织的大同小异。

第三章

境内文物影响评估体系现状研究

3.1 境内相关行业影响评估（预评估）体系现状

3.1.1 环境影响评估

境内相关行业影响评估开展最早的应属环境影响评估，这与我们前述国际上环境影响评估的发展密不可分。1979年，全国人大颁布了《中华人民共和国环境保护法》（试行），规定在进行新建、改建和扩建工程时，必须提出环境影响报告。1989年12月26日，第七届全国人民代表大会常务委员会第十一次会议通过了《中华人民共和国环境保护法》，要求开展建设项目的环境影响评估。1998年国务院制定了《建设项目环境保护管理条例》，2002年全国人民代表大会常务委员会颁布了《中华人民共和国环境影响评价法》，这是一部环评的专门法，共5章38条，分为总则、规划的环境影响评价、建设项目的环境影响评价、法律责任、附则。这部法律在建设项目环评的报告分级、资质、审批权限、法律责任等方面都有明确的法律条文。根据此法，国家环保总局修订了《建设项目环境保护分类管理名录》，对环评工作实施严格、统一的分类管理，在环评类别划定、敏感区定义等方面做了具体规定，具有较高的实用性、可操作性和指导性，有效提高了环评工作的透明度和审批效率。在这些法律的层面下，环保行业先后出台、建立了完善、科学的评估体系和技术标准：

国家环保总局《环境影响评价技术导则 总纲》（HJ/T2.1-1993，HJ2.1-2011）；

国家环保总局《环境影响评价技术导则　大气环境》（HJ/T2.2-1993，HJ/T2.2-2008）；

国家环保总局《环境影响评价技术导则　地面水环境》（HJ/T2.3-1993）；

国家环保总局《环境影响评价技术导则　地下水环境》（HJ610-2011）；

国家环保总局《环境影响评价技术导则　生态影响》（HJ/T19-1993，HJ 19-2011）；

国家环保总局《环境影响评价技术导则　声环境》（HJ/T2.4-1995）；

国家环保总局《环境影响评价技术导则　非污染生态影响》（HJ/T19-1997）；

国家环保总局《环境影响评价技术导则　城市轨道交通》（HJ/T000-2000）；

国家环保总局《规划环境影响评价技术导则》（HJ/T130-2003）；

国家环保总局《建设项目环境风险评价技术导则》（HJ/T169-2004）。

我国的环境影响评价将"人文遗迹、自然遗迹和珍贵景观"与大气、水、声、土壤等并列作为调查、分析和评价的环境要素之一。人文遗迹，是指遗存在地面上或埋藏在地下的历史文化遗物，一般包括具有纪念意义和历史价值的建筑物、纪念物或具有历史、艺术、科学价值的古文化遗址、古长城、古墓葬、古建筑、石窟、寺庙、石刻等；自然遗迹，是指自然形成的具有地质学、地理学、生态学意义的遗存物，如温泉、洞穴、火山口、古化石、贝壳堤、特别地貌等；珍贵景观，一般指具有生态学和美学及社会文化珍贵价值、必须保护的特定地理区域或景物现象，如自然保护区、风景名胜游览区、疗养区、珍贵自然景观、奇特地貌景观、温泉，以及重要的具有政治文化、纪念意义的建筑、设施和遗址等。

环境影响评价中对"人文遗迹、自然遗迹和珍贵景观"的调查内容包括以下几点：

（1）建设项目周边的重要遗迹与珍贵景观，以及其与建设项目的相对位置和距离。

（2）重要遗迹与珍贵景观的基本情况。

（3）国家和当地政府对重要遗迹与珍贵景观的保护政策。

一般的建设项目单独进行重要遗迹与珍贵景观的影响评价，对于需要进行环境影响评价的重要遗迹和珍贵景观，除详细叙述上述3条内容外，还应结合现有的资料进行必要的现场调查，进一步叙述"人文遗迹、自然遗迹和珍贵景观"对人类活动的敏感性，内容主要包括以下几点：

（1）重要遗迹与珍贵景观易于受哪些物理的、化学的或生物学的影响，目前有无已损害的迹象及其原因，主要的污染或其他影响的来源。

（2）景观外貌特点，自然保护区或风景名胜区中珍贵的动植物种类，以及人文遗迹、自然遗迹或珍贵景观的价值，包括经济的、美学的、历史的、艺术的和科学的价值等。

（3）有无保护规划及保护级别，目前管理水平等。

由于历史的原因、部级责权的原因等，尽管我国环境影响评价涉及人文遗迹的评价内容，但长期以来环境影响评价都是以生态环境评价为核心内容，在涉及社会人文内容方面，尤其是文物保护方面并没有发挥其应有的作用。一方面，20世纪环保部门和文物部门本身都属于弱势部门，相关工作往往属于从属地位，话语权较少；另一方面，部级的协调机制不够健全，两个部门之间缺少影响评估的联动机制。

例如，20世纪90年代三峡工程和21世纪的南水北调工程等国家大型重点项目，按照《中华人民共和国环境保护法》需开展相应的环境影响评价（包括对文物的影响评估）。但事实上，从三峡工程的可行性论证阶段到《长江三峡工程生态与环境影响及其对策的论证报告》，再到《长江三峡水利枢纽环境影响报告书》，生态与环境都是作为一个独立的组别进行研究论证和评估的。而文物保护工作则被列入三峡移民工作中[1]，按照国务院三峡工程建设委员会的工作部署，由国家文物局指定中国历史博物馆（今中国国家博物馆）、中国文物研究所（今中国文化遗产研究院）两家单位负责三峡工程淹没区及迁建区文物保护的规划事宜，并于1994年成立了三峡工程库区文物保护规划组，先后组织全国30家文物保护研究机构和大专院校的300余位专业人员，对三峡淹没区和迁建区展开了大规模调查、勘测、发掘工作，全面掌握了地下、地面文物状况。1996年，编制完成《长江三峡工程淹没及迁建区文物古迹保护规划报告》（包括简要的文物影响评估内容），规划实施保护项目1087项，其中地下文物723项，地面文物364项[2]。

2002年启动的南水北调工程也同样延续了三峡工程的做法。按照《中华人民共和国环境保护法》开展的环境影响规划及评价工作都是以生态环境为核心。尽管《南水北调东线工程环境影响及对策》[3]也按照环境影响评价的内容设置了"景观、文物古迹及旅游环境影响研究"专章，但内容较为简单，无法对工程带

---

[1] 尽管文物专家一致认为将两个属于不同性质范畴的工作放到一起，这样的安排部署不合适。参见1998年9月10日专家论证意见，引自国务院三峡工程建设委员会办公室、国家文物局编，黄克忠、徐光冀主编：《长江三峡工程淹没及迁建区文物古迹保护规划报告》，中国三峡出版社，2010年。

[2] 国务院三峡工程建设委员会办公室、国家文物局编：《三峡文物保护》，科学出版社，2018年。

[3] 姜永生主编：《南水北调东线工程环境影响及对策》，安徽科学技术出版社，2012年。

来的实际文物影响进行预判,也无法指导工程中的文物保护减缓措施。南水北调工程的文物保护工作还是按照国务院南水北调工程建设委员会的工作部署,由国家文物局组织前期调研规划,编制《南水北调中线一期工程文物保护专题报告》《南水北调东线第一期文物调查及保护专题报告》等,用以指导南水北调工程中的文物保护工作。

3.1.2 安全生产评估

除环评外,2002年6月29日《中华人民共和国安全生产法》颁布,要求对矿山建设项目和用于生产、储存危险物品的建设项目开展安全评价。2007年10月28日《中华人民共和国节约能源法》实施,要求实行固定资产投资项目节能评估。其中安全质量监督局开展的安全预评价,依据《安全评价通则》和《安全预评价导则(AQ 8002-2007)》等,也建立了较为科学、完善的评估体系。

3.2 我国文物影响评估体系现状

尽管《中华人民共和国文物保护法》至今没有赋予文物影响评估应有的法律地位,同时环境影响评价也长期缺乏与文物影响评估的联动,但环境影响评价工作的开展和实践也在推动专家学者们开始逐步关注和思考文物影响的分析和评价问题,尤其是像三峡工程、南水北调工程等超大型的基础建设工程更是如此。

1994~1996年开展的三峡工程文物保护规划编制工作已经对受库区淹没影响的文物状况进行了统计和分析,包括受影响文物的分类和数量,文物受影响类型及程度等,并开始采取文物价值评估与保护方法对应的策略。俞伟超先生在《关于〈长江三峡工程淹没及迁建区文物古迹保护规划报告〉的几点说明》中强调三峡工程涉及需要保护的文物是根据"重点保护、重点发掘"的原则,既考虑到历史、科学和艺术的总体价值,又兼顾了三峡地区特定的自然、人文环境而选定的。规划对每一处文物点,都从其文物特征、价值评估、保存情况和文物级别四个方面进行综合考虑,然后提出不同的保护方案[①]。

---

① 国务院三峡工程建设委员会办公室、国家文物局编,黄克忠、徐光冀主编:《长江三峡工程淹没及迁建区文物古迹保护规划报告》,中国三峡出版社,2010年。

2002年，中国科学院地质与地球物理研究所尚彦军等发表了《南水北调中线工程沿线文物分布特征及其受渠道工程影响的模糊评价》，他们认识到水资源开发利用必须与文物保护紧密结合。南水北调中线工程的设计和建设中必须考虑其对沿线数量多、分布广的文物的影响评价，以便通过调查和评价来保护这些文物。通过对水系分布、地层岩性、地貌类型划分、文物级别、保护状况及同引水渠道空间关系等调查入手，一方面在输水渠道两侧各 3 千米宽的影响范围内，对不同时代的文物地貌分布特征进行了统计；另一方面，用影响指数 E 对沿线文物受影响的程度及保护等级进行了模糊定量评价。这是水利地质部门较早利用环境影响评价的方法，对南水北调水渠宽达 6 千米范围内文物分布的统计特征形成系统认识，对工程具体区段的规划、线路调整和相应的防渗设计提供参考和指导的早期研究探索[①]。

2005 年，为了进一步加强南水北调东、中线一期工程文物保护工作的管理，保护我国历史文化遗产，确保工程建设和文物保护工作顺利进行，南水北调工作建设监管中心委托中国文物信息咨询中心开展"南水北调工程文物保护管理工作研究项目"[②]。笔者参与了南水北调调研及研究报告的起草工作。相关研究工作也借鉴了三峡工程文物保护工作的经验，内容包括《南水北调东、中线一期工程文物保护实施管理办法》《南水北调工程文物保护项目监理办法》《南水北调工程文物保护项目验收办法》《南水北调工程大型遗址抢救性发掘方法优化方案》《南水北调工程突发文物保护事件总体应急预案》《南水北调工程现场应急文物保护方法》《南水北调工程对文化遗产价值影响评估体系研究》（含《基本建设项目对文物价值影响评价技术准则》）。其中《南水北调工程对文化遗产价值影响评估体系研究》认识到："根据《中华人民共和国环境保护行业标准——环境影响评价技术导则总纲（HJ/T2.1-93）》，建设项目环境影响评价中包括对文化遗产影响的评价。但由于受专业限制，建设项目对文化遗产的影响从环境影响的角度评价不能准确反映实际影响状况。"而"南水北调，是我国一项重要的大型建设工程，涉及河北、河南、湖北、天津、北京、江苏、山东七个省市，沿线受影响的文物古迹较多，为研究并建立建设工程对文化遗产的影响评估体系提供了经验。"

---

① 尚彦军等：《南水北调中线工程沿线文物分布特征及其受渠道工程影响的模糊评价》，《工程地质学报》2002 年第 2 期。

② 项目组主要由中国文物信息中心朱晓东、王立平、滕磊；河北省张文瑞、李君、任亚珊；吉林省付佳欣；湖北省王风竹组成。参见中国文物信息咨询中心《南水北调工程文物保护管理工作研究项目（报批稿）》及项目编制说明，2006 年 12 月。

研究建立的评估体系的主要内容框架包括：①南水北调工程沿线文化遗产历史地位评估；②南水北调工程沿线文化遗产的现时作用评估；③文化遗产保护管理评估；④沿线文化遗产对南水北调工程敏感性识别；⑤南水北调工程对沿线文化遗产的影响分析评估；⑥结论与建议。同时参照环境影响评价的一些技术标准起草了《基本建设项目对文物价值影响评价技术准则》。应该说，早期的种种探索都为文物影响评估工作的正式出台奠定了良好的基础。

在国际、境内文物保护形势的推动下，自2007年始，国家文物局先后在部门的管理文件中要求诸如重大基础项目，公路、铁路、城市轨道交通的选址、选线，国家考古遗址公园建设项目等，开展前置性的文物影响评估以供决策部门参考。

较早的一份文件是《关于加强基本建设工程中考古工作的指导意见》(2007年)，文件要求：

> 一、开展基本建设工程中考古工作，应严格履行以下工作程序
> （一）在工程建设的"项目建议书"阶段，由文物考古机构收集建设项目涉及和影响区域内文物分布情况，提出初步文物保护意见，报省级文物行政部门确认后向设计单位提交《文物影响评估报告》。……
> 二、基本建设工程中的考古工作，应按照以下规范进行
> （一）文物影响评估。文物影响评估是由文物考古单位依据已掌握的资料，对建设项目涉及和影响区域内文物与建设工程的相互影响做出的分析评估。《文物影响评估报告》的内容应包括：建设项目涉及和影响区域内已有文物普查资料成果，已公布为各级文物保护单位保护范围和建设控制地带的相关资料，对项目选址及设计方案的初步建议。涉及省级以上文物保护单位的应报国家文物局。

另一份文件是《国家考古遗址公园管理办法（试行）》(2011年)，其中有这样的规定：

> 第七条 申报国家考古遗址公园需提交国家考古遗址公园建设文物影响评估报告。

第三份是《关于修订公布〈国家文物局行政许可项目说明〉的通知》(文物政发〔2011〕2号)，通知要求：

省级和全国重点文物保护单位保护范围内其他建设工程或者爆破、钻探、挖掘等作业许可

……

五、申请人需要提交的材料目录：

……

（六）文物影响评估报告。

全国重点文物保护单位建设控制地带内建设工程设计方案许可

……

五、申请人需要提交的材料目录：

……

（六）文物影响评估报告。

从这些部门文件和近些年的相关理论研究和实践情况来看，目前我国文物影响评估的范围、程序、技术框架和内容、评估手段和方法等方面均有自己的特点和不足。

其中文物影响评估的范围主要涉及四项内容：

一是基本建设工程中的考古工作。

二是考古遗址公园建设。

三是省级和全国重点文物保护单位保护范围内其他建设工程或者爆破、钻探、挖掘等作业许可。

四是全国重点文物保护单位建设控制地带内建设工程设计方案许可。

与联合国教科文组织的倡议相比，我国的文物影响评估工作还存在着很多的缺项，还应该包括以下方面：

（1）各级文物保护单位，除基本建设工程涉及的地下遗存已经开展文物影响评估外，基本建设工程涉及的其他文物类型以及其他相关建设活动；

（2）未定级文物保护点的相关建设活动；

（3）除已经开展的考古遗址公园建设项目文物影响评估外，其他涉及旅游、展示利用、环境整治、土地利用等开发活动。

从评估程序和内容看，2007年国家文物局在《关于加强基本建设工程中考古工作的指导意见》中首次提及文物影响评估。指出文物影响评估是由文物考古单位依据已掌握的资料，对建设项目涉及和影响区域内文物与建设工程的相互影响做出的分析评估。《文物影响评估报告》的内容应包括：建设项目涉及和影响区域内已有文物普查资料成果，已公布为各级文物保护单位保护范围

和建设控制地带的相关资料，对项目选址及设计方案的初步建议。涉及省级以上文物保护单位的应报国家文物局。按照工作程序，在工程建设的"项目建议书"阶段，由文物考古机构收集建设项目涉及和影响区域内文物分布情况，提出初步文物保护意见，报省级文物行政部门确认后向设计单位提交《文物影响评估报告》。根据该指导意见，境内最初的文物影响评估工作基本上由各地考古部门开展，提交的评估报告自然与《考古勘探报告》较为接近。而后来的文件并没有更加全面和深入的评估要求，因此近些年来，社会上各种机构甚至个人编制的评估报告五花八门、良莠不齐。很多建设单位、设计单位自行编制评估报告，失之严肃，既不公平公正，也不科学客观。这些程序上的问题都导致了我国目前的文物影响评估工作与西方较为成熟的文物影响评估体系仍存在较大差距。

2010年武汉大学受文物部门委托，研究起草了《建设项目文物影响评价制度研究初步方案》，主要内容包括：①建设项目文物影响评价制度的法律基础；②建设项目文物影响评价与环境影响评价的关系；③建设项目文物影响评价机制；④建设项目文物影响评价报告内容及编制；⑤建设项目文物影响评价技术方法；⑥建设项目文物影响评价文件审批；⑦建设项目文物影响评价资质管理；⑧建设项目文物影响评价专家库管理；⑨建设项目文物影响评价收费制度等方面。研究通过评价机制、法律依据、评价报告编制的内容和评价方法以及相应的机构设置等，旨在建立一套完善的文物影响评价体系。尽管囿于理论、专业和实践的缺乏，该研究有很多缺憾，但它首次以文物影响评估为核心构架评估体系，意义重大！

2012年，张治强、安磊在《中国文物报》发表《文物保护单位建设工程文物影响评价探讨》一文[①]。从法理依据和管理角度对建设工程涉及的文物影响评价工作进行了探讨。他们认为：在境内部分大型建设工程、历史文化名城大规模改造等工程中，均应依据相关法律法规，做好建设项目对文物影响评价的工作。目前，相关文物影响评价工作只是起步，西安地铁、郑州轨道交通建设等工程做了建设项目文物影响评价，对文物影响做出了预测和评价，得到了很好的效果。实际工作中，应根据建设项目对文物保护单位的影响制度，对建设项目的文物影响评价实行分类管理。建设单位可按照下列规定组织编制文物保护单位建设项目文物影响报告书、文物影响报告表、文物影响登记表（以下统称文物影响评价文件）：①建设项目涉及全国重点文物保护单位保护范围和建设控制地带、省级文

---

① 张治强、安磊：《文物保护单位建设工程文物影响评价探讨》，《中国文物报》2012年8月3日第3版。

物保护单位保护范围的，可能造成重大文物影响的，应当编制文物影响报告书，对产生的文物影响全面评估；②建设项目位于省级文物保护单位建设控制地带和市（县）级文物保护单位范围内的，可能造成轻度文物影响的，应当编制文物影响报告表（设想），对产生的文物影响进行分析或者专项评价；③建设项目涉及一般文物点或有可能埋藏文物的地点，对文物保护影响较小的，应当填写文物影响登记表（设想）。文物保护单位建设项目文物影响报告书应当包括下列内容：①建设项目概况；②建设项目周围涉及的文物保护单位历史、现状；③建设项目对文物保护单位及保护范围和建设控制地带文物可能造成影响的分析、预测和评价；④建设项目涉及文物保护单位文物保护措施及技术、经济论证；⑤建设项目对文物保护单位造成的经济、社会损益分析；⑥对建设项目实施文物安全监测的建议；⑦文物影响评价总结。

自2012年起，笔者主持开展的湖北铜绿山遗址、内蒙古辽上京遗址、河北赵王城遗址、山东南旺分水龙王庙遗址、青海喇家遗址等的公园建设文物影响评估，尝试从九个方面建立文物影响评估技术框架[①]：

（1）总述（编制背景、适用范围、评估目标、评估内容、评估原则、评估依据、评估方法）。

（2）遗址概况（区域概况、自然概况、遗址概述、价值陈述）。

（3）保护状况（考古研究、遗址现状、保护工作、展示利用）。

（4）公园规划及建设项目（公园规划概述、拟利用的已建成项目、拟建设项目）。

（5）考古遗址公园建设文物影响评估（公园总体定位评估、拟利用的已建成项目评估、拟建设项目评估）。

（6）考古遗址公园管理与运营文物影响评估（公园管理评估、公园运营文物影响评估）。

（7）考古遗址公园建设减缓措施（公园总体定位减缓措施、拟利用的已建成项目减缓措施、拟建设项目减缓措施）。

（8）考古遗址公园管理与运营减缓措施（公园管理减缓措施、公园运营减缓措施）。

---

① 滕磊、李昂：《湖北铜绿山考古遗址公园建设项目文物影响评估报告》，《文物保护工程》2013年第3期。其他参考中国文物信息咨询中心向遗产地提交的《内蒙古辽上京遗址考古遗址公园建设项目文物影响评估报告》《河北赵王城遗址考古遗址公园建设项目文物影响评估报告》《山东南旺分水龙王庙遗址考古遗址公园建设项目文物影响评估报告》《青海喇家遗址考古遗址公园建设项目文物影响评估报告》等。

（9）结论与建议（评估结论、减缓措施、其他建议）。

我们也尝试从文物价值阐释准确性、文物真实性、完整性等方面进行分析评估。在实践中我们注意到，与《世界文化遗产影响评估导则》不同的是，对于文物影响评估的对象来说，并不是每一处文物都和世界文化遗产一样，经过严谨的价值评估过程，已经具备了完整的价值陈述。笔者曾专文探讨过文物价值问题，当前我们对很多文物价值的认识是模糊的，或者说是片面的，还处于不断发掘、更新的阶段，因此有必要在文物影响评估之初，深入研究和认识评估对象的价值，形成一份清晰的文物价值陈述，并以此为依据开展相应的影响评估。这一点也与《会安草案》和加拿大《遗产影响评估参考条款》等的相关建议相符。

同时，我们在国家考古遗址公园的评估中探索了影响分级，将影响程度分为"影响小""影响较小""影响较大""影响大""不清楚"等5类，并综合影响的项目分为"A、B、C"三个评估等级。A代表项目基本符合相关要求和诉求、对遗址和环境影响小或较小；B代表基本符合相关要求和诉求，对遗址和环境有影响，但程度不明，需要深化或减缓设计；C代表与相关要求和诉求有一定偏差，或对遗址和环境有较大影响，需要调整。

另外，我们在国家考古遗址公园的评估中也尝试根据影响程度，提出了"取消项目""调整选址""完善功能""控制高度""调整形制""控制色调""深化设计"等不同的减缓措施。

2014年，国家文物局委托中国文物信息咨询中心开展了《建设项目文物影响评估技术导则》研究。该研究主要参考了2010年武汉大学的研究成果，同时结合了2012~2014年中国文物信息咨询中心在国家考古遗址公园文物影响评估方面的实践经验，已经开始从文物专业的角度去分析和认定文物影响的因素和相应的评估指标，同时关注到减缓影响的重要性。提出："建设项目，是指涉及文物保护单位的以生态影响为主的建设项目，如公路、铁路、管线、民航机场、水运、农林、水利、水电、矿产资源开采等。""文物影响评估，指根据国家及地方文物保护法律、法规、部门规章以及标准、技术规范的规定及要求，文物影响技术评估机构综合分析建设项目实施后对文物可能造成的影响，对建设项目实施的文物影响进行客观、公开、公正的技术评估，并提出预防或者减轻不良影响的对策和措施的过程，为文物保护行政主管部门决策提供科学依据而进行的活动。"

2014年以来，笔者参照联合国教科文组织《世界文化遗产影响评估导则》

和 ICCROM 推荐的评估技术框架，结合对故宫冰窖项目文物影响评估、拉萨大昭寺缓冲区神力广场建设项目影响评估、哈尔滨地铁二号线一期文物影响评估、青海民小公路涉及文物影响评估等工作实践，积极探索一套既满足国际上普世的评估理论和技术体系，同时又符合中国实际情况的技术框架[①]。现部分摘录如下：

（一）评估框架

声　明：独立性和公正性声明

摘　要：对于评估工作的简要说明

第一章　评估工作背景：包括项目背景，适用范围，评估目标，评估内容等

第二章　评估方法和程序：包括评估依据，规划资料，评估方法和程序等

第三章　遗产概述与价值陈述：包括遗产概述，价值陈述（价值特征，适用价值标准，真实性和完整性）

第四章　拟实施建设项目情况：包括项目概况，相关必要的方案及图纸

第五章　项目涉及相关遗产的价值评估

第六章　项目带来的遗产变化及影响评估：包括遗产变化情况，遗产影响分析（拟建设项目的影响内容，影响因素分析，遗产影响可接受程度分析）

第七章　减缓措施建议：包括勘察设计期间的减缓措施，施工期间风险预防减缓措施，运行期间风险预防减缓措施

第八章　关于世界遗产监测的建议

第九章　总结和结论

附录：包括现状照片，项目建设必要性评估，项目建设的可行性评估，参考资料与文献，价值评估、变化程度及综合评价标准，相关分析评估图纸等

---

① 上述评估项目均已通过国家文物局评审，参考北京国文信文物保护有限公司向遗产地提交的《故宫冰窖项目遗产影响评估报告》《大昭寺缓冲区神力广场遗产影响评估报告》《哈尔滨地铁二号线一期文物影响评估报告》《青海民小公路建设文物影响评估报告》等。

（二）评估方法和程序

2.2.1 开展前期工作
☐形成最初的工作大纲和思路
☐初步讨论
☐组建合适的咨询团队

2.2.2 实施分析评估
☐明确研究区域
☐形成工作范围
☐分析评估重点和风险
☐收集数据
☐整理数据
☐调查并识别评估对象价值特别是关联遗产 OUV 的属性
☐分析项目情况及其带来的变化、风险
☐影响评估模型和对比分析，包括直接的和间接的影响因素，影响因素分级、评估
☐缓解、避免、减少、修复或补偿的建议

2.2.3 咨询并且完善
☐形成评估报告草案
☐深入的讨论
☐咨询专家意见
☐修改完善评估结果和减缓措施

2.2.4 提交报告与存档
☐提交最终报告
☐存档

与评估技术框架和内容一样，由于境内缺少文物影响评估技术导则，不同评估机构和项目负责人采用的评估手段和方法多有不同。

以笔者为例，我们从考古遗址公园建设文物影响评估到地铁评估，到世界文化遗产影响评估，也都采取了能够满足评估目标的不同手段和方法，从科技基础来看，目前境内并不落后。

通过上述调查分析，我们可以做出以下研究小结。

（1）关于文物影响评估的法理基础和制度建设。

第一，我国的现行法律体系中，除环境保护法明确的环境影响评价中涉及部

分"人文遗迹"之外，缺少开展"文物影响评估"的法理基础。这也就直接影响到相关评估制度建设、技术体系研究等一系列问题。

第二，我国文物影响评估开展的范围仍很局限，与联合国教科文组织和发达国家相比仍有很大缺环。

（2）关于文物影响评估的技术体系。

首先，从2007年开始至今，我国的文物影响评估逐步从考古勘探报告的模式向关注遗产的综合影响方向发展，广度和深度不断扩展。但是由于缺少评估程序和技术导则，一方面，不同机构和项目负责人采取的评估理论和技术框架差别很大，评估质量水平良莠不齐；另一方面，很多建设单位自己设计自己评估，或随意指定社会上的机构和个人出具评估报告，严重影响到评估工作的严肃性和公正性。

其次，联合国教科文组织和发达国家已经探索出一套基于遗产价值认知，真实性、完整性评估，影响程度与价值挂钩，减缓设计和保护措施等的评估技术体系。但这在境内大多数的文物影响评估实践中仍没有得到重视和应用。

最后，我国现有科研技术基础能够满足文物影响评估所需的技术手段和方法，但是缺少评估相应的技术标准和规范。

第四章

国内外遗址展示利用建设项目现状研究

4.1 国外古遗址展示利用的现状

过去一二百年,西方的文物保护者已经开始对具有重要价值的遗址或装饰性、观赏性强的遗址采用一定的保护展示形式,以实现旅游观光、公共教育等功能。由于西方常见的古遗址多为石质材料建成,相比于东方的土木建筑更加坚固耐久,因此遗址大多采取直接"露明"展示的方式。这也契合"最小干预"原则。当然,任何遗址都会受到自然、人为因素的影响,因此百年来西方文物保护界探索了原址重建、原物归位、保护棚、回填展示等多种保护展示手段,这也包括为配合遗址的展示利用而修建的必要的旅游及管理配套设施。然而伴随着这些保护展示设施的建设,众多的讨论和反思一直没有停止过。

4.1.1 保护展示类设施

1. 原址重建和原物归位

原址重建的历史可以追溯到数百年前的文艺复兴时期,但早期的重建往往带有主观猜想,称不上科学准确。1936年,亚瑟·伊万斯在克里特岛克诺索斯宫殿中发现了克里特文明。他重建了这个宫殿,几乎与白金汉宫一样大,并采用了当时最新的技术——水泥(图4.1)。这次重建因为缺乏"真实性"而饱受业界指责,伊万斯解释说这是因为原有建筑材料大部分是木头,且已经腐朽;

1. 外观现状　　　　　　　　　　　2. 内部

图 4.1　部分复建的希腊克里特岛克诺索斯宫殿及内部
（图片来源：维基百科）

少量的石质结构是雪花石膏，暴露在大气环境下易于风化。尽管令人印象深刻，但人们还是把伊万斯和画家的重建工作视为"新艺术"，或者像阿诺德·豪瑟所说的，是"大西洋彼岸奢华的篱墙"[1]。1953~1956 年，雅典完全重建了位于阿格拉的阿塔拉斯（Attalus）的拱廊（图 4.2）。这些重建工作都引起了西方文物保护界的争议。

1. 复建中的拱廊　　　　　　　　　　2. 复建后的拱廊
（1955. Photo：ASCSA，Agora Excavations）　（图片来源：维基百科）

图 4.2　雅典阿格拉阿塔拉斯拱廊

---

[1] 翁博尔特·巴帕拉尔多、马里奥·格里马尔蒂：《意大利在地中海地区考古遗址的传统保护》（The Italian Tradition in conservation of archaeological places in the Mediterranean area），《文化遗产保护科技发展国际研讨会论文集》，科学出版社，2007 年。

在《威尼斯宪章》的保护原则指导下,西方文物保护界普遍接受了另外一种名为"原物归位法"(anastylosis)的保护展示方式。这种方法是指在地中海和中东地区常见的古希腊、古罗马神庙遗址,将考古发掘出土的柱子残片重新拼接修复的方法。应用这种方法的著名遗址包括希腊德尔菲遗址(Delphi)和雅典遗址(图4.3),土耳其以弗所的塞尔苏斯(Celsus)图书馆(图4.4),以色列马萨达(Masada)北宫(图4.5)等。按照相关的国际保护原则,这种保

图4.3 希腊德尔菲遗址

〔位于希腊的福基斯(Phocis),距雅典150千米的帕那索斯深山里,是世界闻名的著名古迹。主要由阿波罗太阳神庙、雅典女神庙、剧场、体育训练场和运动场组成,1987年联合国教科文组织将之作为文化遗产,列入《世界遗产名录》,图片来源:维基百科〕

图4.4 土耳其塞尔苏斯图书馆

〔位于土耳其的以弗所遗址克利特斯大道末端,本是罗马亚细亚行省著名省长尤利乌斯·塞尔苏斯(Julius Celsus)的陵墓。他的儿子安奎拉·塞尔苏斯(Aquila Julius)继任后,为纪念父亲,于2世纪左右在陵墓上修建了这座华美的图书馆。图片来源:维基百科〕

1. 遗址全景   2. 遗址局部

图4.5 以色列马萨达遗址

(该遗址为最著名的犹太人与罗马对抗的战争遗迹之一,19世纪被重新发现。由于2000年来基本没有受到自然和人为干扰,遗址还能基本体现当时原貌。自然垮塌的建筑经过考古学家仔细分析后原样归位重建。现在该遗址为以色列最著名的旅游观光点之一。图片来源:维基百科)

护展示必须坚持"可识别性",即在修复过程中将新材料和发掘出的旧有材料相区分,并且做到可逆。我国目前采取的对遗址进行局部修复、归安的方法,即属于此类方法。

20世纪60年代,加拿大布雷顿角(Cape Breton)路易斯堡(Fortress of Louisbourg)的原址重建也遵循了《威尼斯宪章》的基本原则(图4.6)。文物工作者严格依据历史文献和研究进行重建,它的建筑工艺和建筑材料等均利用了当地原有的传统工艺和材料①。在此基础上重建的城堡是比较科学、严谨和令人信服的。

1. 城堡侧面　　　　　　　　　　2. 城堡正面

图4.6　重建后的加拿大路易斯堡

(该城堡建于18世纪,在战乱中被夷为平地,20世纪60年代按照原来建筑图纸重建。图片来源:维基百科)

与我国的情况相同,不管是选择原址重建还是原物归位,西方文物保护界在很大程度上也是基于旅游和公众教育等方面的考虑。例如,重建古希腊、古罗马剧场、斗兽场等带有环形阶梯状座位的遗址,部分恢复其原有功能,可以直接在遗址上举办现代音乐会等。这些都有利于建立和推动当地的文化旅游产业,因此也得到了广泛认可。

当然,除了文化旅游的考量外,重建抑或是"原物归位法"修复也有保护的实际需求。例如,以色列马萨达北宫遗址的建筑材料主要是夯土和石膏灰浆,它们很容易受到临近死海高盐度海风以及暴雨的侵蚀。采用"原物归位法"修复可以大大减小建筑材料暴露在空气中的表面积,从而延缓了遗址的劣化。

有些遗址极为脆弱,暴露在阳光和雨水直接侵蚀下极易被破坏。在这种情况下,如果对原有房屋形式,尤其是屋面形制研究充分,复原依据充分,可以

---

① Ashurst J (ed.): *Conservation of Ruins*. Oxford: Elsevier Limited, 2007.

采取复原的方法进行保护。例如，英国萨里（Surrey）吉尔福德城堡（Guildford Castle），这处 11 世纪罗曼人建立的古堡遗址在 2003 年对一层屋顶进行了重建，以更好的保护遗址残存的部分（图 4.7）。

1. 城堡外观
（图片来源：维基百科）

2. 从城堡鸟瞰图可以看到一层顶部重建的屋面
（图片来源：英国吉尔福德城堡网站）

图 4.7　英国吉尔福德城堡

2. 保护棚

保护棚最早出现在 19 世纪初的英国。当时在西萨塞克斯郡（West Sussex）的比格诺尔（Bignor Roman Villa）和格罗斯特郡的柴德沃斯（Chedworth Roman Villa）等地的考古发掘中出土了一些罗马时期的马赛克遗迹，有关部门为保护它们而修建了保护棚（图 4.8、图 4.9）。例如，1812～1818 年比格诺尔罗马庄园马赛克遗迹修建的保护建筑采用椭圆形平面，以砖石为墙身，以茅草覆盖锥形屋顶，形如当地的乔治式民居（Georgian building）。20 世纪 30 年代起，在意

1. 保护棚外观

2. 保护棚内展示的遗址

图 4.8　英国比格诺尔罗马庄园马赛克遗址保护棚及展示的遗址
（图片来源：维基百科）

1. 保护棚外观　　　　　　　　2. 保护棚内展示的遗址

图 4.9　英国柴德沃斯罗马庄园马赛克遗址保护棚及展示的遗址

（图片来源：国外媒体）

大利庞贝古城的米斯特里庄园（Villa dei Misteri）遗址，为保护珍贵的壁画，开始在遗址上加盖简易的木屋顶，20 世纪六七十年代增建、改建了一些混凝土结构屋盖，稍晚又分别加建了钢筋混凝土和空心砖、钢木等不同结构的覆罩，同时将它们作为展示别墅布局的手段[①]（图 4.10）。1891 年，美国开始对第一个史前保留地新墨西哥州普韦布洛土著（Pueblo）留存下来的卡萨格兰德村落遗址（Casa Grande Ruins）进行保护。1932 年，著名建筑师弗雷德里克·劳·奥姆斯特德（Frederick Law Olmsted）在其中的大房屋遗址上加盖了简易的木制保护棚（ramada），如今已经改成金属结构顶棚。

最早一批保护建筑往往采用石木或砖木结构，外观与当地普通民房相似，保护展示措施干预较少，往往存在内部展示空间狭小、遗址通风条件不佳、光照不够等诸多问题。20 世纪中叶，意大利的建筑师佛朗哥·米尼西（Franco Minissi）针对遗址保护提出了"博物馆化"（musealizzazione）理念，提出博物馆不只可视作集中存储古物的场馆，也可以存在于任何具有历史和艺术价值的地点，并将文化遗产的识别、存档、保存和保护作为一项整体性工作[②]。作为

---

① Matero F, Editorial. Conservation and Management of Archaeological sites, 2002, 5: 1-2. Aslan Z: The Design of Protective Structures for the Conservation and Presentation of Archaeological Sites. In: PhD thesis. London: University of London, 2007. Woolfitt C, Preventive Conservation of Ruins: Reconstruction, Reburial and Enclosure. In: Conservation of Ruins. Edited by Ashurst J, 1 edn. Amsterdam, Boston, Heidelberg, London, Oxford, New York, Paris, San Diego, San Francisco, Singapore, Sydney, Tokyo: Butterworth-Heinemann, 2007: 147-194. Aslan Z: Designing Protective Structures at Archaeological Sites: Criteria and Environtnental Design Methodology for a Proposed Structure at Lot's Basilica, Jordan. Conservation and Management of Archaeological sites, 2002, 5: 73-85. Aslan Z, Protective Structures for the Conservation and Presentation of Archaeological Sites, vol. 3, 1997.

② 孙华、陈筱：《文物保护建筑初论》（上），《中国文化遗产》2018 年第 1 期。

1. 保护棚外观　　　　　　　　　　2. 保护棚内部

图 4.10　意大利庞贝古城米斯特里庄园遗址保护棚及内部

（图片来源：国外媒体）

1. 1900 年的照片　　　　　　　　　2. 遗址现状保护棚

图 4.11　美国卡萨格兰德遗址

（图片来源：维基百科）

"遗址博物馆"理念最早的践行者之一，佛朗哥·米尼西在设计保护棚建筑时，不单单考虑对遗址进行遮风避雨，还开始关注如何减小保护棚建筑对遗址本体的占压，扩大遗址的展示空间，改善游客参观的光线等。例如，1957～1960年，他在意大利西西里岛为卡萨尔古罗马庄园遗址（Villa Romana Del Casale）设计修建的保护棚采用了轻型钢结构上的透明塑料膜材质，具有良好的采光性（图 4.12）。位于西西里的格拉古镇（Gela）的另一处遗址，也同样采用了透明的玻璃罩覆盖保护，将文物罩在地表下。在西西里的另外一处遗址——亚埃拉克莱米诺瓦剧院遗址（Heraclea Minoa），为了恢复剧院的原始功能，同时又能保护环形阶梯座位遗址，在遗址上部搭建了一层遮罩，上面可以容纳观众（图 4.13）。1957～1961 年，土耳其奥斯曼尼耶（Osmaniye）省境内的切伊罕（Ceyhan）河谷内的卡拉提佩（Karatepe）遗址修建了四周通透的保护棚，用现代化简洁的屋面结构营造了敞亮的参观环境。1968 年，英国菲什本罗马宫殿

第四章
国内外遗址展示利用建设项目现状研究

1. 保护棚外观　　　　　　　　　　　2. 保护棚内部

图 4.12　意大利卡萨尔罗马庄园遗址保护棚及内部
（图片来源：国外媒体）

图 4.13　意大利亚埃拉克莱米诺瓦剧院遗址保护设施
（图片来源：维基共享信息）

（Fishbourne Roman Palace）遗址修建了一座当时该国最大的马赛克遗迹保护性建筑，其南立面整体也采用玻璃墙面，显得通透亮泽。这些透明材料的使用尽管提升了展示体验效果，但是也同样存在很多问题。一个是这种透明或半透明的建筑材料导致保护棚出现温室效应，表面往往反光严重，且玻璃上容易凝结露水，同时内部的高湿环境促进微生物滋长，从而破坏遗址。另一个是卡萨尔古罗马庄园遗址保护棚采用的透明塑料膜材质维护难度大，需要不断更换塑料膜[①]。此外就是保护棚建筑本身的形式、材料等与遗址景观环境不协调，造成参观者的注意力不

---

① Stanley-Price NP, Jokilehto J, The Decision to Shelter Archaeological Sites: Three Case-studies from Sicily. Conservation and Management of Archaeological sites, 2002, 5: 19-34.

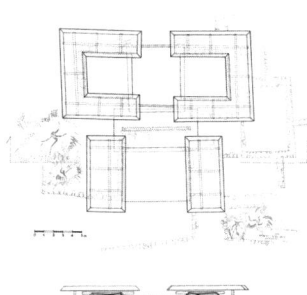  

1. 保护棚设计效果图　　　　　　　　2. 保护棚内部

图 4.14　土耳其卡拉提佩遗址保护棚及内部

（图片来源：国外媒体）

1. 保护棚外观　　　　　　　　　　2. 保护棚内部

图 4.15　英国菲什本罗马宫殿遗址保护棚及内部

（图片来源：维基百科）

图 4.16　土耳其阿拉丁山公园清真寺遗址拱顶式保护棚

（图片来源：维基百科）

集中，往往忽视了遗址本身。

近几十年来，西方文物保护者更为注重保护棚与景观风貌的协调，尽量让关注焦点指向遗址而不是保护棚本身，建筑上也尽量注意可逆性。例如，20世纪70年代，土耳其在肯雅（Konya）阿拉丁山公园遗址（Alaeddin Hill）构筑了如清真寺拱顶一般的拱形保护棚（图4.16）。采用大跨度建筑结构是避免损害遗址本体，又能提高展示效果的方法之一。例如，以色列的特尔丹（Tel Dan）城门遗址，即采取了大跨度的轻质保护棚结构。而以色列另一处恩戈蒂遗址（Ein Gedi）在20世纪90年代中期建成的保护棚采用了帐篷形式，中心柱直接立在遗址上，对遗址造成了一定的破坏（图4.17）。笔者在越南世界遗产地——美山遗址考察了德国保护工作者设计的一处神庙保护棚，它采用了"原物归位法"和修建保护棚结合的方法，一方面对坍塌的神庙建筑墙体进行归安修复，另一方面为了保护散落的无法归位的建筑构件和附属文物，在修复的墙体上搭建了一个隐蔽屋顶。它并不是原样重建，而是采用简单的现代结构，功能上满足神庙内部的防雨和采光，从神庙外完全看不到屋顶。这种做法非常好地遵循了"尽量让关注焦点指向遗址而不是保护棚本身"的保护展示理念（图4.18）。

1. 特尔丹城门遗址保护棚

2. 恩戈蒂遗址帐篷型保护棚

图4.17　以色列遗址保护棚
（图片来源：国外媒体）

1. 外景

2. 内部新建的保护顶棚

图4.18　越南美山遗址神庙外景及内部新建的保护顶棚
（图片来源：滕磊/摄）

　　1. 保护棚内部　　　　　　　　2. 保护棚内考古发掘和公众参观同时进行

图 4.19　土耳其以弗所阳台房遗址

（图片来源：国外媒体）

　　20世纪八九十年代以来，对于遗址保存环境的控制越来越受到重视，成为修建保护棚必须考虑的问题。例如，1999年建成的土耳其以弗所阳台房遗址（Terrace house）保护棚，设计充分考虑了当地的温湿度、通风和光线等。它采用轻型钢结构，覆盖了4000平方米的遗址面积。保护棚屋顶由张拉开的半透明的PTFE玻纤织布组成，但在四周利用聚碳酸酯材料制成了向外倾斜的可通风的幕墙，南面是不透明的，以避免阳光直射，而其他三面则是透明的，以提高采光。这样的屋顶能形成良好的室内光线，从而无须人工光源，同时整个建筑材料具有良好的反射性，以减弱太阳光直射及产生的热量[①]。

　　另一个例子是英国的克里夫修道院（Cleeve Abbey）以前建有临时的保护帐篷对13世纪精美的地面砖进行保护，但是人们一直质疑它与修道院历史建筑和风貌不协调。同时帐篷的室内环境也无法更好地保护地砖。通过长达15年的监测之后，设计新建了永久保护棚，营造出适宜地砖保存的室内微环境，同时建筑外观、材质也与修道院建筑更加协调（图4.20）。英国多赛特郡（Dorset）的多切斯特（Dorchester）罗马遗址保护棚设计采用古罗马建筑风格元素，突出的屋檐防止阳光直射遗址，四周玻璃幕墙有缝隙以供通风。同时，幕墙还可以人工控制，以便更直接快速地通风（图4.21）。2009年，对马耳他巨石神庙群（Megalithic Temples Malta）中两座彼此毗邻的神庙遗址哈格尔基姆（Hagar Qim）和姆纳耶德拉（Mnajdra），经过长达5年的雨水、风速与风向、太阳辐射和空气压力等微环境状况的周期性监测后，鉴于这两座神庙遗址面临着日晒雨淋、海风侵蚀等较为复杂、难以解决的自然破坏因素，当地决定设计、修建保护棚。建筑

---

① Krinzinger F, *A roof for Ephesos: The Shelter for Terrace House 2*. 2000.

第四章
国内外遗址展示利用建设项目现状研究

1. 原有临时帐篷保护设施

2. 新建保护棚

3. 新建保护棚的内部保护展示的地砖

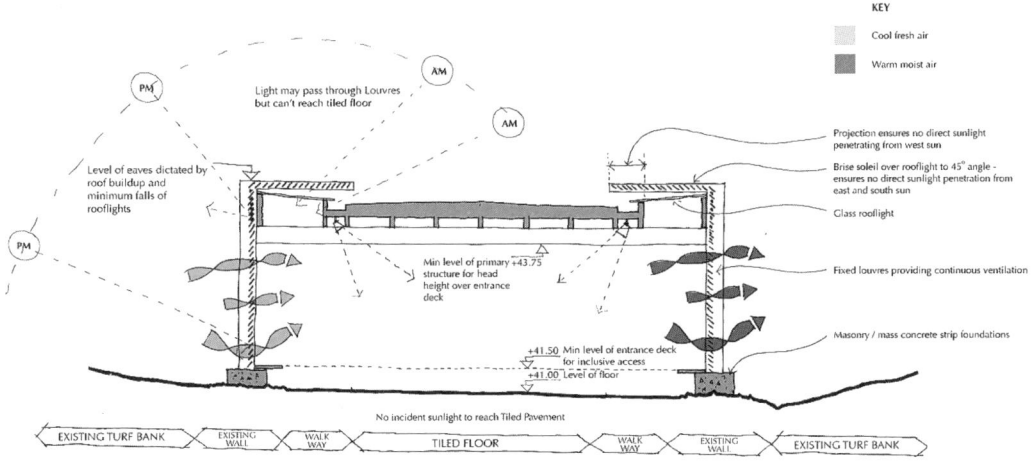
4. 新建保护棚内部环境控制设计

图 4.20　英国克里夫修道院
（图片来源：Davies Sutton Architects）

采取帐篷型大跨度建筑，四周开敞，以利于通风。在建筑方案设计阶段，意大利大气科学和气候研究所（the Institute of Atmospheric Sciences and Climate of the National Research Council of Italy）对两座神庙进行了空气采样、生物结皮的分布描绘、表面温度、石质分析、土壤侵蚀、地表径流和热成像等更具针对性的监测，用以指导保护棚建筑设计方案的深化和修改（图4.22）。

1. 保护棚外观　　　　　　　　　　2. 保护棚内部

图4.21　英国多切斯特罗马遗址保护棚及内部
（图片来源：国外媒体）

1. 神庙遗址保护棚　　　　　　　　2. 神庙遗址保护棚建设中俯瞰
（图片来源：国外媒体）　　　　　（图片来源：Tensinews. Newsletter NR.21，2011.9）

图4.22　马耳他哈格尔基姆和姆纳德拉神庙遗址

与郊野环境不同，位于城市中的遗址由于土地成本、保护成本等，保护棚具有一定的特殊性，往往需要与其他城市建筑合并考虑，因此具有多种功能。例如，位于英国巴斯（Bath）的古罗马浴室遗址（Roman Baths）、位于伦敦盖德霍尔（Guidehall）艺术馆下的古罗马圆形剧院（图4.23），位于伦敦市中心一个地下停车场里的古罗马城墙等。

孙华、陈筱认为，20世纪80年代至今，西方保护性设施的工程实践显现出

1. 艺术馆外观　　　　　2. 艺术馆地下保护展示的古罗马圆形剧场遗址

图 4.23　伦敦盖德霍尔艺术馆及地下遗址

（图片来源：维基百科）

两方面特点。其一是跨学科合作增多，大型项目往往需从考古、城市规划、城市景观、建筑设计及展陈布置等角度综合考虑，保护性建筑成为一种表达遗址艺术感和营造展陈环境场所感的媒介。其二是保护性建筑的决策、评估和监测更趋理性、科学化，如针对具体病害开展保护性建筑涂层材料、构造形式等研究，利用新科技监测遗址微环境及保护性建筑自身的稳定安全性，都使保护建筑的更新改造及遗产地管理条例的编制有据可依[1]。

3. 回填展示

回填展示是最简单、最安全、最经济的保护展示模式。

遗址回填是伴随着考古学科自然产生的一种方式，当考古工作结束后，或考古发掘间隙，回填是保护遗址的自然选择。回填之后，在地表进行标识、模拟等展示方法是文物保护者可以选择的最为灵活的策略之一，因为相对于其他遗址露明展示方式，这种方法对遗址影响最小。世界范围内最著名的例子是吉萨斯芬克斯狮身人面像（Sphinx），它延续至今已超过 4000 年，这主要归功于千年掩埋在沙土里的保存状态。100 年前被发掘出来以后，它裸露的部分开始加速风化，造成了目前的损坏。

尽管回填不能完全阻止遗址的损坏，但可以在极大程度上延缓这一过程。它通过两个方法实现：①保护遗址避免水、风、植物、光、动物和人的直接影响；②重新建立一个稳定的环境，进而阻止因持续的温湿度变化、蒸发和下层盐结晶

---

[1] 孙华、陈筱：《文物保护建筑初论》（上），《中国文化遗产》2018 年第 1 期。

导致的遗址损坏。当然，一个被忽视的、随意回填的遗址可能被侵蚀，杂草丛生并变成穴居动物的栖息地。因此根据不同的埋藏条件，需要采用不同的回填方式。比如，1988年英国伦敦的盖德霍尔（Guidehall）在进行房地产开发的时候，发现地下有罗马时期的圆形剧院，为防止施工对遗址不产生影响，采用了一些技术手段对剧院进行特殊回填以完成工程建设——先利用钢板将剧院残存的墙面与施工工地隔开，钢板与墙面间利用塑料泡沫填充。如果在回填过程中还希望得到展示的效果，那么还要在遗址原位地表进行一些处理。

位于坦桑尼亚拉多里距今360万年的原始人类道路遗址，于20世纪70年代末被发掘后回填，自20世纪90年代早期开始遭受树木生长的破坏。因此美国盖蒂保护研究所等保护机构联合对拉多里遗址进行了多方面的评估。保护利用的两种选择是将足迹迁至博物馆，或是在原址建保护棚以供研究和参观。迁移足迹的方法将破坏这些足迹的重要价值（步态的研究、足迹间的相互关系、足迹的象征意义、未来"潜力研究"及遗址的利用），仅仅保存下很小的一部分（软组织解剖结构的证据）。而且，博物馆（和保护棚）在治理病害、储藏和展示那些充分体现足迹重要价值方面还存在制约因素，短期内不能妥善解决。考虑到管理体制和足迹的保护状况，两种选择都将导致对足迹无法挽回的破坏。第三种选择是进行保护性回填，这是在现有的管理体制下长期保存足迹的一种可行方法。作为长期"储藏"考古遗址的一种方式，回填为保存了它们的完整性和真实性的价值。当保护技术提高，方法逐步可行时，或者当新的研究问题产生时，我们可以重新揭开遗址，当然重新发掘有造成遗址破坏和加快其损坏的风险。最后，由考古学家玛丽·利基，坦桑尼亚文物局和文化部负责人，联合国教科文组织地区代表，坦桑尼亚和国际科学团体代表，恩格罗格罗保护区政府代表，以及一个非坦桑尼亚的非洲保护专家共同组成咨询委员会，他们认可了第三种方法。为保证最好地进行保护性回填，进行了大量科学细致的工作。拉多里原始人类道路回填而造成旅游和教育资源的损失，通过奥杜瓦博物馆举办的展览得到弥补，该博物馆位于恩格罗格罗洼地和塞尔恩格蒂旅游线路上，三间展室展示了这一地区的概况，奥杜瓦峡谷和拉多里遗址道路模型和保护情况[①]（图4.24）。

临时或者短期回填，在发掘和研究期间或其后，保护和开放的计划悬而未决的时候，是保护遗址的一种重要策略。伦敦的伊丽莎白玫瑰剧院遗址（the Rose

---

① 滕磊译，内莫·阿格纽、玛莎·迪玛斯：《保护考古遗址的决策制定：以坦桑尼亚拉多里原始人类道路为例》，《文博》2007年第3期，第88～91页。

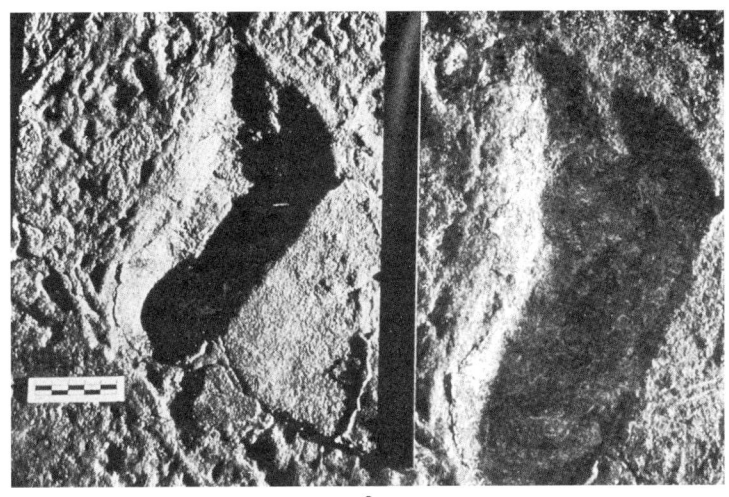

图 4.24　坦桑尼亚拉多里原始人类道路遗址

（图片来源：Decision Making for Conservation of Archaeological Sites: The Example of the Laetoli Hominid Trackway, Tanzania）
1. 1995 年重新发掘时道路南半部分的拉多里原始人类足迹（三趾马脚印穿过原始人类的足迹）树木已经被移走，道路已经做好回填的准备。图片显示的北半部分仍然是玛丽·利基当年回填和覆盖岩石保护的样子，它在 1996 年被重新发掘　2. 1992 年玛丽·利基发掘时的照片展示了原始人类脚印的组织结构（第 2 图左）。与同一个脚印进行比较，可以看出回填的效果

Theatre）是一个非常好的且已经公开发表的例子。玫瑰剧场是伦敦目前唯一一处可供参观的莎士比亚剧场遗址，它也是伊丽莎白一世时期伦敦泰晤士南岸第一个专业剧场（1587 年）。莎士比亚曾在玫瑰剧场演过戏，他的早期作品《亨利八世》（第一部）与《泰特斯·安特洛尼克斯》在这里首次公演。1988 年，伦敦博物馆的考古工作者在对公园街开发项目进行考古发掘时，无意中发现了玫瑰剧场的遗址。该遗址位于泰晤士南岸的玫瑰巷与公园街之间，完整呈现了玫瑰剧场初期与扩建后的轮廓，同时也出土了当时存放门票的陶瓷钱罐、金戒指、大量榛子壳（剧场零食）和一根木制的观众看台围栏。经过研究，对开发项目进行了调整，使遗址坐落在开发项目办公楼地下，成为"伦敦最奇特的景观"[1]。当时办公楼设计、建设时，玫瑰剧院遗址的展陈计划悬而未决，因此被小心地临时回填了。1999 年，经过保护处理的遗址对外开放。保护专家为了防止遗址干裂，将遗址浸泡在几英尺深的水里，营造出恒温恒湿的环境，并长期进行监测。展示采用红色灯带在地上营造出了玫瑰剧院的原始轮廓（图 4.25）。

---

[1] Edward Chaney, Sam Wanamaker's Global Legacy, *Salisbury Review*, 1995: 38-40.

1. 伦敦玫瑰剧院
（图片来源：维基百科）

2. 伦敦玫瑰剧院遗址的保护展示现状
（图片来源：thelondonphile）

图 4.25　伦敦玫瑰剧院遗址

英格兰格洛斯特郡（Gloucestershire）伍德切斯特罗马人庄园遗址（Woodchester Roman villa）的酒神马赛克图案曾先后七次从地下挖掘出来向公众开放。自从1880年马赛克图案被首次重新发掘出来并进行加固后，它在1890、1926、1935、1951和1963年又被发掘出来向公众开放，直到1973年的最后一次发掘，从那时起，人们制作了马赛克图案的复制品并永久展示至今（图4.26）。英国德比郡的戈登崖石刻（Gardoms Edge）在1998年发掘回填后，在原址进行模拟复制展示（图4.27）。尽管原址复制展示可以准确地展示遗址原貌，有时候甚至比遗址本身还更让人印象深刻。然而由于原址复制展示存在一定的真实性问题，也曾引发了英国学术界的争议[①]。

1. 庄园遗址酒神马赛克回填后的现状

2. 庄园遗址酒神马赛克复制品

图 4.26　英国伍德切斯特罗马庄园遗址
（图片来源：维基百科）

---

① Skeates R, *Debating the archaeological heritage*. London: Duckworth, 2000.

不过法国拉斯考克山洞（Lascaux）和英国乔维克维京人村落遗址（Jorvik）的模拟复原的确证明了民众对实物替代品的接受。法国西南部的拉斯考克山洞在1940年被发现，随着旅游者的不断增加，洞内的湿度和二氧化碳的浓度也不断增加，1960年以来，微生物开始生长并破坏洞内的岩画。1963年，科学家们建议关闭此洞，这又使得这个相对贫穷的地区失去了一项重要的旅游吸引物。当地的旅游产业开放其他一些史前洞穴，但游人很少，直到1983年模拟复制了拉斯考克山洞之后游人才得以回升（图4.28）。英国约克郡维京中心位于一座维京时期村落的遗址上。根据出土文物与资料所重建的维京时期村落充满了各种声音、味道与视觉效果，当时维京人的生活情景，从市集交易、住宅、鱼市场、鱼船到臭味扑鼻的老厕所等，都透过生态造景的方式，真实地呈现出来。这些是维京时期街道的真实重现，所有的建筑物都是以1975年时的状况，也就是考古挖掘之际所发现的位置来呈现，而且更令人惊讶的是，即使是展示中所看到的蜡像，都是利用考古挖掘出来的维京人遗骨来制作的。这都吸引了大量的游客（图4.29）。

图4.27　英国戈登崖石刻原址模拟展示
（图片来源：维基百科）

图4.28　法国拉斯考克山洞在1983年被复制展示
（图片来源：Thoughtco）

如何找到一种遗址保护和展示真实性的平衡点？土耳其巴卡科依（Bogasköy）的哈图沙遗址（Hattusha）将发掘出的建筑物"部分回填"，仅使墙体的上半部分裸露在外。这样虽然回填保护了大部分的遗址本体，但仍真实而清晰地保留了建筑群的平面布局（图4.30）。这是一种有益的尝试。越大的遗址，通过其中一部分的回填保护，可开放其他部分参观和展陈的潜力就越大。这种长期、部分的回填形式在遗址全盘展陈规划中，对遗址提供了保护。在一个建筑群中，建筑物的"部分回填"（墙体的上半部分裸露在外），虽然掩埋到全部考古发掘的深度，但仍清晰地保留了建筑群的平面布局。不过这种回填方式是"二维"的，为了进行

1. 排队参观维京中心的人流

2. 维京中心原址展示的遗址

3. 游客乘坐时间胶囊参观重建的维京村落

图 4.29　维京人村落遗址

（图片来源：Jorvik Viking Centre）

1. 哈图沙古城遗址是赫梯帝国的都城遗址，发掘后将本来裸露在外的墙面部分回填，将建筑布局展示给游客

2. 古城南门遗址的斯芬克斯像

图 4.30　土耳其哈图沙古城遗址

（图片来源：维基百科）

弥补，经挑选完整保留下来的房屋或建筑更能实现展陈的目的。"部分回填"对于同一个时期的遗址中，高度基本一致的墙体最为有效，此外它对于地层复杂的遗址和地下状况的稳定也是有益的。新墨西哥州的查科峡谷（Chaco）和阿兹台克遗址（Aztec Ruins），现存城墙的起伏很大，超过 12 米，只允许采用"三维"的处理方式而非"部分回填"的方式。20 世纪初，考古学家开始发掘阿兹台克遗址，到 1999 年，为长久保护遗址，美国国家公园管理局开始逐步实施回填计划，预计 75% 的遗址将最终被回填（图 4.31）。

1．遗址 1999 年鸟瞰图　　　　　　　　　　2．遗址保护修复的建筑
（图片来源：National Park Service 1999）　　　（图片来源：Schipperhaven）

图 4.31　美国新墨西哥州阿兹台克遗址

回填与保护棚混合展示模式。这种模式往往出于保护遗址的需要，回填后又在其上面搭建保护棚。美国亚利桑那州（Arizona）的图拜克要塞国家历史公园（Tubac Presidio State Historic Park），采用的就是这种混合保护形式，回填后对地下的部分遗址进行展示，使参观者可以看见一部分已经被发掘的遗址[①]（图 4.32）。另外一个回填与保护棚结合的例子是著名的以色列的特尔丹遗址（Tel Dan）大门，通过这种方式来缓解土砖的破碎和被腐蚀速度。

图 4.32　美国亚利桑那州图拜克历史公园
（图片来源：US Route 89）

---

① Demas M, 'Site Unseen': the Case for Reburial of Archaeological Sites. *Conservation and Management of Archaeological Sites*, 2004, 6 (3-4): 137-154.

4.1.2 旅游及相关配套设施

遗址展示利用所需的游客服务与配套设施包括展厅、游客中心、餐饮卫生场所、步道、停车场等。对于这些设施的选址需要精心考虑，不能建在遗址核心区或遗址易劣化的场所，但也不能太远，为游客参观带来不便。这些设施的设计也需要综合考虑多方面因素，一旦设计有缺陷，可能对遗址的长久保存带来严重影响。这些设施所需要的供电、供水等也可能对遗址造成潜在的危害，这些危害有可能直接威胁文物本体，也可能破坏文化景观。

遗址周边的道路系统对遗址有着相当大的影响，尤其是遗址离交通繁忙的干线较近的时候。英国威尔特郡的埃夫伯里（Avebury）和巨石阵史前遗址（Stonehenge）都受到交通的重要影响，尤其是巨石阵，它被两条公路夹在中间，最近的地方离巨石阵不到100米（图4.33）。遗址管理人员一直呼吁将这些道路改道，但鉴于高昂的成本长期未得到实施，因此可行的方案是设法降低交通流量[①]。目前，当地政府已经开始着手对周边的道路进行调整，预计2020年就可以彻底改变困扰巨石阵一百来年的问题。

1. 1906年交通状况

2. 当下的交通状况

图4.33 英国巨石阵1906年的交通状况和当下的交通状况
（英国巨石阵长期存在两条重要道路，最近距离遗址不到100米，其噪声、震动对遗址本体和景观的影响是英国学术界的关注热点之一）

道路交通引起的振动、噪声和历史氛围的不和谐毫无疑问会破坏遗址，而路面的形式也很重要，如硬化路面可能造成遗址排水不畅，在踩踏变形后引起积

---

① Pomeroy-Kellinger M, *Avebury World Heritage Site Management Plan 2005*, 2005.

水，对地下文物造成潜在影响①。

4.1.3 影响因素研究现状

如上文所述，近年，考古遗址保护和管理的理论和实践快速发展，西方保护专家日益采用了一种基于遗址价值和重要性为核心的"决策程序"。它有着一系列的步骤：前期筹备和遗址的背景知识，价值和重要性评估，利益相关者兴趣的考虑，遗址保存状况和病害原因的评估，以及遗址已经或将要被管理、使用和保护的相关体制评估。通过多方面的评估，分析自然环境、人为环境、管理体制等多方面的影响因素等。

例如，对拉多里遗址的分析评估有环境保存状况和现存威胁评估，包括排水方式、马赛人占用的土地、附近大型哺乳动物的情况及道路表面和每个脚印的状况。试掘显示，印有足迹这一层的凝灰岩是容易断裂和脆弱的，特别是一些地方已经风化严重，暴露之处正在破碎和粉化，许多地方都被杂草根和阿拉伯树胶的树根穿过。

管理体制评估考察了遗址的发展机遇和制约因素，特别是容量、资源、发展动机及两个责任机构的局限性（坦桑尼亚文物局和恩格罗格罗保护区政府），遗址的位置和交通、制定决策所需的经济和政治背景，以及开放遗址旅游的潜力。评估显示，遗址没有多少发展机遇却有许多的制约因素。遗址主要的发展机遇是已经存在的旅游市场。在许多发展中国家，考古遗址是旅游产业收入的主要来源。伴随着塞尔恩格蒂和恩格罗格罗洼地野生动植物旅游业的良好发展，附近的原始人类足迹作为旅游和教育展示的一个重要遗址是可行的。但制约因素是可怕的。坦桑尼亚文物局几乎没有什么职员、资源和设备。拉多里地处偏僻，没有基础设施（道路、电力和自来水），雨季到来时经常无法接近；最近的文物局工作人员在奥杜瓦峡谷，进入拉多里很困难。坦桑尼亚人尚没有保护和保存开放遗址的成功经验。此外，恩格罗格罗保护区政府和坦桑尼亚文物局几乎没有合作过，不仅影响了他们之间自然与文化的专业分工，也影响了规模更大、人力和资源更丰富的恩格罗格罗保护区政府发挥优势②。

---

① Jim Williams, Robin Hunter, Nick Branch, Gemma Swindle, Nick Walsh, Lanki Valcarez, Adrian Palmer, Tim Langdale-smith, Allen M, Monitoring Leaching from Cast in Situ Piles. In: Preserving archaeological remains in situ: proceedings of the 3rd conference, 7-9 December 2006, Amsterdam: Institute for Geo and Bioarchaeology, VU University, 2008: 175-180.

② 滕磊译，内莫·阿格纽、玛莎·迪玛斯：《保护考古遗址的决策制定：以坦桑尼亚拉多里原始人类道路为例》，《文博》2007年第3期，第88~91页。

那么，对于展示利用设施，西方文物保护者已经考虑到利用建筑设计来控制环境。但依然难以避免一些病害的产生。最重要、最常见的是潮湿以及潮湿带来的生物病害和可溶盐问题，它们严重侵蚀遗址上的石质文物、灰浆和砖瓦等。我们前文提到的英国菲什本罗马宫殿（Fishbourne Roman Palace）保护棚就因为内部的潮湿问题不得不将马赛克遗址原位抬高。而英国怀特岛上的布雷丁罗马庄园遗址（Brading Roman Villa）保护棚，在20世纪90年代曾两次被洪水淹没，之后采取的应对措施是利用探地雷达监控地下水位、建立排水渠防止洪水（图4.34）。同样的问题也发生在英国肯特郡的卢林斯通罗马庄园遗址（Lullingstone Roman Villa）。因为该遗址位于山前，下雨形成的山洪经常冲刷遗址，所以保护棚在靠山一侧设计成堤坝形式以阻断雨水。同时整个保护棚采用全封闭的设计，避免室外光线和人造成的温湿度起伏，营造较为稳定的微环境，这也使室内中央空调更为节能（图4.35）。但该遗址同样面临着湿度过高

1. 保护棚俯瞰　　　　　　　　　　　2. 保护棚内景

图4.34　英国布雷丁罗马庄园遗址保护棚及内景

（图片来源：bradingromanvilla.org.uk）

1. 保护棚外观　　　　　　　　　　　2. 保护棚内景

图4.35　英国卢林斯通罗马庄园遗址保护棚及内景

（图片来源：维基共享信息）

的问题，需要不断对微生物进行控制。

除保护棚可能直接破坏遗址本体外，环境影响对遗址保存最为重要，因为病害是环境造成的，而保护措施和建筑功能都是为了直接或间接地控制环境。环境上需要考虑的因素包括降雨、温度、风、光、通风、湿度、当地动植物情况、遗址地貌、含盐量等。此外，还应当考虑展示效果、可逆性、公众友好度、建筑材料和造型、建筑地基等。

西方既注重记录遗址本体产生的病害，也注重记录和分析病害产生的影响因素。对于文物的病害，一般归为结构和表面病害两类。例如，卡洛（Caroe）等对石质遗址的分类中[1]，将表面病害分为潮湿、裂缝、起甲、粉化、脱落、磨损、结壳、污渍、盐霜、微生物、人为破坏等，对结构分为潮湿、空心、支撑缺失、孔洞、裂隙、动植物、联结力问题等。范·巴兰（Van Balen）等[2]将遗址病害分为表面粉化、崩塌、裂隙、变形、力学损伤、生物影响六类。实际上是将结构问题列举出来，并将不易归类的生物问题单列。伦敦大学考古系对柴德沃斯罗马庄园遗址进行病害调查的过程中，也将病害分为结构病害、表面病害。结构病害包括裂缝、起翘、膨胀、缺失、联结力问题等，表面病害包括盐霜、微生物、污垢、动植物等。病害情况因遗址环境的不同而差异很大，因此对于特定遗址应当根据实际情况从结构和表面两点着手对遗址进行病害调查和归类，并描绘病害图。

对遗址的影响因素，由于材质、保存情况的不同，国外对遗址的影响因素侧重点也各不相同。例如，盖蒂保护研究所1998年对遗址的保护评估中强调的因素包括温湿度、降水量、风、光照、大气污染、粉尘、动植物及周边环境如建筑、地面、水体的影响等[3]。2000年出版的报告讲述对新墨西哥州的赛尔登土遗址（Selden adobe）进行的环境监测时[4]，由于其是露天的遗址，盖蒂保护研究所重点监测的因素包括温湿度、颜色变化、土体冲蚀和土体含水率。英国的罗斯剧院信托基金（Rose Theatre Trust）和英国遗产（English Heritage）考古委员会曾对

---

[1] Caroe A D R, Caroe M B, *Stonework Maintenance and Surface Repair*, 1984.

[2] Balen KV, Toumbakari E-E, Blanco M-T, Aguilera J, Puertas F, Sabbioni C, G.Zappia, Riontino C, Gobbi G, Procedure for a Mortar Type Identification: A Proposal. *Historic mortars-characteristics and tests, Proceedings of the International RILEM workshop*, 1999: 61-70.

[3] Avrami E, Dardes K, Torre Mdl, Harris SY, Henry M, Jessup WC, *The Conservation Assessment: A Proposed Model for Evaluating Museum Environmental Management Needs*. Los Angeles: Getty Conservation Institute, 1999.

[4] Oliver A, Fort Selden Adobe Test Wall Project Phase I Final Report. In: *HIstoric preservation and architectural conservation*. Edited by Institute TGC, Monuments MoNMS. Socorro, New Mexico: Getty Conservation Institute, 2000.

已回填的罗斯剧院遗址进行监测①。由于是回填遗址，因此监测的重点参数主要是地下水位。他们在遗址上试掘了 3 米 ×2.7 米 ×2.3 米的探方，并铺设温度和含水率测定设备，建立地下水位和温湿度实时监控来评估回填遗址。

  对有保护棚的遗址，则应将保护棚也纳入调查范围中，因为保护棚的规模、类型（开放式、封闭式等）、建筑材料、通风条件、保温条件、光照条件等对保存环境影响巨大。扎克·阿斯兰（Zaki Aslan）在英国伦敦大学博士毕业论文中讨论了保护棚的可溶盐、微生物、动植物、地下水位、湿度、游客等影响因素，进而研究利用保护棚的建筑材料、建筑技术及布局来创造稳定的保存环境。对于展示出来的遗址，影响因素相对更为复杂多样。伯纳德（Bernard M. Feilden）在其著作《历史建筑保护》（Conservation of historic buildings）②中将历史建筑的影响因素分为气候、生物和自然灾害三方面。气候又分为季节昼夜温湿度变化、风、降雨量、霜冻、地下水和尘埃，生物包括微生物、动物（如昆虫）、植物等。约翰·沃伦（John Warren）在其著作《土建筑保护》（Conservation of earthen structures）③中认为土遗址的主要影响因素是水的迁移，其次是植物生长，动物、人的因素和风的因素。盖蒂保护研究所将遗址本体、环境综合起来，将影响因素划分为物理、化学、物理化学三类④。物理病害包括人为破坏、太阳辐射、磨损、植被、冻融、松散，化学病害主要是污染，物理化学病害包括可溶盐、微生物、大气腐蚀三种。由此看来，不同遗址不同的评估角度对遗址影响因素的考虑各不相同。综上所述，与本体病害相似，遗址的环境影响因素应该具体情况具体分析。

4.2 我国古遗址展示利用的现状

  我国拥有大量的古遗址，第三次全国文物普查登记的 766722 处不可移动文

---

  ① Stewart JD, Neguer J, Demas M, Assessing the Protective Function of Shelters over Mosaics. *Conservation and Management of Archaeological sites*, 2006, 21 (3): 16-19; Miles D, Brindle S, Case study: The Rose Theatre, Bankside, London: Display and conservation. In: *Urban pasts and urban futures: Bring urban archaeology to life, Enhancing urban archaeological remains, international and interdisciplinary symposium organised in the context of the APPEAR project: 2005*, Brussels: European Commision, 2005: 41-47.

  ② Feilden BM, *Conservation of historic buildings*, Third ed. Oxford: Architectural Press, 2003.

  ③ Warren J, *Conservation of earth structures*. Boston: Butterworth-Heinemann, 1999.

  ④ Roth M S, Lyons C, Merewether C, *Irresistible Decay: Ruins reclaimed*. Oxford: Oxford University Press, 1997.

物中，古遗址约占 1/4，达到 193282 处。这些古遗址很多具有重要的历史、科学和艺术价值，目前已经列入前七批全国重点文物保护单位的古遗址 1022 处，也占到了全部 4296 处国保单位的 1/4。其中还有一部分遗址已被列为世界文化遗产或作为世界文化遗产的重要组成部分。

古遗址承载着丰富的历史信息和文化内涵，是中国 5000 多年灿烂文明史的主体和典型代表，其中许多大遗址不仅具有深厚的科学与文化底蕴，同时也是极具特色的环境景观和旅游资源，在建设社会主义政治文明、物质文明和精神文明，向世界展示悠久的中华传统文化，促进遗址所在地社会经济文化发展等方面发挥着重要作用。

4.2.1 古遗址的特点

古遗址具有复杂性、不确定性、脆弱性等特点，相较其他遗产类型，古遗址保护更加困难。

（1）复杂性。

从遗址众多的定义上，我们即可管窥其复杂性。

联合国教科文组织对遗址的定义是：从历史、审美、人种学或人类学角度看具有突出的普遍价值的人类工程或自然与人联合工程以及考古地址等地区。

1990 年国际古迹遗址理事会通过的《考古遗产保护与管理宪章》定义"考古遗产"是根据考古方法提供主要资料实物遗产部分，它包括人类生存的各种遗存，它是由与人类活动各种表现有关的地点、被遗弃的结构、各种各样的遗迹（包括地下和水下的遗址）以及与上述有关的各种可移动的文化资料所组成。

美国教授温迪·安西莫和罗伯特·夏尔认为，"遗址"可以根据个人对其特征的理解用多种方式来描述和归类[①]。他们的定义是：遗址是文化遗物、迹象和生态遗物的空间集合。有些遗址可能完全由一种资料组成，如散布在表面的文化遗物。其他遗址由三种考古资料混合而成。

我国《现代汉语词典》"遗址"词条解释为："毁坏的年代较久的建筑物所在的地方：例如圆明园遗址。"而 20 世纪 90 年代编写的《中国大百科全书·文物卷》对遗址的解释则更具专业权威性和代表性：古代人类各种活动留下的遗迹。既包括人类为不同用途所营建的建筑群体，例如民居、宫殿、官署、寺庙、作坊

---

① 温迪·安西莫、罗伯特·夏尔著，沈梦蝶译：《发现我们的过去：简明考古学导论》，上海社会科学院出版社，2007 年。

以及范围更大的村寨、城堡、烽燧等各类建筑残迹；也包括人类对自然环境利用和加工而遗留的一些场所，例如洞穴、采石场、沟渠、仓窖、矿坑等。

21世纪以来，随着我国开展的第三次全国文物普查和不可移动文物认定标准进一步规范，对古遗址有了更新、更全面的界定：①存在文化堆积，地表发现古文化遗物，且有明晰的分布范围；②沿海水域和内水湖泊、河流、水库等区域具有历史、艺术、科学价值的各类文化遗存，包括沉没于水下的遗址、沉船和位置明确的密集文物出土点；③经过考古发掘，遗迹尚存；④建筑物及构筑物局部构件或者基址尚存。

遗址类型庞杂。根据20世纪80年代编写的《中国大百科全书·考古卷》，遗址可细分为城堡废墟、宫殿址、村址、居址、作坊址、寺庙址等，还包括当时的经济性的建筑遗存，如山地矿穴、采石坑、窖穴、仓库、水渠、水井、窑址等；防卫性的设施，如壕沟、栅栏、围墙、边塞烽燧、长城、界壕及屯戍遗存等也属此类。第三次全国文物普查将古遗址分为：洞穴址、聚落址、城址、窑址、窖藏址、矿冶遗址、古战场、驿站古道遗址、军事设施遗址、桥梁码头遗址、祭祀遗址、水下遗址、水利设施遗址、寺庙遗址、宫殿衙署遗址、其他等类型。此外，按照材质，古遗址有土、石、砖、木、陶瓷、其他等材质。按照存在形式，古遗址有地面、地下、水下等存在形式。

（2）不确定性。

古遗址承载着丰富的历史信息和文化内涵，除了地面遗存外，许多地下遗存并不清楚，存在着很大的不确定性。

很多大遗址历史悠久，延续长达千年。大运河、丝绸之路等超大型、部分正在使用的大遗址，是世界公认的人类工程奇迹，不仅具有极其丰富的文化和自然的内涵与景观；同时也是历史变革、经济交流、文化融合、社会生活的大动脉，是活态的遗产。遗产内涵和价值依旧不断更新，因此也具有很大的、复杂的不确定性。

（3）脆弱性。

由于我国古遗址的复杂和不确定性，相比较古建筑、石窟寺等其他文物类型，它更加脆弱，极易遭受破坏。

4.2.2 我国古遗址展示利用情况

我国大量的古遗址中，有很多已经开放展示。据第三次全国文物普查统计，已经开放展示的古遗址约有4580处，其中国保单位516处，省保单位341处（表4.1）。

表 4.1　古遗址开放参观情况统计表（第三次全国文物普查）

古遗址子类别	合计	国保单位	省保单位	市、县保单位	未定级
合计	4580	516	341	1028	2695
洞穴址	208	17	26	65	100
聚落址	587	34	65	123	365
城址	417	80	72	123	142
窑址	273	167	8	28	70
窖藏址	15	1	1		13
矿冶遗址	78	11	8	16	43
古战场	49	1	2	18	28
驿站古道遗址	203	7	10	37	149
军事设施遗址	540	97	49	139	255
桥梁码头遗址	69	4	8	10	47
祭祀遗址	96	5	15	19	57
水下遗址	5			1	4
水利设施遗址	71	9	4	12	46
寺庙遗址	1286	23	39	286	938
宫殿衙署遗址	90	15	8	23	44
其他古遗址	593	45	26	128	394

我国古遗址展示利用的形式主要包括原状展示、回填展示、遗址博物馆、遗址保护棚及综合的考古遗址公园模式等。

早期的遗址展示利用多以原状展示为主，这既有经济方面的原因，也有保护遗址核心价值的考量。例如，圆明园遗址，尽管一直存在着重建的呼声，但是文物保护界基于遗址的核心价值还是坚持了原状保护和展示的策略（参见本书 1.3）。

原状展示也包括采用西方"原物归位法"的保护展示方法。例如，2000 年以来，以北京圆明园含经堂遗址保护展示（图 4.36）、西安大明宫含元殿基址保护展示为代表（图 4.37），通过局部修复保护的方法，既保护了遗址，又兼顾了展示和利用。此方法已经成为当下最为普遍的遗址保护展示方法之一。

对于考古发掘出土的遗址，回填展示显然是一种"物美价廉"的保护展示方法，而且更加灵活。目前回填后的展示方法有标示、标识、模拟复原等。例如，1993 年河姆渡遗址发掘区即采取了回填模拟复原的展示方法，将 20 年前发

1　　　　　　　　　　　　　2

图 4.36　北京圆明园含经堂遗址 2002 年保护展示工程实施过程中

（图片来源：滕磊 / 摄）

掘的 2800 平方米的密密麻麻的干栏式建筑构件和建筑布局真实、完整地呈现在公众面前。同时对典型的干栏式建筑进行了复建，还原了 7000 年前先民的生产、生活面貌（参见图 4.48）。殷墟遗址在回填保护的基础上，采取了多种展示方法。如宫殿区甲四、甲六、乙七、丙组基址，"凹"字形宫殿基址，祭祀坑和车马坑复原夯土台阶，木柱础及祭祀遗迹，对宫殿区的甲一、甲五、乙五，王陵区的 12 座王陵大墓采用植被和沙石标识范围、形状等。同时也对妇好墓、YH127 甲骨窖穴进行了复原展示[①]（图 4.38）。

图 4.37　西安大明宫遗址含元殿基址 2006 年保　　图 4.38　殷墟宫殿区复原展示的宫殿
　　　　　护展示工程实施过程中　　　　　　　　　　　　　　（图片来源：滕磊 / 摄）
　　　　　　（图片来源：滕磊 / 摄）

---

① 杜久明、唐秀生、杨善清：《谈殷墟宫殿宗庙遗址保护与展示的新举措》，《夏商周文明研究・六——2004 年安阳殷商文明国际学术研讨会论文集》，社会科学文献出版社，2004 年；李阳生、杜久明、周伟：《殷墟古遗迹：保护与展示的智慧》，《中国文化遗产》2006 年第 3 期，第 54~59 页；杜久明：《安阳殷墟——古遗址保护与展示的成功典范》，《中原文物》2007 年第 4 期，第 102~107 页。

与西方相同，我国的回填展示也同样面临着国内社会各界对于遗址"真假"的质疑，尤其是那些重大的考古发现和重要价值的遗址。因此，自20世纪五六十年代以来，随着一批重要考古遗址的相继发掘出土，通过修建遗址博物馆和保护棚的保护展示方法开始在全国各地出现。对于"遗址博物馆"和"保护棚"的定名和界定并不十分清晰，有部分定名也不规范、准确。一般认为，两者均依托考古遗址，具有考古发掘、保护、研究、展示等功能。而遗址博物馆比保护棚功能更加完善，除上述主要功能外，还应有文物库房、管理、公众服务等博物馆的功能。因此遗址博物馆在建筑规模、形式设计等方面较保护棚更加复杂。

1953年，北京周口店猿人遗址博物馆在龙骨山遗址区建成开放，最初建筑规模比较小，1971年又进行了扩建。尽管它并不具备遗址保护棚的功能，但是作为遗址区内修建的专题博物馆，依然具有里程碑式的意义（图4.39）。

1. 遗址博物馆（老馆）　　　　　　　2. 遗址博物馆（新馆）

图4.39　北京周口店猿人遗址博物馆

（图片来源：李俨/供）

1958年，西安半坡遗址建立了中国乃至亚洲第一座真正意义上的遗址博物馆[①]，同时具有遗址保护棚性质、综合的史前遗址博物馆。这座博物馆采用轴线分散式布局，柱网的布置和施工着重注意了遗址的实际情况，全面揭露的半坡聚落被覆罩在土遗址保护大厅内，并结合遗址对典型房屋和远古生活场景进行了复原展示（图4.40）。

1979年，陕西秦始皇兵马俑一号坑占地面积达1.6万平方米的保护展示大棚建成开放，将长230米、宽62米的兵马俑阵整体覆盖保护。1989年、1994年，秦俑馆3号坑保护大棚和2号展示大棚建成开放，总建筑面积达34730平方米（图4.41）。同年，扬州唐城遗址博物馆建成开放，坐落在唐衙城遗址的西南角、

[①]《我国第一座遗址博物馆开放》，《文物参考资料》1958年第4期。

1. 遗址博物馆外观　　　　　　　　　2. 遗址博物馆改造后的内部
（图片来源：达微佳/摄）　　　　　　（图片来源：百度图片）

图4.40　西安半坡遗址博物馆

1. 展示大棚外观　　　　　　　　　　2. 展示大棚内景

图4.41　秦始皇兵马俑1号坑展示大棚及内景
（图片来源：维基百科）

隋炀帝行宫的旧址上，为仿唐式，建筑面积1000平方米。

1983年，北京大葆台汉墓博物馆建成开放（图4.42）。

1. 汉墓博物馆全景　　　　　2. 改造后的内部及展示的"黄肠题凑"

图4.42　北京大葆台汉墓博物馆
（图片来源：郭力展/摄）

第四章
国内外遗址展示利用建设项目现状研究

1984年，湖北铜绿山古铜矿Ⅶ号矿体1号遗址修建了遗址博物馆，它长36米、宽30米、高14米，可以整体覆盖400平方米的考古发掘现场，是中国第一座反映古代矿冶科技史的遗址博物馆（图4.43）。同年，江西景德镇湖田古窑遗址陈列馆建成开馆。

1. 博物馆全景　　　　　　　　　2. 馆内展示的遗址

图4.43　湖北铜绿山古铜矿博物馆

（图片来源：滕磊/摄）

1985年，徐州汉兵马俑博物馆在徐州狮子山楚王陵兵马俑坑发掘的基础上建馆（图4.44）。

1985年，辽宁沈阳新乐遗址博物馆建成开放，建筑面积860平方米，展厅面积为400平方米。

1987年，偃师商城博物馆建成开放。该馆主体建筑为一座"四阿重屋"式仿古宫殿建筑群，占地面积约16000平方米，建筑面积3100平方米，展室面积1100平方米。同年，河南洛阳古墓博物馆建

图4.44　20世纪80年代的徐州狮子山楚王陵博物馆

（图片来源：徐州市汉文化风景园林管理处/供）

成开放，占地面积130余亩，建筑面积8200余平方米，由一组仿汉代建筑群和一组仿北魏建筑群组成（图4.45）。同年，广西桂林靖江王陵博物馆建成开放，是利用靖江庄简王陵的地面建筑复建而成（图4.46）。同年，陕西周原遗址博物馆建成开放。

1988年，广州南越王墓博物馆建成开放，建筑依山而建，以古墓为中心，

图 4.45　20 世纪 80 年代的河南洛阳古墓博物馆
（图片来源：古墓博物馆/供）

图 4.46　广西桂林靖江王陵博物馆
（图片来源：滕磊/摄）

上盖覆斗形钢架玻璃防护棚，建筑面积 17400 多平方米（图 4.47）。

1991 年，山东章丘城子崖龙山时代遗址考古发掘现场建成城子崖遗址博物馆。

1993 年，浙江余姚河姆渡遗址博物馆建成开放。遗址博物馆占地面积 60 亩，由文物陈列馆和遗址现场展示区两大部分组成。文物陈列馆紧邻遗址西侧，占地面积 16000 平方米，主体建筑面积 3200 平方米，由 6 幢建筑组成，单体之间用连廊相接。建筑造型吸收了河姆渡遗址 7000 年前的干栏式建筑风格，再配以土红色陶器的墙砖，与河姆渡遗址较好的融为一体（图 4.48）。

1. 博物馆俯瞰　　2. 改造前的墓室入口　　3. 改造后的墓室入口

图 4.47　广州南越王墓博物馆

1. 河姆渡遗址博物馆全景
（图片来源：百度图片）

2. 干栏式建筑构件模拟展示
（图片来源：滕磊/摄）

3. 复原展示的干栏式建筑
（图片来源：滕磊/摄）

图 4.48　河姆渡遗址

1994 年，陕西铜川耀州窑博物馆正式建成并对外开放。主馆占地面积 46000 平方米，建筑面积 8000 平方米，陈列展览面积 4800 平方米。

1995 年，北京西周燕都遗址博物馆建成开放，馆区坐落在房山琉璃河西周燕都遗址的东城墙外，占地 18000 平方米，展馆建筑面积 3000 平方米（图 4.49）。

1. 博物馆全景

2. 馆内展示的墓葬及出土文物

图 4.49　北京西周燕都遗址博物馆
（图片来源：西周燕都遗址博物馆/供）

1997年，四川广汉三星堆遗址东北侧修建的三星堆博物馆建成开放，建筑面积2600平方米。同年，浙江宁波上林湖莲花芯唐代窑址修建了窑址保护棚（图4.50）。

1. 窑址保护棚
（图片来源：慈溪旅游）

2. 窑址保护棚内展示的龙窑
（图片来源：滕磊/摄）

图4.50　浙江上林湖莲花芯唐代窑址

1998年，宁夏银川西夏博物馆建成开放，以西夏王陵为背景、占地面积5300平方米，主体建筑长65米、宽37米、高20米，西夏佛塔为密檐式建筑造型，馆内陈列面积1883平方米。

1999年，汉阳陵考古陈列馆建成开放。2003、2006年汉阳陵南阙门遗址保护展示厅和汉阳陵帝陵外藏坑保护展示厅先后建成开放（图4.51）。

1. 汉阳陵考古陈列馆

2. 汉阳陵遗址博物馆

图4.51　汉阳陵考古陈列馆与博物馆
（图片来源：达微佳/摄）

我国遗址博物馆和保护棚从20世纪50年代开始出现，到八九十年代如雨后春笋一般各地开花，进入21世纪以来，相关的建设活动更是不断提速，建设规模和数量在全世界均首屈一指。

据社科基金重大项目（11&ZD026）——大遗址保护行动跟踪研究，子课题二"大遗址保护与利用实践跟踪研究"的成果统计，"十一五"100处重要大遗址中共统计遗址博物馆有48座，其中"十一五"之前建成的遗址博物馆有22座，"十一五"期间建成开放的遗址博物馆有16座，"十二五"期间建成开放的遗址博物馆有10座。"十一五"100处重要大遗址中共建成遗址保护展示棚/厅的有27处[①]（表4.2、表4.3）。

事实上，由于前述"遗址博物馆"与"保护棚"的界定模糊的原因，以及部分"遗址博物馆"与"博物馆"的界定模糊的问题，这些统计数据并不十分准确。例如，1953年建立的周口店遗址博物馆（老馆）和2014年建成的周口店遗址博物馆（新馆）并不在同一个位置，但仅被该课题组统计了一次。但是按照课题组对遗址博物馆的定义，即"具备博物馆功能的，以保护、展示遗址本体为主要内容的专题性博物馆"[②]，那么严格来说，不管是周口店的老馆还是新馆，都不算是真正意义的"遗址博物馆"。此外，有些保护棚附属于遗址博物馆，如合浦汉墓博物馆旁边即有两座墓葬的保护棚。这也同样会造成统计上的不一致。

尽管如此，我国在建的及已经建成投入使用的遗址博物馆和保护棚的总数数以百计，而且依然在快速增长。这在全世界范围内是绝无仅有的。此外，根据《国家考古遗址公园评估总报告（2011～2013年度）》提供的数据，第一批已建成开放的12家国家考古遗址公园建立了11座高水平的遗址博物馆（建筑面积合计118934.32平方米）和8座遗址保护展示棚（建筑面积合计98570平方米）。平均下来，相当于每座建筑的建筑面积都超过了10000平方米。而大遗址保护与利用实践跟踪研究对48座遗址博物馆的建筑面积进行了统计，其中9座（近20%）建筑面积小于3000平方米，11座（23%）建筑面积在3000～5000平方米，12座（25%）建筑面积在5000～10000平方米，6座（12.5%）建筑面积超过10000平方米。

---

① 中国文化遗产研究院：《大遗址保护行动跟踪研究》，分报告二《大遗址保护与利用实践跟踪研究》，文物出版社，2016年。

② 中国文化遗产研究院：《大遗址保护行动跟踪研究》，分报告二《大遗址保护与利用实践跟踪研究》，文物出版社，2016年，第235页。

表 4.2 遗址博物馆统计表

遗址博物馆建设、开放时间	遗址及遗址博物馆名称	个数/座
2006 年以前建成并开放的遗址博物馆	周口店遗址（周口店遗址博物馆）、琉璃河遗址（西周燕都遗址博物馆）、辽上京遗址（辽上京博物馆）、渤海国上京龙泉府遗址（黑龙江渤海上京遗址博物馆）、金上京会宁府遗址（金上京历史博物馆）、扬州城遗址（宋大城西门遗址博物馆、扬州唐城遗址博物馆）、崇安汉城（闽越王城博物馆）、吴城遗址（吴城遗址博物馆）、湖田窑遗址（景德镇民窑博物馆）、临淄齐国故城遗址（齐国历史博物馆）、城子崖遗址（城子崖遗址博物馆）、偃师商城遗址（偃师商城博物馆）、殷墟遗址（殷墟遗址博物馆）、邙山陵墓群（洛阳古墓博物馆）、郑韩故城（郑王陵博物馆）、靖江王府及王陵（靖江王陵博物馆）、合浦汉墓群（合浦汉墓群博物馆）、三星堆遗址（三星堆博物馆）、周原遗址（周原遗址博物馆）、秦始皇陵（秦始皇兵马俑博物馆）、西汉帝陵（汉阳陵博物馆、茂陵博物馆）、唐代帝陵（乾陵博物馆、懿德太子墓博物馆、永泰公主墓、章怀太子墓、昭陵博物馆、韦贵妃墓）、黄堡镇耀州窑遗址（耀州窑博物馆）、西夏陵（西夏博物馆）	31
2006 年以前建成、2006 年之后开放的遗址博物馆	高句丽王城王陵及贵族墓葬（五女山博物馆）、万寿岩遗址（万寿岩遗址博物馆）、良渚遗址（良渚博物院）、临安城遗址（严官巷南宋遗址陈列馆）、金沙遗址（金沙遗址博物馆）、汉长安城遗址（汉长安城长乐宫 4 号、5 号遗址博物馆）	7
2006 年以后建设、2010 年之前开放的遗址博物馆	定窑遗址（定窑遗址博物馆）、元上都遗址（元上都博物馆）、扬州城遗址（扬州城门遗址博物馆）、鸿山遗址（鸿山遗址博物馆）、隋唐洛阳城遗址（定鼎门遗址博物馆）、三杨庄遗址（内黄三杨庄遗址博物馆）、里耶遗址（里耶秦简博物馆）、南越国宫署遗址（南越王宫博物馆）、大明宫遗址（大明宫遗址博物馆）、西汉帝陵（杜陵秦砖汉瓦博物馆）、达玛沟佛教遗址（达玛沟佛教遗址博物馆）、达玛沟的小佛寺遗址博物馆）、丝绸之路新疆段（北庭西寺遗址博物馆、吐鲁番坎儿井博物馆）	14
2006 年以后建设、2011 年之后开放的遗址博物馆	邺城遗址（邺城博物馆）、泥河湾遗址（泥河湾博物馆）、天马－曲村遗址（曲村天马遗址博物馆）、高句丽王城王陵及贵族墓葬（集安博物馆）、大地湾遗址（大地湾史前遗址博物馆）、水洞沟遗址（水洞沟遗址博物馆）、丝绸之路新疆段（楼兰博物馆）	7
2011 年以后建设、开放的遗址博物馆	磁县北朝墓遗址（北朝考古博物馆）、牛河梁遗址（牛河梁遗址博物馆）、楚纪南城遗址（熊家冢遗址博物馆）	3
合计		62

第四章 国内外遗址展示利用建设项目现状研究

表 4.3　保护棚统计表

遗址保护展示棚/厅建设、开放时间	遗址名称	个数/座
2006年前建成并开放的遗址保护展示棚/厅	定窑遗址（定窑作坊遗址展馆）、吴城遗址（吴城遗址博物馆）、上林湖遗址（遗址保护棚）、殷墟遗址（殷墟博物馆）、清凉寺汝官窑遗址（一期遗址保护大棚）、郑韩故城（郑王陵博物馆）、三星堆遗址（第一展馆、第二展馆）、大明宫遗址（含元殿遗址展馆和砖窑址保护厅）、秦始皇陵（秦兵马俑1号、2号、3号坑）、汉阳陵遗址（南阙门遗址保护展示厅）、黄堡镇耀州窑遗址（耀州窑博物馆）	14
2006年前建成、2006年之后开放的遗址保护展示棚/厅	定窑遗址（定窑遗址博物馆）、景德镇御窑遗址（2座明窑炉遗址保护棚）、临安城遗址（严官巷南宋遗址陈列馆）、金沙遗址（遗迹馆）、汉长安城遗址（长乐宫4、5号遗址博物馆）、汉阳陵遗址（外藏坑遗址展示厅）	7
2006年后建设、2010年前开放的遗址保护展示棚/厅	扬州城遗址（南门遗址保护展示馆）、鸿山遗址（鸿山遗址博物馆）、隋唐洛阳城遗址（定鼎门遗址博物馆）、三杨庄遗址（2号庭院保护展示馆）、大明宫遗址（丹凤门遗址保护展示厅）、丝绸之路新疆段（达玛沟佛寺遗址博物馆、北庭西寺遗址博物馆）	7
2006年后2010年前建设、2011年后开放的遗址保护展示棚/厅	天马-曲村遗址（曲村天马遗址晋国博物馆）、牛河梁遗址（第一地点保护展示馆、第二地点保护展示馆）、偃师商城遗址（4号宫殿遗址保护棚、池苑展示棚）、隋唐洛阳城遗址（明堂保护展示建筑）、南越国宫署遗址（曲流石渠遗址展示棚）、秦始皇陵（9901陪葬坑陈列厅、0006陪葬坑陈列厅）、大地湾遗址（大地湾遗址博物馆）	10
2011年后建设、开放的遗址保护展示棚/厅	偃师商城遗址（8号、2号宫殿遗址保护棚）、隋唐洛阳城遗址（天堂保护展示建筑）、汉魏洛阳故城（内城东城墙断面保护展示厅）、楚纪南故城（熊家冢中墓地车马坑展示保护大厅）、南越国宫署遗址（二区西展示建筑、三区东展示建筑）	7
年份不详	屈斗宫德化窑遗址（屈斗宫窑遗址保护棚）、凌家滩遗址（凌家滩遗址展示厅）、喇家遗址（1号展示馆）、丝绸之路新疆段（吐鲁番坎儿井博物馆）	4
合计		49

如果说早期的遗址博物馆和保护棚只是为了遗址遮风避雨、进行简单展示的话，那么21世纪以来新建的遗址博物馆和保护棚早已不满足于此。它们往往都是集保护与展示功能于一身的形式，不仅覆盖保护遗址，还可以陈列可移动文物、图片、模型、多媒体展示等。

在建筑结构上，基于文物保护的要求，常常采用大跨度的建筑结构，既可以避免切割遗址，又可以完整地展示遗址。在形式上往往从营造保护遗址的环境出发,从功能出发,并不拘泥于某种形式。

2006年建成的汉阳陵博物馆帝陵外藏坑保护展示厅以完善的空间设计将文物空间与游客空间分隔开来的理念,创造性地解决了遗址保护与展示的矛盾。博物馆建于地下,对环境景观影响较小,同时遗址保存在相对封闭的环境中,可有效调节遗址区环境温度、湿度,控制降尘及游客带来的微生物侵入①(图4.52)。开创了中国新一代的遗址博物馆的模式,标志着我国遗址博物馆的发展达到了新水平、新理念。

1. 保护展示厅鸟瞰
(图片来源:西安建筑科技大学陕西省古迹遗址保护工程技术研究中心)

2. 保护展示厅悬挂式参观廊道
(图片来源:达微佳/摄)

图4.52 汉阳陵帝陵外藏坑保护展示厅

2009年动工,2012年建设完成的牛河梁遗址第二地点保护展示馆,在设计招标时就对结构设计提出了文物保护要求,以完整覆盖和保护占地5850平方米的遗址。在此原则下,整体建筑设计为椭球体,建筑面积7214平方米,基础设计采用大直径人工挖孔桩,主体为可逆钢结构形式,选用平面钢管相贯桁架结构体系,主要由内环桁架、外环桁架、径向桁架和支撑系统组成。结构中部为直径15米的"天眼",整个屋面罩棚展开面积10900平方米,总重量1580吨,最大结构跨度161米(图4.53)。

湖北荆州熊家冢遗址博物馆同样采用了大跨度保护棚形式。建筑南北长约205米,东西长约56.5米,采用单层钢框架结构,充分结合场地高差,合理控制建筑高度,并用屋顶种植自然过渡,从外观上与环境较为融合,视线上尽量做到了与主冢与附冢的协调,同时厚重的种植屋面有助于提高建筑的生态性能,减少

---

① 刘克成、肖莉:《汉阳陵帝陵外藏坑保护展示厅》,《建筑学报》2006年第7期;王永进,马涛,阎敏等,《汉阳陵地下博物馆遗址表面白色物质分析研究》,《文物保护与考古科学》2011年第23卷第4期,第59页。

第四章
国内外遗址展示利用建设项目现状研究

1. 保护展示馆全景

2. 保护展示馆内部框架结构
（图片来源：滕磊/摄）

图 4.53　牛河梁遗址第二地点的保护展示馆

外环境对暴露遗址的干扰，避免复杂的空调系统，并营造相对舒适的内部参观环境。内部建筑采用了类似汉阳陵丛葬坑遗址博物馆类似的方式，采用封闭的跨越遗址的玻璃环廊将参观通道和遗址区域分离开来，既做到贴近遗址的参观效果，

又能够避免人为因素对遗址本体的破坏（图 4.54）。此外，浙江余姚河姆渡田螺山遗址现场馆考古展示大棚采用开放式的大棚建筑，平面为正圆形，拱形大跨球面网架结构形成直径达 70 米的大空间。邢窑遗址博物馆采用正方体钢结构设计，边长 52 米，建筑面积 4252.5 平方米，总占地面积 8600余平方米。它们也都采取了大跨度保护棚的形式。

图 4.54　湖北荆州熊家冢遗址博物馆
（图片来源：滕磊/摄）

内蒙古赤峰二道井子遗址博物馆始建于 2015 年，2018 年底正式对外开放，占地面积约 1 万平方米，是国内首家以气膜为建筑材料的遗址类博物馆。博物馆的屋顶采用现代科技感十足的轻体气膜结构，具有大跨度和良好的密闭性能，能将文物和外界完全隔离开。该博物馆东西跨度 70 米、南北长度 137 米，总面积近 1 万平方米，展厅里没有一根柱子和横梁，让参观者有一种身临其境的感觉（图 4.55）。

同样是 2018 年下半年完工的周口店猿人洞保护大棚，通过大跨度的弧形壳体钢结构，模拟了山体的原貌曲线，横跨在猿人洞遗址之上。保护棚占地面积 3700余平方米，南北跨度 77.5 米，东西跨度 54.5 米，最大高度达 35.7 米，通过内外两层屋面 825 个盆景叶片设计出立体绿化，最终希望将保护建筑与山体融为一体（图 4.56）。

1. 博物馆全景　　　　　　　　　　　　2. 博物馆内部

图 4.55　内蒙古二道井子遗址博物馆
（图片来源：赤峰之窗）

1. 保护大棚鸟瞰　　　　　　　　　　2. 保护大棚内部的展示效果

图 4.56　周口店一号地点保护大棚
（图片来源：李俨/供）

新时代的遗址博物馆和保护棚不仅将管理、保护、展示、库房、研究等功能纳入其中，同时，它们又以庞大的规模、独特的造型成为遗址所在地的标志性建筑。

2005 年经考古发掘揭露出丹凤门遗址墩台，其规模之大、门道之宽、马道之长均为目前隋唐城门考古之最。有鉴于此，丹凤门遗址保护展示建筑在保护展示基本功能的基础上，其艺术形象如能承担起沟通历史与未来，增进唐代宫殿与现代城市的融合则是方案的最好选择。于是决定在建筑造型上尽量贴近唐丹凤门的建筑特色和风采，在城市空间中成为一个标志性形象，引发人们对历史的联想；在建筑内能登高，北眺大明宫遗址群及园区景色，南眺现代西安的繁华景象。

遵循这一思路，方案设计分两步进行。首先根据遗址的型制和尺寸进行唐丹凤门的推理设计。然后按照全覆盖遗址并使新工程与遗址间保持必要保护距离的要求,将推理建筑的尺寸适当放大,制定出最终的保护展示建筑方案。为确保新建工程任一部分均不致损害遗址,根据文物部门保护要求和结构设计实际情况,遗址城台部底部33米×74.4米,保护工程城台放大为39米×80米,遗址城墙底宽9.76米,保护工程放大为14.8米.但整个工程并非依此将推理方案一按比例放大。例如,城楼明间宽调为7米,其他各间宽均为6.2米,进深由4间调为5间,中间宽7米,其他各间均为6.2米。另外,很重要的一个考虑是为了控制消防等级,将城楼檐口高度严格压低到24米。为此降低了平座做法与高度。为了将城台设计为遗址保护展示大厅,将遗址门道中部的门扇改为门道南北口部的门扇式墙体。为了实践保护展示建筑的现代性和可逆性,设计采用了全钢结构。根据文物保护要求,钢结构构件(含承台)与遗址边沿的距离不小于60厘米。城台与城墙部分外壁为大型人造板材,城台大板外表为城砖机理,城墙外表则为夯土墙的机理,以反映遗址状况。为了充分节能,屋面及外墙内采用双层挤塑板保温隔热层,使其能耗低于《公共建筑节能设计标准》约50%。城楼屋顶面层为轻型铝镁锰合金仿瓦垄板材。仿木构的檐柱、梁枋、阑额、斗拱、椽条等外露部分均采用铝镁锰合金板组合构成,固定在钢结构构件上。所有室内空间内部装修不仿古,采用现代材料、现代手法与风格。外装修色彩从上到下全部为淡棕黄色,近于黄土与木材的色彩。目的是使这座建筑既能体现唐代皇宫正门的型制、尺度、造型特色和宏伟端庄的风格,又区别于一般仿古建筑。采用色彩上浑然一体高度抽象的手法,赋予这座遗址保护展示建筑以雕塑感和现代感,使其成为一个现代制作的标志[①](图4.57)。

图4.57 西安大明宫丹凤门遗址保护展示馆
(图片来源:滕磊/摄)

---

① 张锦秋、杜韵、王涛:《唐大明宫丹凤门遗址保护展示工程设计》,《文物保护工程》2009年第4期。

2015年，江苏南京大报恩寺新塔建成开放，新塔成为南京市新的标志性建筑，高93.157米，位于明代大报恩寺琉璃塔的原址之上，既传承历史记忆又起到保护地宫的作用。基于可识别原则，新塔采用先进的钢结构和超白玻璃等轻质材料。平面轮廓与古塔八边形平面吻合，内核由两个正方形旋转交错构成莲花瓣状，通过层层收分、塔顶重构等加强对古塔形式呼应。为避免对遗址的扰动，采用四组钢管斜梁跨越遗址上方，地梁落脚点位于整个塔基遗址的外侧，形成"覆钵型"新的地宫，在原有地宫遗址上营造新的圣物奉安与瞻礼空间。夜晚大报恩塔利用智能控制LED及远射投影，以当代技术再造新塔古韵（图4.58）。

1. 遗址博物馆全景　　　　　　　　2. 新塔近景

图 4.58　南京大报恩寺遗址博物馆及新塔

（图片来源：滕磊/摄）

经过半个世纪的探索和实践。近十年来，一种更加综合的遗址保护展示模式——考古遗址公园得以蓬勃发展。

考古遗址公园是大遗址保护[①]的重要方法之一，指的是基于考古遗址本体

---

① 大遗址概念的提出，脱胎于我国考古遗址的特点和保护实践。自民国肇始，在古迹比较集中的西安、洛阳，已经开始探索"区域性"保护的思路和方法；中华人民共和国成立之初，尽管百废待兴，在基本建设和农业生产建设中对大型文物古迹的保护依然得到党和国家的重视，颁布了法律法规，公布了《第一批全国重点文物保护单位》，对燕下都、二里头、安阳小屯等大型遗址进行了重点考古勘察和试掘，推进了这些大型古遗址的考古工作。1964年，文化部在河北易县燕下都召开了"大型古遗址保护工作座谈会"，部署大遗址"四有"工作，研究未来几年的保护计划。1983年，国家文化局在山东曲阜召开古城址保护工作会议，交流探讨曲阜鲁故城、邯郸赵王城、燕下都遗址、内蒙古辽上京遗址，以及西安、洛阳、安阳等城市的大遗址保护。1995年，全国文物工作会议再次提出"大型文化遗址"，2年后，国务院颁发《关于加强和改善文物工作的通知》，明确提到"关于大型古文化遗址保护"的问题，新时代的大遗址保护也由此在"十五"期间拉开帷幕。

及其环境的保护与展示，融合了教育、科研、游览、休闲等多项功能的城市公共文化空间，是对考古类文化遗产资源的一种保护、展示与利用方式。国家考古遗址公园则是指以重要考古遗址及其背景环境为主体，具有科研、教育、游憩等功能，在考古遗址保护和展示方面具有全国性示范意义的特定公共空间。

自2005年开始，国家设立了大遗址保护专项经费，投入20亿元开展文物保护工程，我国的大遗址保护工作开始全面提速。至今，国家已经连续发布了"十一五""十二五""十三五"三个大遗址专项保护规划，已经初步形成了以"六片（西安、洛阳、郑州、曲阜、成都、荆州）、四线（丝绸之路、长城、大运河、茶马古道）、一圈（陆疆、海疆）"为核心，以150处大遗址为支撑的大遗址保护格局。其中，国家考古遗址公园的理论研究和实践在国家文物部门的大力推动下，取得了丰硕的成果。目前，国家文物局已经批准挂牌了三批36处国家考古遗址公园，另有74处国家考古遗址公园已经立项，正在建设过程中（表4.4～表4.6）。例如，北京圆明园遗址、西安大明宫遗址、汉长安城遗址、辽宁牛河梁遗址、安阳殷墟遗址、四川三星堆遗址、成都金沙遗址等。在国家考古遗址公园的带动下，一些省、自治区、直辖市也相继开始省级考古遗址公园的评定工作。2011年江苏省文物局公布了8处"江苏大遗址"[①]。2013年浙江省文物局公布了第一批8处省级考古遗址公园名单[②]。

表4.4 第一批国家考古遗址公园名单

序号	省、自治区、直辖市	国家考古遗址公园名称	是否为"十一五"100处大遗址
01	北京	圆明园国家考古遗址公园	是
02	北京	周口店国家考古遗址公园	是
03	吉林	集安高句丽国家考古遗址公园	是
04	江苏	鸿山国家考古遗址公园	是
05	浙江	良渚国家考古遗址公园	是

---

① 南京明孝陵、徐州汉楚王墓、姜堰天目山遗址、张家港黄泗浦遗址、无锡阖闾城遗址、高邮龙虬庄遗址、盱眙大云山遗址、连云港藤花落遗址。

② 浦江上山省级考古遗址公园、嘉兴马家浜省级考古遗址公园、湖州毘山省级考古遗址公园、温州曹湾山省级考古遗址公园、安吉古城省级考古遗址公园、大窑龙泉窑省级考古遗址公园、杭州南宋皇城省级考古遗址公园、武义吕祖谦家族墓省级考古遗址公园。

续表

序号	省、自治区、直辖市	国家考古遗址公园名称	是否为"十一五"100处大遗址
06	河南	殷墟国家考古遗址公园	是
07	河南	隋唐洛阳城国家考古遗址公园	是
08	四川	三星堆国家考古遗址公园	是
09	四川	金沙国家考古遗址公园	是
10	陕西	阳陵国家考古遗址公园	是
11	陕西	秦始皇陵国家考古遗址公园	是
12	陕西	大明宫国家考古遗址公园	是

表4.5 第二批国家考古遗址公园名单

序号	省、自治区、直辖市	国家考古遗址公园名称	是否为"十一五"100处大遗址
01	辽宁	牛河梁国家考古遗址公园	是
02	吉林	渤海中京国家考古遗址公园	是
03	黑龙江	渤海上京国家考古遗址公园	是
04	江西	御窑厂国家考古遗址公园	是
05	山东	曲阜鲁国故城国家考古遗址公园	是
06	山东	大运河南旺枢纽国家考古遗址公园	是
07	河南	汉魏洛阳故城国家考古遗址公园	是
08	湖北	熊家冢国家考古遗址公园	否
09	湖南	长沙铜官窑国家考古遗址公园	是
10	广西	甑皮岩国家考古遗址公园	否
11	重庆	钓鱼城国家考古遗址公园	否
12	新疆	北庭故城国家考古遗址公园	是

表4.6 第三批国家考古遗址公园名单

序号	省、自治区、直辖市	国家考古遗址公园名称	是否为"十一五"100处大遗址
01	河北	元中都国家考古遗址公园	—
02	浙江	大窑龙泉窑国家考古遗址公园	—
03	浙江	上林湖越窑国家考古遗址公园	—

续表

序号	省、自治区、直辖市	国家考古遗址公园名称	是否为"十一五"100处大遗址
04	安徽	明中都皇故城国家考古遗址公园	—
05	福建	万寿岩国家考古遗址公园	—
06	山东	城子崖国家考古遗址公园	—
07	江西	吉州窑国家考古遗址公园	—
08	河南	郑韩故城国家考古遗址公园	—
09	湖北	盘龙城国家考古遗址公园	—
10	湖南	城头山国家考古遗址公园	—
11	陕西	汉长安城未央宫国家考古遗址公园	—
12	宁夏	西夏陵国家考古遗址公园	—

考古遗址公园融合了以前探索和实践的所有保护展示方法，有露天展示、回填、复原和修建保护棚、遗址博物馆等[①]。例如，《西安唐大明宫国家大遗址保护展示示范园区暨遗址公园总体规划》[②]对大明宫遗址文物展示、景观绿化和基础设施有如下主要的规划要求：

> 唐大明宫遗址整体展示。这是唐大明宫遗址最具气势的内容，展示包括：唐大明宫历史格局、历史规模、地形地势、历史环境。在充分研究的基础上，也可以考虑运用模型复原或虚拟复原的方法，在适当场馆进行展示或演绎。唐大明宫的宫门和宫墙，以及位于轴线的重要建筑遗址是展示整体格局的最主要内容。
>
> 唐大明宫建筑文物展示。这是唐大明宫文物的主体内容，展示包括：遗址本体、出土文物。唐大明宫遗址的主要内容为建筑基址，在充分研究的基础上，可以结合保护设施，利用现代材料，选择部分建筑复原，或进行建筑的部分复原（如建筑基础、柱础、柱子、梁架等）。文物展示原则不允许重建，仅在有科学依据和对遗址保护的基础上，允许象征性、小规模和局部的重建。可以考虑在适当场馆，运用

---

① 李勤，《汉长安城遗址不同保护模式探讨》，《文博》2010年第5期，第76~81页。
② 西安建筑科技大学编制：《西安唐大明宫国家大遗址保护展示示范园区暨遗址公园总体规划》。

模型复原或虚拟复原的方法展示复原研究的成果。

太液池及周围皇家园林展示。这是唐大明宫最具魅力的内容，展示包括：太液池池岸遗址、蓬莱山遗址、太液池出土文物、太液池周边建筑遗址等。在切实保护文物遗址的基础上，根据研究成果，可以适当恢复太液池水面以及部分植物景观和园林。

考古及保护工程展示。这是唐大明宫保护展示示范园区重点示范内容，展示包括：考古现场、考古过程、保护设施、保护过程等。展示现场必须设置适当的安全设施，保证文物及参观者的安全。必须设置翔实的文字及图像说明，以帮助参观者学习和了解文物考古及保护科学。

历史及文化展示。这是唐大明宫的辅助展示内容，展示内容包括：唐大明宫历史及文化、唐长安城历史文化、唐代历史及文化、考古科学及文化遗产保护科学等相关内容。主要通过各种方法体现唐大明宫非物质文化遗产（包括礼仪、音乐、歌舞、诗词、绘画等）。

新增展示设施应明确区别于文物遗址，复原展示只有在使用现代方法和材料的情况下才被允许，要防止历史混淆，鼓励使用可还原的技术与材料。新增展示设施尽可能利用地下空间或结合文物保护设施一起建设，应避免对文物遗址及其环境的破坏。

景观规划建设应当以历史资料和考古研究为基础。

整体景观意象应保持唐大明宫遗址的真实性及历史沧桑感，体现出繁华落尽的苍凉以及历史过后的萧瑟。

唐大明宫前朝后寝、中轴布局的整体景观空间结构应予以体现。

殿前区以含元殿至丹凤门之间的殿庭为中心，保持开阔空间、大尺度的历史景观氛围。宫殿区以含元殿、宣政殿和紫宸殿三大殿为中心，保持庭院空间、建筑尺度、遗址面貌的景观氛围。宫苑区以太液池为中心，保持池苑空间、灵活布局的自然园林景观氛围。

要保护重要遗址之间的通视走廊及其景观。特别要保护贯穿丹凤门、含元殿、宣政殿、紫宸殿、太液池、玄武门和重玄门的主轴线，以及麟德殿与含元殿、宣政殿、紫宸殿之间的通视走廊及其景观。还应保护和控制主要门址与主要宫殿遗址之间的通视走廊，以及太液池周围的景观。

大地景观是唐大明宫的突出特点，龙首塬高耸，太液池低缓，遗址公园地势跌宕起伏，观景线路选择以及植物造景应保护和突出自然地形的变化，体现"地以诗传"的宏大意境。

绿化种植应以考古及历史研究为依据。在不破坏遗址及其环境的前提下，可以选择有历史依据的唐代宫廷惯用品种进行种植。

在不影响古迹遗址安全的前提下，应尽可能保留和利用现有树木，清除或移植直接占压在遗址之上影响遗址安全的树木，以及对重要遗址环境有严重干扰的树木。

新植树木应选择在考古勘探明确没有重要遗址的区域种植。绿化种植应当以保护古迹遗址及其环境为前提，要防止植物根系对遗址的破坏。

为更好保护唐大明宫遗址，避免扰动遗址区文化层，遗址公园内基础设施在满足基本需要的情况下，应尽可能利用已有城市设施，减少新建设施及规模。

遗址公园主要道路近期利用已有道路进行适当改造使用，远期依据考古及历史研究成果，按唐大明宫历史面貌规划建设。

遗址公园绿化及服务设施点用水也主要利用现有城市给水系统供给。太液池的首次供水由城市给水管网引入，后续可考虑由周围城市区域中水回用以及遗址公园内雨水收集补给，不足部分仍由城市给水管网供给。

遗址公园应重点解决自然雨、雪排泄等问题，做好场地坡度，采用浅敷设明沟或明沟加盖板方式有组织排水汇入城市系统，尽量避免挖沟对遗址的破坏。

生活污水排放主要利用现有园内城市污水系统，新建公共卫生间及餐饮设施应尽可能安置在非遗址区域。对于遗址区域不得不安排的卫生间，应考虑采用自分解生态厕所，不敷设排水管道，以避免对遗址的破坏。

电力电讯设施建设应坚持少干预、可还原的原则，尽量避免高架及管沟。

安全保卫设施按照国家文物局关于文物安全的相关标准建设，重点解决遗址区内重点文物的安全监控。

截至2010年，大明宫国家考古遗址公园建成开园，代表性的保护展示设施包括宫墙、宫门、中轴构成的遗址格局原貌展示，丹凤门遗址保护展示大厅，含元殿、麟德殿回填及保护修复展示、含元殿窑址保护棚及小型展厅展示[①]，紫宸殿、崇明门等示意性标识展示，大明宫微缩景观、遗址博物馆、游客服务中心等（图 4.59）。

图 4.59　西安大明宫国家考古遗址公园微缩模型
（图片来源：滕磊／摄）

根据《国家考古遗址公园评估总报告》（2011～2013 年度）提供的数据，前两批国家考古遗址公园（含立项）在空间上覆盖了全国四分之三的一级行政区，公园规划总面积合计 959.95 平方千米，约占我国国土面积的万分之一，已建成开放的 12 家国家考古遗址公园在评估期内，共接待游客 6562.5 万人次，年平均增长率达 9.27%。12 家国家考古遗址公园展示区总面积达 2266 公顷，占公园建成区总面积的 25%，综合采用了本体原状展示、标示展示、模拟展示、覆罩展示等不同展示形式。11 家国家考古遗址公园建立了高水平的遗址博物馆，建筑面积合计 118934.32 平方米；8 家建设了遗址保护展示棚，建筑面积合计 98570 平方米，其中评估期内新增 39020 平方米；2 家设立了与遗址主题相关的参与性体验馆，建筑面积合计 21685 平方米；其中 6 家设立了影视厅／馆。除了以上展示方式外，圆明园还开创了遗址数字复原、遗址现场增强现实交互展示、导览等新的展示阐释模式。满意度调查数据显示，不论游客还是社区居民对 12 家国家考古遗址公园的遗址总体满意度均达到 80% 以上。

---

① 侯卫东、王伟、许艳：《大明宫含元殿、麟德殿遗址保护工程》，《文物保护工程》2009 年第 4 期。

《"十二五"大遗址保护综合效益评估报告》也同样关注考古遗址公园建设对大遗址保护和区域综合效益的带动作用。鲁故城周公庙遗址原来是农民的养鸡场，环境脏乱，一直处于半荒废状态，通过遗址公园的建设，现在变成了花香四溢的城市公园，遗址的保存环境也得到大大改善。吉州窑遗址、扬州唐子城宋堡城护城河遗址、郑韩故城东北角城墙遗址这些原本位于城乡接合部的遗址，原来环境杂乱，垃圾遍地，水质污浊不堪，通过遗址公园的建设和环境整治，既保存了遗址及其环境，又为城市发展提供了公共空间，成为市民娱乐休闲的理想去处。2012年正式开园的长沙铜官窑国家考古遗址公园，以全公益形式免费开放，目前已接待游客150多万人次，成为湖湘文化的新名片。遗址公园通过与文化旅游相结合，有效带动了区域文化旅游产业发展，遗址周边新增农家乐12家、旅游商店18家、陶瓷体验馆9家，片区的产业布局从原来的单一农业生产向农业休闲观光与旅游服务业的协调发展转变，既增加了当地居民的经济收入，又惠及了百姓民生，成为广大人民群众共享发展成果的典型示范。同时，依托遗址公园建设，当地积极实施陶瓷产业复兴计划，以铜官古镇为主要阵地，以陶瓷艺术大师为主要技术支撑，引导发展陶瓷产业，推动研发长沙铜官窑陶瓷产品走向市场，赢得市场。截至2016年11月，铜官古镇共有陶瓷生产企业24家，陶艺作坊（门店）近百家，国家级陶艺大师2名，省级工艺美术大师6名，陶瓷艺术大师12名，陶瓷产业及相关产业从业人员近8000人，地区生产总值近40亿元，实现了较好的经济效益与社会效益。

总体而言，考古遗址公园有效促进了遗址保护、研究和展示，为遗址保护提供了基本保障，为持续考古和科学研究提供了有利条件，为遗址的精细化管理提供了平台。同时，有效实现了中央财政带动地方、社会资金参与遗址保护的重要作用。考古遗址公园在对古遗址、古墓葬的利用方面进行了积极有益的探索，并在开放和服务方面体现了显著的公益性特征。考古遗址公园建设的辐射作用明显，遗址所在地居民生活居住条件有了明显改善，带动了当地相关文化和经济产业链的发展，充分发挥了大遗址保护对地方区域经济社会发展的促进作用，体现了大遗址保护"服务社会，惠及民生"的理念。

4.2.3　我国古遗址展示利用建设项目的现状分析

1. 建设项目的类型

通过对我国开展的古遗址展示利用建设项目，尤其是综合性的国家考古遗址公园建设项目的调研，建设项目的类型主要包括以下几种：

（1）展陈设施。包括遗址博物馆、保护棚、回填模拟、复原等。

（2）管理设施。包括管理机构、保护中心、研究中心等。

（3）公共服务设施。包括游客服务中心、广场、大门、停车场等。

（4）景观设计项目。包括绿化、水体、园林景观等。

（5）基础设施。包括道路、管网、通讯电力及防灾设施等。

（6）其他。

例如，《湖北铜绿山考古遗址公园规划》[①]中规划的湖北铜绿山考古遗址公园建设项目有：

- 展示与服务设施

1. 古铜矿遗址博物馆。

考古遗址公园中的铜绿山古铜矿遗址博物馆总用地面积3.6公顷，约为54亩，周边预留征地，为未来发展预留空间。

2. 考古活动中心（考古工作站）。

在Ⅵ号矿体遗址西侧建立考古活动中心、考古工作站及标本库，建筑面积5000平方米，为院落式布局，建筑高度控制在6米。

3. Ⅶ号矿体、Ⅸ号矿体、Ⅵ号矿体展示及配套设施。

进行重点展示，其中Ⅶ号矿体依托现状博物馆，Ⅸ号矿体、Ⅵ号矿体展示设施采用现代简洁规整的风格，具备可逆性。

4. 矿石标本馆、奇石馆、青铜器展示馆、大冶民俗馆、雕刻工艺品馆、园林古建筑博物馆等主题展示及配套服务设施。

以矿冶文化、青铜文化以及地区民俗文化为主题丰富展陈内容与设施。

5. 铜绿山考古遗址公园信息中心（游客服务中心）及配套。

包括旅行、游览、餐饮、住宿、购物、娱乐、保健和其他等八类相关设施。

6. 停车场

外部停车场：在遗址区南侧设置主入口，建设生态型停车场，用地面积3.6公顷；在西北入口附近依托住宿设施建设生态型停车场，用地面积0.7公顷。

内部观览车停车场：分别在南侧入口服务区附近、Ⅶ号矿体遗

[①] 中国文化遗产研究院编制：《湖北铜绿山考古遗址公园规划》，2013年。

址、Ⅸ号矿体遗址、Ⅵ号矿体、考古活动区、遗址博物馆、三佛寺宗教活动区、青山寺宗教活动区预留空地作为内部观览车停靠、换乘站点。面积分别为4800平方米、1500平方米、1500平方米、1500平方米、1500平方米、1500平方米、1500平方米，共计1.38公顷

- 专项设施

1. 公园道路。

铜绿山古铜矿遗址考古遗址公园外围地区道路主要包括现状公园南侧大金省道和规划的位于公园西侧的106国道。环绕遗址保护区范围，串联各功能组团，并与106国道、大金省道以及三里七湖地区相连，宽度8~10米，为城镇辅助机动车道和观览车主要道路。连接园区主要道路与遗址展示区之间的道路，为园区游览车道路，宽4~6米。遗址区域内部遗址点之间、生态景观农业区域以及活动区和模拟考古区域内部联系的道路主要为园区步行道路，步行道路主要改造、疏通现有乡土道路，有条件的地方对遗址中的道路遗迹进行标识、利用。宽度1~3米。

2. 电力、给水、排水、电信等基础设施建设。

3. 综合防灾项目。

再如，《青海喇家考古遗址公园规划》[①]中规划的青海喇家考古遗址公园建设项目见表4.7：

表4.7 喇家考古遗址公园主要设施规划一览表

主要项目	数量	位置
遗址博物馆	1	遗址公园南北主路东侧、喇家小学以南的台地上
考古工作站	1	F23~F29南侧
保护展示设施	2	F15以及F23、F25、F27、F28、F29房址
管理设施	2	遗址核心展示东西两区各一处
游客服务中心	1	博物馆内

- 展示与服务设施

1. 遗址博物馆。

中远期建设遗址博物馆，展示内容包括对喇家遗址价值的整体阐

---

① 清华城市规划设计院编制：《青海喇家考古遗址公园规划》，2013年。

释,出土文物展示以及近中期考古和研究成果的展示与交流等。遗址博物馆的建筑功能包括展陈大厅、文物库房、游客管理和管理办公等,建筑面积3300平方米,建筑高度9.4米,1~2层。遗址博物馆位于中远期管理服务区,在遗址公园南北主路东侧、喇家小学以南的台地上,占地面积2200平方米。

2. 考古研究设施。

根据近中期考古发掘工作的重点内容,遗址公园的考古工作站设在F23~F29南侧,由现状民居改造而成,建筑面积1200平方米。

3. 保护展示设施

F15以及F23、F25、F27、F28、F29房址必须尽快实施抢修加固工程,在确保遗址安全的前提下方可开展展示工程。遗址的保护展示设施按照《喇家遗址保护工程设计方案》的设计原则和设计思路,根据国家文物局《关于喇家遗址保护工程设计方案的批复》(文物保函〔2012〕733号)第(一)(二)条意见,F23、F25、F27、F28、F29房址的展示馆应以"喇家遗址窑洞式聚落"为展示主题,重点展示房址的整体布局,结合近期考古工作成果建议增加对聚落遗址集散空间的揭露展示。

• 管理设施

喇家遗址公园的管理设施包括管理用房以及游客管理的卡口管理设施。

管理用房分别设在遗址核心展示东西两区,建筑面积约725平方米。管理用房基本利用原有民居进行改造,对民居的改造仅涉及室内设施,不宜改变建筑的原有风貌,不得进行挖掘等扰土作业。

喇家考古遗址公园的卡口管理设施包括专门的卡口管理、验票等设施。卡口管理点设在遗址公园北门区、遗址核心展示区的东西两区、"F3—F4—F7—F10房址"保护展示馆等四处地点,与管理用房、游客服务中心整体布局。

• 公共服务设施

遗址公园内的公共服务设施主要包括:游客服务中心和游客服务设施。

游客服务中心:园区主要游客服务中心安排在中远期管理服务区的博物馆建筑内,满足游客入园时了解园区信息、查询园内景点以及其他服务等。

游客服务设施：包括公厕、商亭、救护站、停车场、电瓶车换乘站、垃圾桶、座椅等。与主要遗址展示点和游客服务点设置，设置密度应满足公园设计规范要求。设置在核心保护区内的设施，应以临时设施为主，或利用原有建筑改造，不得新建。

- 专项设施
1. 道路系统
2. 给水、排水、电力、电信等基础设施建设
- 节点设计

——中远期管理服务区（门区）

中远期管理服务区位于遗址公园的北门，是遗址公园入口处的综合服务管理区。用地为东西向的长方形用地，其西侧紧邻自官亭入园的乡村主路，北侧为喇家小学南围墙外进入上喇家村的乡村道路。总占地面积1.73公顷。全区分成三个部分：入口广场、电瓶车和小汽车停车场、考古遗址博物馆。

——遗址展示区（西部）

喇家遗址西部展示区与近期管理服务区位于下喇家村西部村口的位置，二者相依而设，整体地块近方形。遗址核心展示区位于地块西南部，以F23~F29房址展示为核心，中远期结合遗址西侧的房屋、壕沟、灰坑等考古发掘成果进行整体展示，再现喇家齐家文化时期的聚落形态和农耕文化特色。地块东北部紧邻主路布局近期管理服务区，主要设置停车场与管理用房，停车场南部设置入口小广场，方便人行进入。入口小广场再往南结合现状民房的改造为考古工作站，是对出土文物进行整理、修复、记录以及考古人员工作和休息的场所。

——遗址展示区（东部）

喇家遗址东部展示区位于下喇家村东头，整体地块呈扇形分布，祭祀广场区位于东南方向，F3、F4、F7、F10房址陈列馆位于东北方向，二者之间形成95度左右的夹角。

2. 建设项目的规模

参考建设部门的分类方案，按照古遗址展示利用设施建设项目的规模和投资额，古遗址展示利用建设项目又可以分为以下几种（表4.8、表4.9）。

（1）大型建筑或设施：①建筑物单跨跨度30米以上或；②广场面积在2000平方米以上的或；③单项投资额在3000万元以上的。

表 4.8　湖北铜绿山考古遗址公园建设项目

	项目内容	主要技术指标
大型建筑或设施	遗址博物馆	总用地面积 3.6 公顷
	考古工作站	建筑面积 5000 平方米，建筑高度 6 米
	停车场	南侧入口 3.6 公顷，北侧 0.7 公顷
中型建筑或设施	内部停车场	Ⅶ号矿体遗址、Ⅸ号矿体遗址、Ⅵ号矿体、考古活动区、遗址博物馆、三佛寺宗教活动区、青山寺宗教活动区预留空地作为内部观览车停靠、换乘站点。各处面积 1500 平方米
其他设施	道路、管网等	园区游览车道路，宽 4～6 米。园区步行道路宽 1～3 米

表 4.9　青海喇家考古遗址公园建设项目

	项目内容	主要技术指标
大型建筑或设施	遗址博物馆及入口广场	建筑面积 3300 平方米，建筑高度 9.4 米，1、2 层。总占地面积 1.73 公顷。全区分成三个部分：入口广场、电瓶车和小汽车停车场、考古遗址博物馆
小型建筑或设施	考古工作站	由现状民居改造而成，建筑面积 1200 平方米
	管理设施	建筑面积 725 平方米
其他设施	道路、管网等	园区游览车道路，宽 4～6 米。园区步行道路宽 1～3 米

（2）中型建筑或设施：①建筑物高度 15 米以上或；②单跨跨度 15 米以上或；③建筑面积 3000 平方米以上或；④广场面积在 1000～2000 平方米的；⑤单项投资额在 300 万～3000 万元。

（3）小型建筑或设施：①建筑物高度 15 米以下或；②单跨跨度 15 米以下或；③建筑面积 3000 平方米以下或；④广场面积在 1000 平方米以下的；⑤单项投资额在 300 万元以下。

（4）其他基础设施：道路、管网等。

3. 建设项目存在的问题

据第三次全国文物普查的统计数据，目前我国 4580 处开放展示的古遗址中因不合理的利用而遭到破坏或面临威胁的有 780 处，占到 1/5。总体而言，综合性的考古遗址公园或建筑规模较大的遗址博物馆、保护棚等展示利用建设项目也会使遗址面临着较大的被人为因素破坏的风险。谢辰生先生在一次访谈中，就曾表达了自己的忧虑[①]：

---

① 谢辰生先生在 2013 年 9 月 2 日接受李晓东等访谈，参见中国文化遗产研究院：《大遗址保护行动跟踪研究》，文物出版社，2016 年，第 201 页。

所谓公园，就是休息的地方，不要大挖掘，大兴建。千万不要做太多的建设，尤其大体量的保护展示设施，有一些建设真的莫名其妙！而且影响遗址，破坏是肯定的！目前这个问题比较普遍，不该干的干了，而且造成了浪费，甚至破坏，问题很大！到底是看建筑，还是遗址？到底是从保护遗址出发，还是从旅游吸引眼球出发？大遗址保护这个问题，应好好研究，不是那么简单的事情！

考古遗址公园的创建和运营极其复杂、烦琐，需要动员方方面面的力量，因此这一过程中难免存在一些综合性的问题：

（1）考古研究问题。考古遗址是考古遗址公园赖以存在的母体，也是考古遗址公园发展壮大的根本。毋庸置疑，考古遗址公园在创建和发展阶段，都需要考古学和考古学家的参与支持[①]。然而由于机制问题，目前考古机构和专家很难参与其建设的全过程，往往导致考古资料和信息被错误解读，这已经成为目前大遗址保护和考古遗址公园建设中普遍存在的一个问题。此外，由于目前考古遗址公园的考古工作主要是围绕展示节点建设开展工作，更多的服务于展示需求，对整个遗址研究而言，在科学性、系统性方面明显不足。

（2）遗址保护问题。大遗址历经岁月的洗礼，保持延续其古朴真实的历史风貌本应是考古遗址公园保护展示的出发点。但一些地方出于景观效果的考虑，使力过大，或者大量覆土，或者大规模包砌见新，甚至大规模重建，违背了真实性、完整性原则。

（3）展示阐释问题。考古遗址公园毕竟不同于一般的城市公园，但不少考古遗址公园"造园""造景"现象突出。许多考古遗址公园环境整治存在明显的园林化倾向，遗址环境在契合遗址风貌方面存在一定的园林化倾向，遗址氛围不突出，小品景观呈现千篇一律的城市公园造景模式，未能体现遗址的个性和特色，与遗址原有环境的协调性差，有的甚至完全改变了遗址的历史环境，仅是在现代公园中点缀了几个遗迹点，失去了遗址环境的原真性。

考古遗址公园展示的目的是增强遗址的可读性和观赏性，雅俗共赏，实现大遗址价值的弘扬和传承。如果遗址的展示和阐释方式上运用不当，将无法准确传达遗址的内涵及价值，造成公众认知上偏差和误读。第一批国家考古遗址公园中就有6家设立了影视厅/馆，公众对这一形式较认同，但对播放内容评价不高，主要因为未充分体现考古遗址公园不同于普通公园的特殊性，对遗址的突出价值

---

① 杜金鹏：《大遗址保护与考古遗址公园建设》，《杭州（周刊）》2009年第6期，第9~12页。

和深厚的历史文化内涵的展现不够。

（4）管理运营问题。考古遗址公园庞大的运营开支，显然是长期良性运转的巨大障碍。尽管采取了多种资金筹措方式，包括财政资金，遗址与周边城市统筹开发，引入社会资本以及门票收入等，但大部分考古遗址公园运转经费并不乐观。例如，第一批12家国家考古遗址公园在评估期内，共接待游客6562.5万人次，其中付费游客接待量达3004.88万人次，占总接待量的45.79%。由于遗址公园的公益属性，门票收入相对较少。国家文物局2011年的统计数字显示，12家考古遗址公园没有一家考古遗址公园实现盈利，年度经营收入总计约5.0887亿元，而年度运营成本高达8.0116亿元，赤字近3亿元[①]。例如，大明宫遗址公园每年的运营成本高达1.5亿～2亿元，而遗址公园门票收入为1000万～2000万元，其他经营收益大约在3000万元，不足部分只能由曲江集团从别的项目中予以弥补[②]。

此外，公园范围内往往分布着农耕用地、农村宅基地、山林、河流、大型企事业单位等，不同的土地权属和多头管理也成为公园创建运营的羁绊。国家层面，目前尚未制定有关国家考古遗址公园范围内建设和管理的法律法规文件，仅仅依靠文物部门的部门规章管理和协调难度很大。

相比考古遗址公园，我国遗址博物馆和保护棚的建设经过几十年的发展，在设计与建造水平方面有了较大进步，逐步从开放、半开放到全封闭，对于遗址本体的保护效果逐步增强。但不可否认的是，尽管遗址博物馆和保护棚能够保护遗址本体抵挡直接的日晒雨淋等自然侵蚀，但由于改变了掩埋状态，打破了原有的保存环境和稳定性，遗址本体往往出现许多新的问题。此外，遗址博物馆和保护棚的首要功能是保护遗址安全，但一些建筑过分强调形象设计，体量过大、结构偏重，有的甚至将庞大的钢结构设施直接坐落在遗址本体上，对遗址造成了直接破坏。目前，我国已经建成的100余处遗址博物馆和保护棚建设项目大都规模体量过大，追求标志性的外观，不仅投资巨大、严重浪费，同时还对遗址景观风貌干预过大，有些还导致遗址本体出现了较严重的问题。

国家"十二五"科技支撑计划课题《遗址博物馆环境监测与调控关键技

---

① 国家文物局《关于促进国家考古遗址公园可持续发展的调研报告》（内部），2011年；另见中国文化遗产研究院：《大遗址保护行动跟踪研究》，文物出版社，2016年，第69页。

② 曲江文旅2013年年报显示，大明宫投资集团当年贴补1.735亿元给大明宫国家遗址公园管理有限公司，而当年的运营收入仅为2166.29万元。

术研究》（2012BAK14B01）已经关注并探索解决遗址博物馆和保护棚对遗址本体造成的影响[①]。该研究注意到，许多遗址修建保护性建筑（遗址博物馆）后，遗址材质与外界的物质和能量的平衡被打破，遗址中水分的蒸发与补给、含湿量和可溶盐的波动与变化、生物活动乃至遗址空间的温湿度、空气成分（气溶胶、SO_2和NO_x及微生物）等都与遗址博物馆建造前大大不同，如果没有科学的环境监测、有效的环境调控手段的支撑，或环境监测、调控的技术与模式不能合理运行和有效实施，仅仅建造遗址博物馆不仅不能满足遗址文物安全保存的要求，许多随之而产生的变化反而会严重影响遗址文物本体的保存环境，加剧其风化破坏，长此以往将会严重威胁到遗址及文物本体的安全保存。

> 各时期建造的遗址博物馆均解决了部分保护问题，如大棚式遗址博物馆为遗址和文物提供了遮风挡雨、抵御日晒的条件；封闭式遗址博物馆大大减少了温湿度的波动幅度和污染因素的水平，但还不能有效隔离这些环境因素的影响，也没能减缓遗址博物馆大空间、多环境、多因素之间的物质和能量交互作用，事实是：不管在北方还是南方，不管是开放式还是封闭式博物馆建筑，在遗址博物馆环境下的遗址文物普遍存在着不同的风化问题，大部分是以遗址的逐步干化为主，导致遗址文物褪变、开裂、泛碱，也有的在不同季节、不同部位则正好相反，遗址文物因含湿量增大而变形、滋生低等植物和霉菌等，相对于一般馆藏及发掘出土的文物，遗址文物的风化更加复杂和严重。例如陕西半坡博物馆土遗址本体局部表层风化深度已超过了40厘米；秦始皇兵马俑遗址，由于外部环境因素的长期影响，局部也出现了遗址土隔梁开裂、秦俑表面积尘、局部彩绘脱落、土遗址表面霉菌滋生等病害；即使目前认为比较接近原文物埋藏环境条件的汉阳陵丛葬坑全封闭式地下保护厅，建成6年来，由于种种原因也已在局部发生了明显可察的土遗址干化、开裂、局部泛碱等问题。

经初步研究，我们认为目前我国的遗址博物馆和保护棚建设存在着以下几种问题，

[①] 陕西省文物保护研究院（西安文物保护中心）等，《遗址博物馆环境监测与调控关键技术研究》，国家"十二五"科技支撑计划课题，课题负责人马涛。

一是场地环境不适宜修建而修建的。

福建田螺山遗址保护棚等主要是地下水问题无法解决，这类问题在南方地区较普遍。保护棚不仅体量巨大，对周边环境影响巨大，同时在设计时未充分考虑近海地势低洼的地形，保护棚建成后遗址坑内出现渗水，渗出来的地下水无法处理，导致遗址长期被水浸泡，出现严重的开裂、坍塌现象，滋生霉菌、苔藓等微生物病害以及泛碱等[①]。再如杭州南宋御街遗址保护棚、广州北京路遗址保护罩、南京大屠杀遗址纪念馆等。

牛河梁遗址第二地点遗址保护棚等主要是易受建设和运营期持续的铁路振动影响。保护棚南北两侧紧邻锦承铁路、101国道。尽管101国道已经改线，但锦承铁路尚未有改线计划。保护棚设计之初，锦承铁路已经在遗址点南侧形成了人工切坡临空面，在地层结构、雨水影响、遗址点保护设施荷载等不利因素的作用下，遗址点斜坡前缘发生断裂、鼓胀，并伴随斜坡蠕滑变形和铁路运营的持续振动影响，存在滑坡等地质灾害隐患，严重影响遗址的稳定与安全。

二是建筑形式对遗址本体或建筑外观、规模等对景观环境干预过大。

郑韩故城东北角城墙上的钢结构栈道体量巨大，其水泥基座直接落放在城墙本体上，损坏了文物本体，严重影响今后本体工程的实施。城头山遗址稻田遗迹展示馆，沙漏厅的水泥柱直接立在遗址上，破坏了遗址本体及与风貌的协调。

建筑外观和规模对景观环境干预过大的情况在我国的遗址博物馆和保护棚建设中普遍存在，也是目前我国文物保护界需要思考的一个问题，即遗址博物馆和保护棚建设到底要把焦点指向遗址本身，还是指向建筑本身。

三是建筑内部环境不能满足遗址露明展示的最佳保存条件。

1959年建成的半坡史前遗址博物馆，由于当年条件所限，保护大厅内南侧遗址被水浸润，展厅内温湿度变化剧烈，土质严重风化[②]。后来为了保护遗址，对遗址的温湿度变化进行监测，并调查了遗址的环境，2006年，对保护房进行了重新设计，新建的保护大厅为整体钢结构，屋面采用夹保温棉的双层彩钢板和贴膜玻璃，使建筑的保温、隔热和防紫外线的性能有所提高，从而解决了遗址面临的大部分问题，但是依然存有遗憾。

再如成都金沙遗址，四壁是玻璃，透明度太好，温室效应明显，土体干燥失水开裂，通风系统作用不明显，只能通过喷水保湿，但又出现了苔藓等生物病害。

---

① 张慧、李玉虎等：《浙江余姚田螺山遗址室内与现场加固试验研究》，《东南文化》2009年第3期。

② 王志俊：《从半坡遗址的保护现状看史前土遗址的保护工作》，《中国文物保护技术协会第二届学术年会论文集》，2002年。

第四章
国内外遗址展示利用建设项目现状研究

即使是保护较好的汉阳陵，恒温高湿度环境还是为土壤中微生物的大量繁殖提供了适宜的生长条件[①]。汉阳陵遗址博物馆 13 号坑遗址的保存环境相对湿度常年保持在 100%，即使在这样高湿的环境中还是出现了泛白现象[②]。我们调查的大部分遗址博物馆和保护棚均或多或少存在遗址病害。长沙铜官窑谭家坡一号龙窑遗址受当地潮湿气候及临江等地质条件影响，出现局部渗水和微生物滋生的情况。景德镇御窑厂遗址南麓窑址区原有保护棚内的遗址生物病害较重，水蚀也比较严重，未及时进行保护处理。广州南越国宫署遗址中的南汉宫殿保护棚内，由于季节变化中空气湿度变化很大，最高湿度过高，部分有纹饰的砖、瓦、水管等文物出现表面风化现象。河南城阳城址遗址博物馆内的七号墓墓室本体保护不佳，存在渗水、糟朽、变形、开裂等病害。城子崖遗址博物馆内，城墙墙体的剖面展示存在裂隙、酥碱等现象等。

国家"十二五"科技支撑计划课题《遗址博物馆环境监测与调控关键技术研究》（2012BAK14B01）也同样关注到上述问题[③]。通过对南北方 7 处典型遗址博物馆的调查，课题组发现，在遗址博物馆条件下，建造的陈列保护大厅可提供抵御风吹、雨淋、日晒等的自然影响的条件，但是由于遗址文物的脆弱性，加上目前遗址博物馆建筑技术、环境监测和调控技术的欠缺，调查中发现遗址博物馆中遗址文物大多已发生了肉眼可见的风化和破坏问题，主要病害有：①遗址本体，大都有开裂、沙化情况，在地下水埋藏较深的情况下裂缝一般大而深（金沙遗址、汉阳陵从葬坑遗址等），即使遗址区有地下水出露，遗址本体的上部，也有干裂、沙化的现象（田螺山遗址），且遗址本体大都可观察到有可溶盐向表面或局部富集，在潮湿部位，低等的地衣、藻类生长发育明显。②文物本体，古遗址中的陶器因质地疏松、多孔隙、吸水性强，有酥粉现象，彩绘陶有起翘、脱落情况，有机物（木质、角骨质等）由于长期处于地下埋藏环境，受湿度、可溶盐和霉菌等的影响，基本上都有不同程度的降解、矿化、长霉情况。

四是建设运营出现问题，造成遗址保护、展示效果不理想，观众体验差等。

河南郑韩故城东北角城墙保护展示工程在实施时并未对本体病害做保护处理，将注意力过多地集中在对展示设施的布设及周边环境的整治上，导致遗址出

---

① 李冬娟、王翀等：《汉阳陵文物表面硫酸盐形成原因微生物学证据》，《微生物学通报》2010 年第 37 卷第 9 期，第 1272～1277 页。

② 王永进、马涛、阎敏等：《汉阳陵地下博物馆遗址表面白色物质分析研究》，《文物保护与考古科学》2011 年第 23 卷第 4 期，第 59 页。

③ 陕西省文物保护研究院（西安文物保护中心）等：《遗址博物馆环境监测与调控关键技术研究》，国家"十二五"科技支撑计划课题，课题负责人马涛。

现冲沟、裂隙、排水不畅等病害。江西吉安吉州窑马蹄窑遗址、四川邛窑一号龙窑及作坊遗址，对已发掘的遗迹现场未进行有效保护，遗址长时间暴露在自然环境中，导致遗址面临生物侵害、温湿度变化等影响产生的病害有加剧的倾向。

4. 建设项目对遗址影响因素分析

从我们调研收集的资料看，古遗址展示利用建设项目对遗址真实性、完整性的影响因素众多，主要影响到遗址本体、遗址景观环境、遗产地居民的生产生活、考古研究工作等。这些影响往往出现在选址设计、施工建设和管理运营等不同的阶段。

在设计阶段，建设项目的选址、空间布局，如大型设施的选址，公共服务设施（停车场、广场等）、基础设施选线（道路、管网、通讯电力及防灾设施等）以及景观设计（园林、植被根系、水系等）有可能直接占压和破坏遗址，对遗址的格局和遗迹之间的关联性直接造成扰动和破坏。

青海喇家遗址保护展示馆中厅分左右的展示设计，F1被中厅占压无法展示，直接破坏了原有聚落格局，没有真实、完整地阐释F1~F10窑洞式的布局，对观众造成一定的误导。

建筑形式、设计等，如建筑基础、结构等，地下工程隔水、防水设施等，内部通风条件、保温条件、光照条件等环境影响有可能直接或间接破坏遗址。

湖北大冶铜绿山古铜矿遗址博物馆对Ⅶ号采矿遗址的2~5号遗址点影响很小，作为1号遗址点露明展示的保护建筑，有利于对遗址本体真实性、完整性的保护，但囿于条件，无法营造最佳的保护环境。同时遗址博物馆的外形、色彩对遗址环境风貌有较大影响。

广西合浦汉墓群博物馆1号展示棚同样囿于条件，当初展示棚设计时缺少隔水和排水设计，目前营造的保存环境不利于墓葬的长期展示，如潮湿，尤其是积水，会导致表面的软化变形，陡立侧面的垮塌以及接近水的部位泛盐破坏，因此排水非常重要。

青海喇家遗址保护展示馆建筑顶部玻璃材质设计在一定程度上影响遗址区的景观环境；采光使阳光常年直射部分遗址本体，导致遗址的干化；同时部分遗迹长期处于潮湿阴暗的微环境下，缺少通风。例如，F7窖穴内相对湿度基本分布在70%~90%，湿度很大。由于氯化钠、硫酸钠等盐类的反复溶解结晶产生的应力会使土体发生酥碱粉化，同时可能导致土体收缩，引起开裂。

四川成都金沙遗址博物馆由于屋面面积较大，造成了屋面排水不畅，部分墙面有明显水污渍。另外，由于钢材自身材料特性原因，结露情况明显，出现冷凝水直接滴渗到遗址表层土壤的现象。屋顶中部的采光井带来的不利影响，包括紫外线对遗址文物的破坏，中庭中心和中庭周边温度的巨大差异，日光直晒加速蒸发造成遗址土层开裂等。

湖北荆州熊家冢遗址博物馆"半干半湿"的开放环境系统，有可能会次生完全暴露的遗址本体的病害，对遗址产生破坏。此外，通风系统的设计位置不合理产生较大的振动与噪声，对遗址亦有影响。

上海元代水闸遗址博物馆外观形如水闸的造型通过顶部透光的玻璃网架结构表现流水形，这造成了和金沙遗址博物馆遗迹馆中心玻璃采光顶棚相同的问题。同时受到光照部分木质遗址蒸发较快，也易于出现干裂。对玻璃采光顶采取遮光和贴膜措施平衡温度、降低日光辐射较为迫切。在结构方面，由于地下建筑部分无法采用钢结构形式营造大跨度空间，因此部分钢筋混凝土结构柱直接落在遗址上，造成一定程度破坏。

浙江余姚河姆渡田螺山遗址现场馆考古展示大棚由于巨大的金属屋面没有有效的保温设计，金属结构吸热强烈而导致夏季建筑室内温度骤升，冬季则相反，因此不利于对遗址进行恒温恒湿的保护，也使得考古工作环境较为艰苦。另一方面，建筑基础周边并未设置有效的隔水带和控水设施，当雨季水量充沛时，遗址常常会被水覆盖，从而严重影响遗址的安全，同时各种水生物也会对遗址造成潜移默化的影响。

同时建筑形式设计、规模、体量、色彩、建筑风格、建筑材质等，公共服务设施（停车场、广场等），基础设施（道路、通信、电力及防灾设施等），景观设计等，可能对遗址的原有格局和形式造成误导，对遗址区的景观风貌造成巨大干扰，同时对展示效果和观众体验、遗址区原住民的精神感知带来不好的影响。

山东汶上南旺枢纽博物馆主体结构为钢结构框架结构，尽管没有直接占压遗址，但建筑紧邻分水龙王庙遗址与枢纽遗址，在空间关系上干扰了遗址间的相互联系。同时建筑高12米，远高于文物建筑。从各个角度看，博物馆规模、形式、色彩等均对分水龙王庙遗址的景观风貌造成较大的影响。且建筑对遗址区环境均有较大影响。

四川成都金沙遗址博物馆侧向出风口由于风速过大且缺乏有效的方向控制措施，出风口附近遗址表层在一定程度上受到风吹，出现干化的问题。

偃师商城宫城遗址采用了地面模拟的展示方式，由于缺少深入研究，2号宫殿高台建筑建成了一座钢结构的现代瞭望台，传达了与商代高台建筑不同的错误信息。宫殿基址建筑立柱等模拟构件尺寸、建筑台阶材质与考古资料相差较大，粗糙笨重，无法满足还原历史"真实性"的展示效果。

上海元代水闸遗址博物馆玻璃屋顶下室内和周边室内温差巨大，由入口沿着参观步道深入遗址，温度变化明显，对参观者造成极大不适。

长沙铜官窑谭家坡一号龙窑遗址中跨越龙窑的参观栈道、景德镇御窑厂遗址博物馆的部分参观栈道设计也对遗址展示和阐释的完整性造成一定干扰，影响观众体验。

在施工阶段的影响因素有施工场地布设、临时保护设施、施工污染、施工用房、施工设备车辆、施工人员等对遗址本体和景观环境的影响。施工阶段有可能会发现潜在的地下遗存；施工场地布置、临时保护设施也有可能对遗址造成扰动及破坏；而施工引起的沉降、振动、污水、垃圾、尘土等同样会对遗址造成扰动及破坏，并对遗址环境、遗址区居民造成影响。施工周期安排如果不合理，施工设备车辆、施工人员、施工噪声等都会影响到利益相关者的情感。

我们在喇家遗址保护展示馆调研时发现，建筑外墙色彩施工与设计不符，与当地民居色彩反差较大，对遗址周边环境造成一定影响。而3号和4号保护展示馆施工过程中，为了保护遗址挖掘区，在挖掘区上部铺设了沙袋，并在沙袋上面铺设钢板。在钢板上使用黄色线以分出遗址挖掘区和非遗址挖掘区，以便区别。但是由于钢板接缝处不密封，降水后雨水会沿着钢板接缝处的空隙流入遗址挖掘区，从而影响遗址挖掘区的安全。4号保护展示馆施工过程中对遗址坑的临时保护措施可靠性较差，降雨后雨水沿临时保护措施周边流入遗址挖掘区，从而会影响遗址安全。

另外，在3号和4号保护展示馆施工过程中，在遗址挖掘区周边土体上存在大量施工堆载。大量施工堆载会对遗址挖掘区周边土体施加荷载作用，从而引发遗址挖掘区周边土体的移动、变形。一旦周边土体的移动、变形超过允许限值，将会严重影响遗址挖掘区的安全。

牛河梁遗址第二地点保护展示馆现场调研发现，其东侧墙体底部和北侧存在雨水渗漏痕迹，据博物馆工作人员介绍，这片区域在夏天时确实出现了漏雨和泗水现象。可能与建筑做法缺陷或损伤有关。这种施工与设计做法不符的现象在大明宫丹凤门遗址保护展示大厅的外墙防水施工中也有发现。

在运营阶段的影响因素有建筑沉降、结构老化、运营污染、景观生长、交通疏导、游客和宣传教育等对遗址本体和景观环境的影响。运营阶段的建筑沉降、结构老化、交通累积振动、日常污水、垃圾及景观生长维护等都可能对遗址造成扰动及破坏，对遗址环境造成影响。游客管理、旅游服务、交通疏导如果处理不当，同样会造成对遗址和环境的扰动及破坏，也会影响到遗址区居民和利益相关者的情感。

牛河梁遗址第二地点保护展示馆建筑面积7214平方米，屋面罩棚展开面积

10900平方米，总重量1580吨，最大结构跨度161米。尽管设计时考虑到节能设计，但对于管理方来说，长期运营大体量的展馆建筑，成本高企。据馆方工作人员介绍，牛河梁遗址公园几个展示馆每年的电费支出就有六七十万，冬季馆内异常寒冷，游客在馆内停留时间很短，体验并不理想。

浙江余姚河姆渡田螺山遗址现场馆考古展示大棚由于围护结构为透光的格栅结构，大量光线照射到建筑内部，在遗址区水面上形成明显的倒影与反光，影响到观众的参观体验。

通过上述调查分析，我们可以做出以下研究小结。

关于古遗址及其展示利用建设项目有两点。

第一，相比于建筑、石窟寺及石刻和西方较为普遍的遗址类型，我国的古遗址以土遗址为主，具有复杂性、不确定性、脆弱性等特点，在保护和展示利用上更加困难。

第二，根据我们的调查，国际社会对大规模的原址复建持极为谨慎态度，而针对可观赏性强的遗址开展局部修复的保护性展示较为认可，同时根据遗址的脆弱性，多选择回填保护，或局部回填局部展示的方法。而国际上最近数十年的保护棚建筑，更为注重保护棚与景观的协调，尽量让焦点指向遗址而不是保护棚本身，建筑上也尽量注意可逆性。而我国自20世纪50年代开始，已经建设了大量的古遗址展示利用建设项目，尤其是大型的遗址博物馆和保护棚不仅数量众多，而且规模较大，对遗址造成了较多的影响。

关于古遗址展示利用的影响因素如下：

首先，国际上对不同遗址不同的评估角度对遗址的影响因素考虑各不相同，但大的原则基本相同，遗址的环境影响因素应该具体情况具体分析。

其次，我国文物单位和科研机构已经开始关注和研究在遗址博物馆、保护棚保护条件下的遗址劣化问题，并开始逐步指导遗址博物馆和保护棚的定位和设计。

最后，古遗址展示利用建设项目的影响因素多种多样，在设计阶段、施工阶段和运营阶段均可能对遗址本体、景观环境，甚至利益相关者造成影响，需要我们在文物影响评估中全面、系统、科学地予以分析、评估。

第五章

古遗址展示利用建设项目评估体系研究

基于对国内外文物影响评估体系相关资料的梳理和分析研究，结合我国文物影响评估工作的实践，我们认为，针对古遗址展示利用建设项目较为合理的文物影响评估体系包括工作程序和流程、工作等级和范围、评估原则、评估依据、评估内容和方法等。

5.1 评估工作程序和流程

5.1.1 总体工作程序

一般而言，文物影响评估体系应包括以下工作程序（图5.1）。

1. 评估前审查

文物行政部门接到建设单位的项目报告或设计方案，按法律、法规初步审查是否有文物可能会受影响，包括已知或未知的文物。确定是否需要开展文物影响评估。

2. 确认评估开展及终止

在评估前审查过程中，文物行政部门需要向建设单位确认是否接受在文物影响评估机构的指导下修改项目报告或设计方案，减小对文物的影响程度。如建设单位不接受文物影响评估机构的专业指导，拒绝修改、调整项目报告或设计方案，无法缓解建设项目对文物的影响程度，文物影响评估过程会被迫中止。

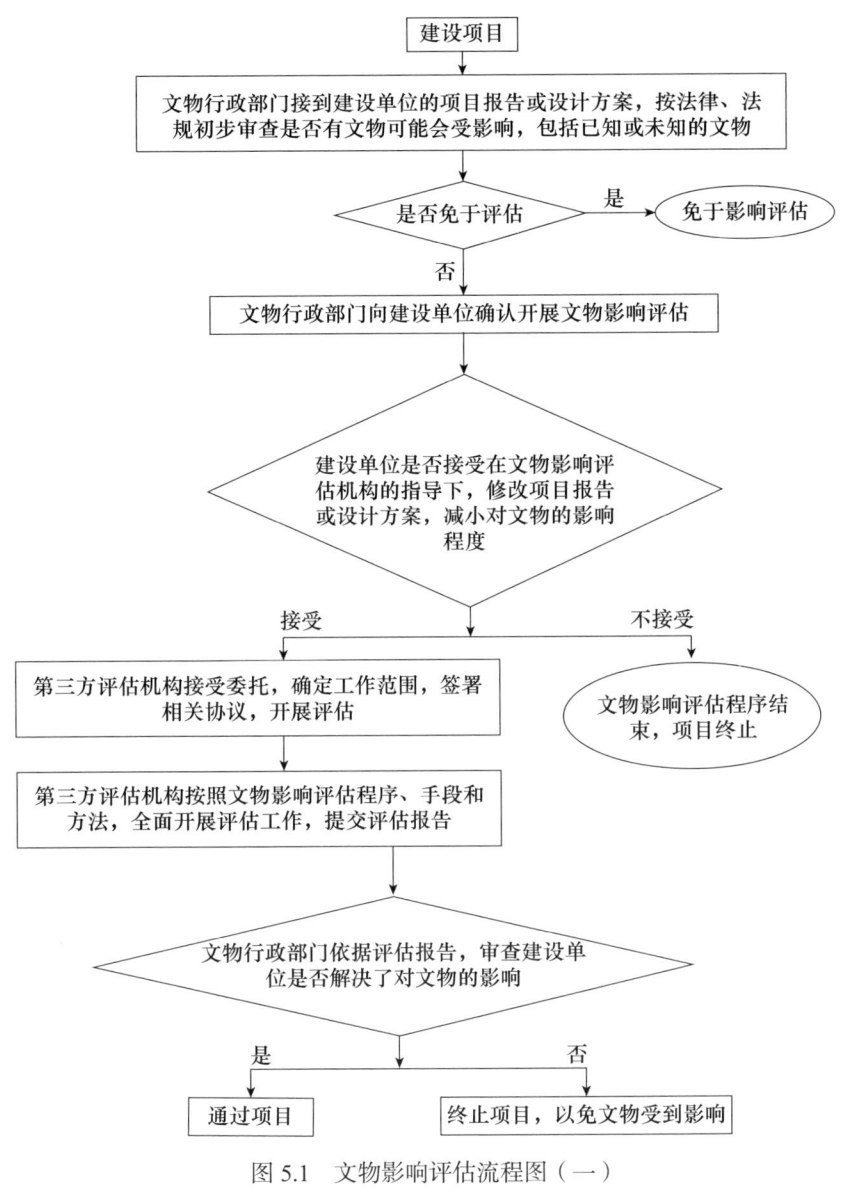

图 5.1 文物影响评估流程图（一）

（图片来源：滕磊/绘制）

3. 早期咨询

文物行政部门认定的具有专业能力的文物影响评估机构（一般为文物、考古单位）接受委托，确定工作范围，并签署相关工作合同或协议，开展影响评估前期研究工作。根据初步研究，识别影响因素，确定评估指标，判断影响程度大小，向建设单位提出初步建议。建设单位在文物影响评估机构的指导下，修改项目报告或设计方案，减小对文物的影响程度。

4. 开展评估、提交评估报告

文物影响评估机构按照文物影响评估工作流程、手段和方法，全面开展评估工作，提交评估报告。

5. 评估后审批

文物行政部门依据评估报告，审查建设单位是否缓解了对文物的影响，通过或不通过建设项目。

5.1.2　评估阶段具体流程

文物行政部门认定的具有专业能力的文物影响评估机构（一般为文物、考古单位）按照文物影响评估的工作手段和方法，全面开展评估工作，提交评估报告的过程（图5.2）。

1. 评估准备

明确评估团队、分工，确定研究区域，明确工作范围。

2. 收集数据

收集了解文物价值和真实性所需的基础信息；收集了解建设项目的内容及其特征，明确建设项目的组成、规模、技术路线、建设强度、平面及空间布置、建设周期、施工方式、后续运营方式等；现场调查建设项目与文物的空间关系，敏感的视点，土地现状和居民情况等，对利益相关者进行问卷调查，了解利益相关者的诉求等。

3. 整理、分析数据

整理、整合数据，提炼文物资源的特征，尤其是确认反映文物价值的属性特征；分析研究建设项目与文物的直接、间接关联；分析利益相关者的得失等。

4. 建立影响模型并进行评估

根据文物价值属性特征，搭建文物资源价值等级的模型，识别影响因素，搭建建设项目对文物真实性、完整性影响程度的模型，搭建可接受程度的评估模型。

5. 咨询和减缓

形成报告草案，编制影响减轻草案，指导建设项目减小对文物真实性、完整性的影响程度，咨询、论证，包括专家和其他利益相关者。

6. 完成报告

综合评估结果，完成最终文物影响评估报告及图表等，为决策提供信息。

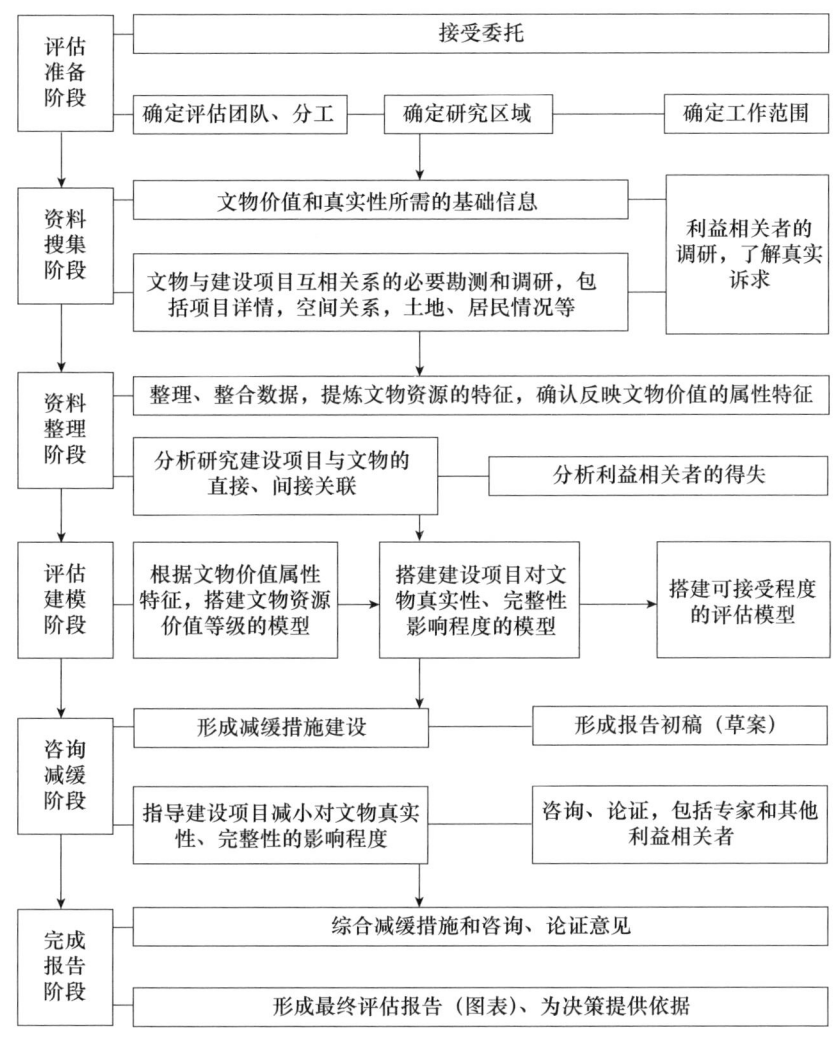

图 5.2　文物影响评估流程图（二）
（图片来源：滕磊/绘制）

5.2 评估工作等级和范围

5.2.1 工作等级

不同展示利用项目文物影响评估工作的难易程度，对古遗址的影响大小、程度不同，为了便于评估工作有的放矢，突出重点，参考保护等级和建设项目类型、规模，对古遗址展示利用建设项目影响评估工作一般分级如下（表5.1）。

表5.1 文物影响评估工作分级表

评估工作等级	评估工作分级标准	
一级	- 世界文化遗产区、缓冲区 - 全国重点文物保护单位保护范围	- 国家级考古遗址公园 - 遗址博物馆、保护棚等遗址展示设施 - 其他建筑物单跨跨度30米以上或 - 广场面积在2000平方米以上的或 - 单项投资额在3000万以上的建设项目
二级	- 全国重点文物保护单位建设控制地带 - 省级文物保护单位保护范围 - 市、县级文物保护单位文物本体	- 省级考古遗址公园 - 建筑物高度15米以上或 - 单跨跨度15米以上或 - 建筑面积3000平方米以上或 - 广场面积在1000~2000平方米的 - 单项投资额在300万~3000万元的建设项目
三级	- 省级文物保护单位建设控制地带 - 市、县级文保单位保护范围、建设控制地带 - 未定级不可移动文物本体	- 建筑物高度15米以下或 - 单跨跨度15米以下或 - 建筑面积3000平方米以下或 - 广场面积在1000平方米以下的 - 单项投资额在300万元以下的建设项目

一级评估。建设项目对世界遗产的突出普遍价值，文物价值的真实性、完整性影响进行全面、详细、深入的调查、分析、研究和评判。

二级评估。建设项目对文物价值的真实性、完整性影响进行较为详细、深入的调查、分析、研究和评判。

三级评估。建设项目对文物核心价值的影响进行分析、研究和评判。

评估具体项目时，可根据建设项目的具体特点，特殊工作需求，以及现场调查发现古遗址的实际价值（考古新发现的未定级文物，或因管理疏忽未及时申报相应级别文物保护单位的），对工作等级进行适当调整，并阐明调整的具体理由。

5.2.2 工作范围

评估工作范围原则上只针对世界文化遗产的遗产区、缓冲区，各级文物保护单位的保护范围和建设控制地带，以及未定级不可移动文物的文物本体。

评估具体项目时，可根据建设项目的具体特点、特殊工作需求，以及现场调查发现古遗址的实际范围（考古调查、勘探或发掘），对工作范围进行适当调整，并阐明调整的具体理由。

5.3 评估原则

评估原则依据国际文物保护宪章公约、国内相关法律法规来确定，出发点一是考虑国际文物保护理念，二是考虑古遗址保护的特点，三是考虑影响评估本身的特点和作用。

1. 依法评估原则

文物影响评估过程应贯彻执行我国文物保护相关的法律法规、标准、政策，分析建设项目与文物保护政策、工作方针及相关规划的相符性，并关注国家或地方在法律法规、标准、政策、规划等方面的新动向。

2. 早期介入原则

文物影响评估作为前置性评估，应尽早介入建设项目前期工作中，重点关注选址（选线）、项目设计对文物本体和环境的影响程度和可接受程度。

3. 科学完整原则

文物影响评估机构应独立、科学、客观、公正地开展评估工作，根据建设项目的内容和特点，全面、完整地开展评估，应重点突出文物本体及其环境。

4. 广泛参与原则

文物影响评估应广泛吸收文物行业及相关学科专家、有关单位和个人及地方文物管理部门和居民等利益相关者的意见。

5.4 评估依据

5.4.1 国内外公约、宪章、准则

《关于保护景观和遗址的风貌与特性的建议》（UNESCO，1962年）；

《国际古迹保护与修复宪章》（1964年）（*International Charter for the Conservation and Restoration of Monuments and Sites*）；

《保护世界文化和自然遗产公约》（1972年）（*Convention Concerning the Protection of the World Cultural and Natural Heritage*);

《保护考古遗产的欧洲公约》(1975 年) (*European Charter of the Architectural Heritage*);

《佛罗伦萨宪章》(1982 年) (*the Florence Charter*);

《考古遗产保护与管理宪章》(1990 年) (*Charter for the Protection and Management of the Archaeological Heritage*);

《奈良真实性文件》(1994 年) (*The Nara Document on Authenticity*);

《西安宣言——保护历史建筑、古遗址和历史地区的环境》(2005 年) (*Xi'an Declaration on the Conservation of the Setting of Heritage Structures, Sites and Areas*);

《关于保护历史性城市景观的宣言》(2005 年) (*Charter on the Interpretation and Presentation of Cultural Heritage Sites*);

《实施保护世界文化遗产与自然遗产公约的操作指南》(2013 年) (*Operational Guidelines for the Implementation of the World Heritage Convention*);

《文化遗产阐释与展示宪章》(2008 年) (*Charter on the Interpretation and Presentation of Cultural Heritage Sites*);

《世界文化遗产评估（HIA）导则》(2011 年);

《中国文物古迹保护准则》(ICOMOS China，2015) (*Principles for the Conservation of Heritage Sites in China*)。

5.4.2　法律、法规及文件

《中华人民共和国文物保护法》(最新修订);

《中华人民共和国文物保护法实施条例》(2003 年);

《国务院关于进一步加强文物工作的指导意见》(2016 年);

《世界文化遗产保护管理办法》(2006 年);

《关于加强和改善世界遗产保护管理工作的意见》(2002 年);

《中国世界文化遗产监测巡视管理办法》(2006 年);

《中国世界文化遗产专家咨询管理办法》(2006 年);

《国家考古遗址公园管理办法（试行）》(2009 年);

《国家考古遗址公园建设与运营指南》(2017 年);

地方文物保护管理条例、规定、文件（如果有）;

世界遗产的申遗文本、管理规划（如果有）；
文物保护单位保护规划、专项规划（如果有）。

5.4.3　数据来源

遗址实地调研、摄像与访谈记录等。
遗址四有档案，遗产地申遗文本、保护规划、专项规划等。
拟建设项目相关资料、相关地形图与影像资料、卫片，政府的行政审批文件等。
出版著作与发表期刊等。

5.5　评估内容

5.5.1　价值评估

价值评估是指对建设项目涉及古遗址的价值进行陈述、说明，或对其进行分析、评估，梳理价值等级。其中提炼文物资源的特征，尤其是确认反映文物价值的属性特征是工作的重点。对于文物影响评估来说，需要阐明完整性、真实性与价值之间的内在联系，对于缺少相关研究的文物影响评估对象，需要补充诠释和评估，这是影响评估项目未来并确保其价值保留的决策的基础。

依托系统研究成果和专业判断来确定文物资源的重要性。一般来说遗产地的价值可划分为下述分级量表：
- 非常高（极高）　——A
- 高　　　　　　　——B
- 中　　　　　　　——C
- 低　　　　　　　——D
- 可忽略　　　　　——E
- 未知　　　　　　——F

结合遗产地的整体保护级别、个体在群组中的地位（核心价值载体与否）、核心价值的关联性等，评估遗产地的价值，可以有如下价值评估表（表5.2～表5.4）。

表 5.2 价值评估分级表

分级	考古遗址
非常高 A	已被公认为具有国际重要性且列入《世界遗产名录》的世界遗产地 反映世界遗产突出普遍价值的单一属性特征 对已公认的国际研究目标有重要作用的遗产资产
高 B	国家级且受到缔约国国内法律保护的考古遗迹 具有一定的质量及重要性特征,有待公布的遗产地 对公认的国内研究目标有重要价值的遗产地
中 C	对区域研究目标有重要价值的已公布或尚未公布为保护单位的遗产地
低 D	已公布或尚未公布为保护单位的具有地区重要性的遗产地 保存状况较差和/或相关环境未能完好存续的遗产地 具有较少价值但可能为当地研究目标做出贡献的遗产地
可忽略 E	具有较少或无考古价值的遗产地
未知 F	资产的重要性尚未确定

表 5.3 古遗址类不可移动文物保护级别价值评估表

价值等级	保护级别				
	世界文化遗产	全国重点文物保护单位	省、自治区、直辖市级文物保护单位	县、自治县、市级文物保护单位	未定级不可移动文物
A	已被公认为具有国际重要性且列入《世界遗产名录》的世界遗产地	反映世界遗产突出普遍价值的属性特征的国家级古遗址			
B		国家级古遗址	具有重要性特征、有待提高等级的省级古遗址		
C			省级古遗址	具有区域重要性特征、有待提高等级的市县级古遗址	对区域研究目标有重要价值的古遗址
D				市、县级古遗址	具有地区重要性的古遗址
E					具有较少或无价值的古遗址
F	古遗址的重要性未确定				

表 5.4 大型遗址价值等级表

文物资源属性特征	保护级别				
	世界文化遗产	全国重点文物保护单位	省级文物保护单位	市、县级文物保护单位	未定级不可移动文物
遗址组成部分，体现核心价值的重要遗址、遗存点	A++	A+	A-	B+	B-
遗址组成部分，与核心价值密切相关的遗址、遗存点	A+	A	A--	B	C+
遗址组成部分，体现整体价值的遗址、遗存点	A	A-	B+	B-	C
对遗址真实性、完整性有一定价值的遗址、遗存点	A-	A--	B	C+	C-
具有较少价值的遗址、遗存点	A--	B+	B-	C	D
遗址遗存点的重要性未确定	不适用				

5.5.2 影响因素、性质识别

根据第四章的现状调研和研究分析，古遗址展示利用建设项目类型多样，对遗址真实性、完整性的影响因素众多。

影响因素识别应明确建设项目在设计阶段、建设阶段、运营阶段等不同阶段的各种行为与可能受影响的文物本体与环境要素的关系、影响性质、影响范围、影响程度等，定量及定性分析建设项目的各种直接和间接影响，包括有利与不利影响、长期与短期影响、累积影响，可逆和不可逆影响等。

直接影响是指建设项目实施对古遗址真实性、完整性造成的直接影响。其表现形式多种多样，如部分或全部遗址、遗存点的消失、破坏或侵扰；对遗址所处环境的改变，包括环境特征、景观等（表 5.5）。

间接影响主要是指建设项目运转带来的次级影响，可能会对古遗址真实性、完整性造成影响。例如，建设项目运营导致全部遗址、遗存点的破坏或侵扰、环

表 5.5 古遗址展示利用建设项目文物影响评估指标表

影响内容（对象）			影响因素			影响性质
Ⅰ级	Ⅱ级	Ⅲ级	设计期	施工期	运营期	
真实性、完整性	外形和设计	总体格局	空间布局、建筑形式、基础设施形式、景观形式影响			影响周期（暂时、长期、永久）
		本体形式				
	材料和实体	实体结构	建筑形制、结构、材料影响	施工场地布置、施工振动、建筑沉降施工污染	游客、运营产生的废气、废水、垃圾污染	影响范围（局部、整体）
		构筑材料				
	用途和功能	原有功能	展示利用定位、阐释内容影响			影响可逆还是不可逆
		现有功能				
	传统和技术	时代风格	展示利用方式			有益还是有害
		工艺技术				
	位置和环境	地理形态	选址、建筑规模、建筑形式、景观影响	施工场地布置和施工污染	游客、运营产生的废气、废水、垃圾污染	单一影响还是累积影响
		空间关系				
	精神和感觉	本地居民	开放条件、公众支持	施工周期噪声影响	游客管理交通疏导运维管理	
		利益相关者				

境的改变等。

有利与不利影响是指建设项目实施对古遗址真实性、完整性造成的有利的或者有害的影响。

长期与短期影响是指建设项目实施对古遗址真实性、完整性造成的长期的或者临时性的、短期的影响。

累积影响是指一种活动的影响与过去、现在及将来可预见活动的影响叠加时，造成文物影响的后果。

可逆和不可逆影响是指建设项目实施对古遗址真实性、完整性造成的可以恢复原状的或者永久性、无法恢复原状的影响。

5.5.3 影响程度认定

影响程度和危害性的判断与影响性质（有益的、有害的），影响时间（累积的、暂时和永久性的），影响后果（可逆的和不可逆的），以及影响规模范围

（影响本体占全部文物的多大比例、遗产属性的关键特征是否受损、其与遗产突出普遍价值间的关系是否受到影响）相互关联。

一般来说影响程度可划分为大、中、小、无等量表：

- 大——极大、大、较大
- 中——中
- 小——小、较小、轻微（可忽略）
- 无——无

评估影响程度时，还应考虑文物本体与环境、影响程度与价值的关联性（表 5.7、表 5.8）。当然，我们也可以赋予影响因素、性质、时间、范围等一定的数值，以数值的高低来代表影响程度。不过这样的评估过程极有可能因为过于聚焦在数值的计算，强调数值多少、高低，而忽略评估真正的核心——即对遗址价值的影响，而它往往是很难用数值来表达的。

表 5.6　影响程度等级综合评估表

分级	考古遗址
大改变	改变了反映遗址核心价值的属性特征 大部分或包括传递遗址核心价值在内的几乎所有的关键考古学要素完全被改变 对遗址环境造成彻底改变
中等改变	改变许多关键考古学要素，遗产资源因此遭到明显改变 对遗产环境进行了较大改变，影响了遗产地的特征
小改变	改变主要的考古学要素，遗产遭到有限改变 对遗产环境进行了有限的改变
可忽略	对关键考古要素或遗产环境进行了细微改变
没有改变	没有改变

表 5.7　本体和环境影响程度关联表

影响程度等级	无改变	小改变			中等改变			大改变		
	A	B-	B	B+	C-	C	C+	D-	D	D+
环境影响	文物本体影响									
无	A	B			C			D		
小	B-	B+			C+			D+		
中等	C-	C+			D-			D+		
大	D-	D			D+			D+		

表 5.8　影响程度与价值关联表

遗产价值	变化/影响规模和程度				
	变化/影响无	变化/影响可忽视	变化/影响小	变化/影响中等	变化/影响大
极高	无	轻微/小	中等/大	大/非常大	非常大
高	无	轻微/小	小/中等	中等/大	大/非常大
中等	无	轻微	轻微/小	中等	中等/大
低	无	无/轻微	轻微	小	小/中等
可忽视	无	无	无/轻微	轻微	小

可接受评估模型

可接受评估与影响程度和影响性质（有益的、有害的）直接相关，可接受评估程度可划分为三个量表：

· 不可接受——对应极大、大、较大等影响程度
· 通过减缓可接受——对应中等和小的影响程度
· 可接受——对应轻微（可忽略）和没有影响

5.5.4　减缓措施设计

减缓措施是指采取任何可能的措施来避免、消除或减少建设项目对文物价值属性及其他重要部分造成的负面影响。减缓设计对于延续受影响文物的价值，包括完整性和真实性非常重要，是很多建设项目被接受的前提条件。

减缓措施一般应该包括建设项目设计阶段、建设阶段、运营阶段三个不同时段的措施。

设计阶段的减缓措施应充分考虑建设项目的其他选择，包括项目选址、项目内容、建设时序及具体设计等。同时应包含建设项目开始之前的一些必要的工作，如考古勘探、发掘。

建设阶段的减缓措施应包含建设期间应关注的事情以及必要的工作，如施工

布置、施工污染、旁站监理，对遗址必要的加固、防护保护等。

运营阶段的减缓措施应包含建设项目运转时应采取的措施，如遗产阐释或开放、宣传提升知名度、教育、公众参与、传播知识、信息或理解认知等。

5.5.5 评估报告

评估报告是提供依据和评估过程，使决策清晰透明、切实可行的书面报告。报告的详细程度取决于文物和建设项目的复杂性。

文物影响评估报告一般应包括文本、图纸、照片和必要的附件。

1. 评估报告文本内容

一份完整的文物影响评估报告，文本内容应包含以下几方面。

（1）声明：独立性和公正性的声明。

（2）概述：非技术性的，必须包括所有关键点，且能独立使用。

（3）前言：包括评估背景、评估机构、负责人及评估致谢等。

（4）评估方法和程序（方法论）：包括评估依据、适用范围、评估目标、评估内容、评估方法和程序等。

（5）文物概述和价值陈述：包括遗产概述，价值陈述（价值特征、适用价值标准、真实性和完整性）应描绘研究区域的历史发展过程、特征，如历史景观等，包括土地类型、边界、景观及文化遗产的现存的历史要素等。还应描述全部和个别遗产属性和构成要素的状况、物理特征、敏感视点及与遗产属性相关的非物质内容。应重点关注对受到影响的区域和相关文物资源的价值评估。

（6）建设项目基本情况：包括项目概况、相关必要的方案及图纸。

（7）文物影响评估分析：包括遗产变化情况、遗产影响分析（拟建设项目的影响内容、影响因素和评估指标分析、遗产影响可接受程度分析）。影响因素识别应明确建设项目在设计阶段、建设阶段、运营阶段等不同阶段的各种行为与可能受影响的文物本体与环境要素的关系、影响性质、影响范围、影响程度等，定量及定性分析建设项目的各种直接和间接影响，包括有利与不利影响、长期与短期影响、累积影响，可逆和不可逆影响等。影响程度和危害性的判断与影响性质（有益的、有害的）、影响时间（累积的、暂时的和永久性的），影响后果（可逆的和不可逆的）及影响规模范围（影响本体占全部文物的多大比例、遗产属性的关键特征是否受损、其与遗产突出普遍价值间的关系是否受到影响）相互关联。

减缓措施一般应该包括建设项目设计阶段、建设阶段、运营阶段三个不同时段的措施。

（8）减缓措施建议：包括勘察设计期间的减缓措施，施工期间风险预防减缓措施，运行期间风险预防减缓措施。

（9）总结和结论：包括建设项目对文物完整性和真实性造成影响的清晰说明（有益和有害的）、对价值影响的风险、对建设项目可接受程度的明确结论。

（10）参考书目和必要的术语表。

2. 评估报告图纸、照片

文物现状图纸，包括区位和区划、文物现状（保护、利用、研究、管理等）。设项目图纸，包括选线和选址、项目内容和规模等。

相关分析评估图纸，文物与建设项目相互关系，改变和影响程度评估图纸，可接受程度评估图纸。

减缓措施图纸。

现状照片。

3. 必要的附件

包含文物和建设项目详细的数据资料、分析研究报告（如考古勘探发掘报告、专项勘察报告、采样试验报告等）、咨询和公众参与资料、以及其他支撑文件，如建设项目批准文件、可行性研究报告、项目所在区域的相关规划等。

5.6 评估方法

针对不同的评估内容，研究制定评估技术与方法。要考虑应用空间信息技术、图像分析技术、环境监测技术与实验分析技术等，采取调查法（资料收集、现场调查、专业勘察、采样实验等）、综合分析法（清单对比、建模法、叠图法等）、专业判断法等。

5.6.1 资料收集

资料收集包括文物基础资料、发展项目的情况以及其他所需的资料。文物基础资料主要指所有了解文物价值和真实性所需的基础信息。

5.6.2 现场调查

现场调查发展项目的场地情况，包括涉及的文物现状，完整性、真实性情况，敏感的视点，土地现状和居民情况等，对利益相关者进行问卷调查，了解项目的现状和建设条件，了解利益相关者的诉求。必要时，还要采取专业的调查手段。

（1）考古勘探。通过对项目选址或选线进行考古勘探、调查，了解该发展项目是否存在着对考古遗址造成破坏的危险。

（2）测绘和建模。地形、文物测绘，利用空间信息技术，采用GIS、SKECH、3DMAX等方法构建发展项目所在区域的空间模型。

（3）工程学勘察和地质勘探。通过对项目场地进行工程学勘察和地质勘探，获取岩土的相关评价参数，了解该项目的场地和结构安全性和可行性。

（4）采样实验。通过采集文物本体样本进行物理、化学实验，或开展无损检测，获取文物本体的相关评价参数。

（5）综合监测。通过对项目所在地进行综合监测，内容应根据文物的类型、特点确定。例如，大地形变监测、位移监测、雨量监测、温湿度监测、地下水位监测以及震动监测等，获取项目所在区域的地质、水文、气象等宏观环境状况和微观环境状况。

5.6.3 室内研究

室内研究通常在现场调研后开展，对于现场调查所获得的各种监测数据、勘探资料、试验结论、问卷调查进行深入研究，与前期收集的基础资料相结合。

（1）统计分析。根据利益相关者的问卷调查，统计、分析利益相关者对项目的关注程度、支持度和相关建议，评价项目的可行性。

（2）清单对比。将项目分列清单，依据调查获取的各项基础数据进行对比分析，预测、评估项目对文物本体真实性、完整性、延续性的影响程度。

（3）建立矩阵。根据项目的特点确立文物影响评价因子，建立项目与评价因子之间的矩阵，明确分级和定量、定性标准，搭建项目与评价因子之间的评价矩阵。依据评价结果判断项目的可行性。

（4）叠图比对。通过CAD、PSD等制图，比对项目与文物保护规划、与文物保护区划、与文物遗迹的叠压关系，可通过色块、色谱叠图来体现，评价项目对文物的影响情况。

（5）空间分析。利用空间模型，分析发展项目规模、尺度、形式、材料、色彩等与文物、文物环境、环境景观的协调程度，评价项目的影响大小。

（6）数学建模。依据调查获取的基础参数，建立数学分析模型（如基于地铁振动设计的有限元模型、FE-BE 模型等），分析、预测项目对文物、文物环境的影响。

5.6.4 专业判断和咨询

专业判断和咨询应该贯穿文物影响评估的始终。尽管我们通过严谨的现场调查和室内研究获得了各种数据、分析结果，但是如何综合起来去确定发展计划和项目对文物的影响程度，确定各项减缓措施，依然需要专业的判断和预测，并就最终的结论向专业机构、专业人士及其他利益相关者进行咨询。

第六章

古遗址展示利用建设项目评估指标研究

本章结合实地调研、勘察和采样分析等，对古遗址展示利用建设项目对古遗址造成影响的评估指标做进一步的研究，尝试提炼出一些具体的定量或定性评估指标。

根据第五章的分析，古遗址展示利用建设项目对遗址真实性、完整性及其细化指标外形和设计、材料和实体、用途和功能、传统和技术、位置和环境、精神和感觉的影响，按照不同工程阶段，研究如下。

6.1 设计阶段影响因素

6.1.1 对外形和设计的影响

古遗址展示利用建设项目在设计阶段对遗址外形和设计的影响主要体现在总体格局和本体形式方面。影响因素包括建设项目的选址、空间布局、建筑形式、设计等，评估要点有以下几点（表6.1）：

（1）建筑、基础设施等选址、选线是否占压和破坏遗址。

（2）建筑、基础设施等对遗址的格局和遗迹之间的关联性是否造成扰动和破坏。

（3）遗址博物馆等展陈设施、景观设计对遗址的原有格局和形式是否造成误导。

表 6.1　影响因素表（一）

评估指标 I 级	评估指标 II 级	评估指标 III 级	影响因素	评估要点	举例
真实性 完整性	外形和设计	总体格局	选址、空间布局、建筑形式	建筑、基础设施等选址、选线是否占压和破坏遗址	牛河梁遗址博物馆 三星堆城墙展示馆
				建筑、基础设施等对遗址的格局和遗迹之间的关联性是否造成扰动和破坏	喇家遗址1号保护棚打破聚落原有格局，未关注房址窑洞式布局
		本体形式		遗址博物馆等展陈设施、景观设计对遗址的原有格局和形式是否造成误导	故宫冰窖水池景观的设计对原有院落格局造成误导

展示利用建设项目往往在遗址核心区开展，相关建筑和基础设施等的选址、选线很容易与遗址发生关系，而遗址博物馆（保护棚）等本体展示设施则直接与遗址发生关系，这些空间关系有可能导致占压和破坏遗址，扰动和破坏遗址的格局和遗迹之间的关联性，造成误导等，因此分析和评估建设项目的选址、空间布局、建筑形式、设计等与遗址之间的空间关系非常重要。

这些判断依据和评估结论往往需要翔实的考古资料和针对性地开展考古勘探、发掘工作方能得出。

考虑到遗址再发掘和保护等因素，除遗址博物馆（保护棚）等本体展示设施外，其他建设项目的选址、选线应与遗址保持一定的水平安全距离。

考虑到遗址的空间格局，建设项目的选址、选线应避免干扰和破坏遗迹之间的关联性，具体的建筑、景观设计也应避免对遗址原有格局和形式造成误导。

上述评估可通过对遗址基础资料的收集、分析，考古勘探、发掘，空间建模、专家咨询等方法进行。

6.1.2　对材料和实体的影响

古遗址展示利用建设项目在设计阶段对遗址材料和实体的影响主要体现在实体结构和构筑材料等方面。影响因素包括建设项目的建筑形制、结构、材料等，评估要点有以下几点（表6.2）：

（1）建筑工程的结构、设备等因素对遗址是否造成扰动及破坏。

（2）遗址博物馆等展陈设施（建筑设计、微环境营造）能否对露明遗址进行有效保护。

表 6.2　影响因素表（二）

评估指标			影响因素	评估要点	举例
Ⅰ级	Ⅱ级	Ⅲ级			
真实性 完整性	材料和实体	实体结构	建筑形制、结构、材料影响	建筑工程的结构、设备等因素对遗址是否造成扰动及破坏	牛河梁遗址桩基础对遗址造成扰动
		构筑材料		遗址博物馆等展陈设施（建筑设计、微环境营造）能否对露明遗址进行有效保护	周口店1号地点保护棚设计未能有效覆盖遗址文化层
				遗址自身属性能否承受外界干扰（保存现状、脆弱性、环境恶劣性）	如高水位的遗址

（3）遗址自身属性能否承受外界干扰（保存现状、脆弱性、环境恶劣性等）。

遗址千差万别，应根据其自身属性、保存现状、保存位置、遗存材质、环境状况评估其承受外界干扰的能力。

同时结合建设项目的具体设计方案判断建筑工程的基础、结构、设备与遗址间的相互关系，如占压、打破、毗邻、跨越、穿越等。考虑到遗址再发掘和保护等因素，建筑工程的基础、结构、设备与遗址间应保持一定的水平安全距离，避免直接破坏遗址。

遗址博物馆（保护棚）等本体展示设施应考虑完整覆盖、有效保护露明展示的遗址，设计前期应进行全面的考古勘探和发掘。此外，应考虑不同气候条件、不同地质水文条件、不同遗址类型，设计符合遗址博物馆规范的、最适宜露明遗址保护的建筑规模、类型（开放式、封闭式等）、建筑材料、通风条件、保温条件、光照条件等。

上述评估可通过对遗址基础资料的收集、分析，考古勘探、发掘，水文、地质的专项勘察，采样分析，综合监测等方法进行。对遗址博物馆（保护棚）建筑形制、结构、材料等的评估可参考国家"十二五"科技支撑计划课题《遗址博物馆环境监测与调控关键技术研究》（2012BAK14B01）的子课题《遗址博物馆建筑设计体系与导则研究》对不同气候条件、不同地质水文条件、不同遗址类型、材质的遗址博物馆设计要求建议[①]。

例如，对干旱环境、潮湿环境、炎热环境和寒冷环境下遗址博物馆建筑形式、防水防潮、保温隔热、空调和通风提出如图6.1的建议。

---

① 西安建筑科技大学，《遗址博物馆建筑设计体系与导则研究》，国家"十二五"科技支撑计划课题《遗址博物馆环境监测与调控关键技术研究》（2012BAK14B01）的子课题，子课题负责人刘克成。

气候环境类别	遗址博物馆建筑形式	防水防潮	保温隔热	空调与通风	常见遗址保护问题和遗址病害
干旱环境	宜采用整体覆盖或地下半地下的建筑形式	防止土壤、空气中的水分蒸发造成土壤、空气含水量的反复变化		① 采用有效的通风调控控制通风量 ② 防止通风对遗址的风化和侵蚀	① 干裂 ② 氧化 ③ 降尘 ④ 反碱 ⑤ 沙化
潮湿环境	宜优先选取地上遗址保护建筑形式	① 防止潮湿空气、降水、地下水等对保护建筑和遗址本体的侵蚀 ② 采用有效的防水材料和防水构造		① 通过有效的通风实现平衡稳定的建筑通风 ② 避免风口直接正对遗址本体或气流直接接触遗址本体 ③ 防止潮湿环境中水分含量因温度变化而引起的骤变 ④ 通过有效补水措施做到空气水分含量相对平衡	① 霉菌 ② 析盐 ③ 形变
炎热环境	① 宜优先选取有助于隔热的建筑形式 ② 宜优先选取有助于通风控制的建筑形式		① 合理控制建筑形体系数 ② 采取有效的外围护隔热构造和材料	采用空调技术实现恒定的建筑室内温度	① 直接光照破坏 ② 调节室内外温差的高耗能 ③ 适应温度变化的舒适性
寒冷环境	① 宜采用有助于环境封闭的建筑形式 ② 采用有利于保温的建筑形式	宜采用有效的防水措施防止冻融对保护建筑的破坏	① 合理控制建筑形体系数 ② 采取有效的外围护保温构造和材料	采用空调技术实现恒定的建筑室内温度	① 冻裂破坏 ② 调节室内外温差的高耗能

注：当遗址博物馆和遗址环境处于有交错或多种类型共存的气候环境中时，可综合不同的气候环境来确定遗址博物馆的建筑形式和保护措施。

图 6.1　不同气候条件对应图

（图片来源：《遗址博物馆建筑设计体系与导则研究》）

对以土、砖石和木为主要材质的遗址博物馆建筑形式、设计要点和技术措施提出如图 6.2 的建议。

材质类型	常见病害现象	设计要点和技术措施	建议采用的建筑形式
土遗址	① 干裂、风化和氧化 ② 渗水和侵蚀 ③ 坍塌、掩埋、下沉或其他变形	① 避免阳光直射造成遗址本体温度变化产生的干裂、风化和氧化 ② 采用有效的防水与防潮技术避免降雨和外围地下水渗入遗址，控制遗址中水分酸碱度的变化，避免造成侵蚀 ③ 应采用安全的结构形式防止遗址本体坍塌、掩埋、下沉或其他变形 ④ 围合、环绕或穿越遗址本体的展示通道、环廊、平台等应采用轻质结构，避免对遗址本体的破坏 ⑤ 防止设备管道和结构主体产生的冷凝水、结露水直接渗入遗址本体 ⑥ 采取有效的技术手段维持遗址温度、湿度和通风的恒定 ⑦ 有效清除遗址中根系类植物 ⑧ 缓冲区应优先选择通过空调技术手段实现外部环境变换对遗址本体的干扰 ⑨ 缓冲区应优先采用增加入口到遗址保护展示区距离的空间形式 ⑩ 缓冲区应采用有效的除菌和防尘措施对参观者进行过滤	依据遗址规模和分布形态确定，当条件允许时，宜采用覆盖遗址的建筑形式，建立封闭的遗址环境
砖石遗址	① 风化、酥粉、泛碱 ② 局部坍塌 ③ 变形、错置	① 采取有效的措施延缓遗址的风化 ② 采取有效措施加固遗址基础，包括结构措施和材料措施，防止遗址松动、滑落、断裂等破坏 ③ 控制合理适度的通风	依据遗址规模和分布形态确定，当条件允许时，宜采用覆盖遗址的建筑形式并建立封闭的保护环境，当遗址规模较大且分散时，宜可采取适度开敞或部分覆盖的建筑形式
木遗址	① 干裂、剥落 ② 霉变、泛碱 ③ 变形	① 就目前木遗址保护技术而言，宜采取相对封闭的水环境将遗址本体覆盖 ② 控制遗址核心区的相对湿度和自然通风以防止霉变、泛碱等病害 ③ 定期观测和检验水中的有机质 ④ 避免阳光和高温或放射性的光源直射于遗址表面	鉴于当前关于木遗址的保护技术，木遗址类遗址博物馆应优先采用覆盖遗址的建筑形式，并建立封闭的保护环境

图 6.2　不同材质类型对应图

（图片来源：《遗址博物馆建筑设计体系与导则研究》）

对地面遗址、地下遗址、山体及洞穴遗址、水下遗址等不同方位的遗址博物馆建筑形式、设计要点和技术措施提出如图 6.3 建议。

遗址空间方位	遗址存在形式	遗址安全存在的问题	设计要点和技术措施	建议采用的建筑形式
地面遗址	以开敞形式为主	① 遗址自身结构相对稳定 ② 受外界环境变化的干扰	减少外界环境变化对遗址的干扰	根据遗址规模、分布、材质、文物特征及保护措施等选择建筑形式
地下遗址	以封闭形式为主	① 遗址露明后会打破原有稳定的环境，受影响较大 ② 受地下水位变化及酸碱侵蚀影响 ③ 遗址本体的坍塌、侧倾、掩埋、下沉或其他变形	① 模拟遗址的地下环境并保证遗址环境的相对稳定 ② 采取有效的防水、防潮措施 ③ 监测并控制地下环境酸碱度变化 ④ 采取有效的遗址稳定和加固方案	应优先选择投盖遗址的建筑形式并保证遗址环境的相对封闭及稳定
山体及洞穴遗址	处于封闭或半封闭状态	① 滑坡、落石等地质灾害影响 ② 洞穴结构安全，坍塌、掩埋等破坏 ③ 洞穴形态变化(包括洞口、洞穴尺度等)造成内部原有环境的改变	① 采取有效的地质灾害防护措施 ② 对存在的结构隐患进行加固及支护 ③ 新增的建筑及设施不得改变洞穴内原有环境条件或应维持原有环境条件	在保证遗址原有环境条件不变和结构安全的前提下选择建筑形式
水下遗址	依据水环境的不同状况，可能处于封闭、开敞或半开敞的状态	① 暗流、涌流等 ② 水文变化 ③ 人为事故	① 除了维持遗址原状外，水下生态系统的平衡 ② 通过有效措施将遗址区和周边区域进行有限度的隔离，防止水下灾害、暗流、人为事故等对遗址造成破坏 ③ 建筑主体应保证水密闭性和结构的安全 ④ 保证参观公共区域有效的通风	水下遗址博物馆由位于现存于水下的遗址本体和由地面通向水下遗址的展示通道构成，遗址本体暴露在水中，展示通道则采用封闭透明的形式

注：遗址的存在形式与遗址的空间方位紧密联系。

图 6.3 不同空间方位对应图

(图片来源：《遗址博物馆建筑设计体系与导则研究》)

6.1.3 对用途和功能的影响

古遗址展示利用建设项目在设计阶段对用途和功能的影响因素包括建设项目的展示利用定位、阐释内容等，评估要点有以下两点（表6.3）：

表6.3 影响因素表（三）

评估指标			影响因素	评估要点	举例
Ⅰ级	Ⅱ级	Ⅲ级			
真实性完整性	用途和功能	原有功能	展示利用定位、阐释内容影响	展示利用定位是否与遗址的用途和功能相符	合浦汉墓群考古遗址公园
		现有功能		展示内容、分区、游线设计是否真实、完整阐释遗址的价值和内涵	

（1）展示利用定位是否与遗址的用途和功能相符。
（2）展示内容、分区、游线设计是否真实、完整阐释遗址的价值和内涵。

考虑到遗址的古今功能，展示利用的定位应避免与遗址的用途和功能反差过大，如将墓葬、祭祀场所利用为商业、娱乐场所等；展陈设施的展示内容、分区、游线设计等应真实、完整地阐释遗址的价值和内涵，避免误导。

上述评估可通过对遗址相关资料的收集、分析，问卷调查，专家咨询等方法进行。

6.1.4 对传统和技术的影响

古遗址展示利用建设项目在设计阶段对遗址传统和技术的影响主要体现在时代风格和工艺技术等方面。影响因素包括建设项目的展示利用方式等，评估要点有：遗址博物馆等展陈设施、管理服务设施对遗址的时代特点和工艺技术是否造成误导（表6.4）。

表6.4 影响因素表（四）

评估指标			影响因素	评估要点	举例
Ⅰ级	Ⅱ级	Ⅲ级			
真实性完整性	传统和技术	时代风格	展示利用方式	遗址博物馆等展陈设施、管理服务设施对遗址的时代特点和工艺技术是否造成误导	唐代遗址区新建的明清风格的建筑和设施
		工艺技术			

考虑到遗址的时代特征，展示利用建设项目如遗址博物馆（保护棚）等展陈设施、游客中心等服务设施的外形、艺术设计等应避免对遗址的时代特点和工艺技术造成误导。

上述评估可通过对基础资料的收集、分析，空间建模，专家咨询等方法进行。

6.1.5　对位置和环境的影响

古遗址展示利用建设项目在设计阶段对遗址位置和环境的影响主要体现在地理形态和空间关系等方面。影响因素包括建设项目的选址、建筑规模、形式等，评估要点有以下几点（表 6.5）：

表 6.5　影响因素表（五）

评估指标			影响因素	评估要点	举例
Ⅰ级	Ⅱ级	Ⅲ级			
真实性完整性	位置和环境	地理形态	选址、建筑规模、建筑形式、景观影响	遗址区水文、地质状况是否适于建设	铜绿山古铜矿遗址博物馆结构性裂缝 大浪古城码头遗址长期浸泡水中
				遗址博物馆等展陈设施选址是否破坏遗址环境的空间关系	大运河科技馆选址破坏分水龙王庙遗址空间关系
		空间关系		建筑规模、体量、形式与遗址环境是否和谐	牛河梁遗址第二地点博物馆
				基础设施与遗址环境是否和谐	良渚遗址水利系统西侧新建道路造成景观视线的影响

（1）遗址区水文、地质状况是否适于建设。
（2）遗址博物馆等展陈设施选址是否破坏遗址环境的空间关系。
（3）建筑规模、体量、形式与遗址环境是否和谐。
（4）基础设施与遗址环境是否和谐。

遗址与环境息息相关。遗址区水文地质条件不仅决定了展示利用建设项目的成败，也直接关乎遗址和人的安危。因此在水文、地质条件有隐患的前提下，不宜开展相关的展示利用建设项目。

考虑到遗址和环境的和谐关系，展示利用建设项目选址、选线、规模、体量、形式等方面应避免干扰和破坏遗址环境的和谐性。

上述评估可通过对基础资料的收集、分析，水文、地质的专项勘察，综合监测，空间关系建模分析等方法进行。对于水文、地质的勘察、监测应由专业的机构参与完成，提出的专项勘察结论应满足相关规范的要求。

对于遗址景观视线的影响可参考环境评估、景观评估和公路景观等评估中的敏感度方法，由视距、视角、视域、相容性等综合判断。

6.1.6 对精神和感觉的影响

古遗址展示利用建设项目在设计阶段对精神和感觉的影响因素包括展示利用的开放条件、公众和利益相关者等，评估要点有两点（表6.6）：

表 6.6 影响因素表（六）

评估指标			影响因素	评估要点	举例
Ⅰ级	Ⅱ级	Ⅲ级			
真实性 完整性	精神和 感觉	本地居民	开放条件、公众支持度	相关政策、规划是否支持	
		利益相关者		公众和利益相关者情感是否接受	公众对建设遗址公园的支持

（1）相关政策、规划是否支持。
（2）公众和利益相关者情感是否接受。

遗址的开放条件除遗址自身属性、自然环境属性之外，也与人文环境密切相关。考虑到遗址的土地性质、周边居民的生活、生产设施，展示利用建设项目应充分考虑与相关政策、规划的衔接，当地公众与利益相关者是否支持，避免因矛盾冲突影响到遗址的安全。

上述评估可通过对相关政策、规划的收集、分析，利益相关者的访谈、问卷调查，专家咨询等方法进行。

6.2 建设阶段影响因素

古遗址展示利用建设项目在建设阶段的影响因素包括施工场地布置、施工振动、建筑沉降、施工污染、施工周期和噪声等，评估要点有以下几点（表6.7）：
（1）施工阶段是否会发现潜在的遗存。
（2）施工场地布置对遗址是否造成扰动及破坏。

表 6.7　影响因素表（七）

评估指标			影响因素	评估要点	举例
Ⅰ级	Ⅱ级	Ⅲ级			
真实性完整性	外形和设计	总体格局	选址	- 施工阶段是否会发现潜在的遗存	
		本体形式			
	材料和实体	实体结构	施工场地布置不合理施工振动、建筑沉降施工污染	- 施工场地布置对遗址是否造成扰动及破坏 - 施工前是否对露明遗址进行有效保护 - 遗址博物馆等展陈设施的基础沉降对遗址是否造成扰动及破坏 - 施工振动对遗址是否造成扰动及破坏 - 施工期的污水、垃圾、尘土等对遗址是否造成扰动及破坏	喇家遗址 3 号、4 号保护棚施工现场
		构筑材料			
	用途和功能	原有功能			
		现有功能			
	传统和技术	时代风格			
		工艺技术			
	位置和环境	地理形态	施工场地布置不合理和施工污染	- 施工场地布置对遗址环境是否造成扰动及破坏 - 施工期的污水、垃圾、尘土等对遗址环境是否造成扰动及破坏	- 喇家遗址 3 号、4 号保护棚施工现场 - 良渚遗址水利系统西侧道路施工
		空间关系			
	精神和感觉	本地居民	施工周期、噪声影响	- 施工周期安排是否合理，是否照顾到利益相关者的情感 - 施工噪声是否满足当地居民的需求	
		利益相关者			

（3）施工前是否对露明遗址进行有效保护。

（4）遗址博物馆等展陈设施的基础沉降对遗址是否造成扰动及破坏。

（5）施工振动对遗址是否造成扰动及破坏。

（6）施工期的污水、垃圾、尘土等对遗址是否造成扰动及破坏。

（7）施工场地布置对遗址环境是否造成扰动及破坏。

（8）施工期的污水、垃圾、尘土等对遗址环境是否造成扰动及破坏。

（9）施工周期安排是否合理，是否照顾到利益相关者的情感。

（10）施工噪声是否满足当地居民的需求。

上述评估可通过对基础资料的收集、分析，考古勘探，工程场地的专项勘察，综合监测，数学建模分析，利益相关者访谈，专家咨询等方法进行。

对于工程场地的勘察、监测应由专业的机构参与完成，提出的专项勘察结论应满足相关规范的要求。

对于施工振动和建筑沉降等通过数学建模分析，参照不同工程类型的相关标准和风险控制规范加以评估判断（参考指标详见附录二）。

对于施工污水、垃圾、尘土等评估应以环境评价结论为主要依据，或参考环境评估的相关标准。

6.3 运营阶段影响因素

古遗址展示利用建设项目在运营阶段的影响因素包括建筑沉降、结构老化、运营污染、景观生长、交通疏导、游客和宣传教育等，评估要点有以下几点（表6.8）：

（1）运营期的建筑沉降、结构老化等对遗址是否造成扰动及破坏。
（2）运营期的污水、垃圾对遗址是否造成扰动及破坏。
（3）运营期的交通累积振动对遗址是否造成扰动及破坏。
（4）景观生长对遗址是否造成扰动及破坏。
（5）游客对遗址是否造成扰动及破坏（直接破坏和微生物侵蚀）。
（6）运营期污水垃圾对遗址环境是否造成扰动及破坏。
（7）景观生长对遗址环境是否造成扰动及破坏。
（8）游客管理、交通疏导是否合理，是否照顾到利益相关者的情感。
（9）宣传教育是否满足当地居民的需求。

表 6.8 影响因素表（八）

评估指标			影响因素	评估要点	举例
Ⅰ级	Ⅱ级	Ⅲ级			
真实性 完整性	外形和设计	总体格局			
		本体形式			
	材料和实体	实体结构	建筑沉降、结构老化、污水、垃圾、景观生长、游客	- 运营期的建筑沉降、结构老化等对遗址是否造成扰动及破坏 - 运营期的污水、垃圾对遗址是否造成扰动及破坏 - 运营期的交通累积振动对遗址是否造成扰动及破坏 - 景观生长对遗址是否造成扰动及破坏 - 游客对遗址是否造成扰动及破坏（直接破坏和微生物侵蚀）	- 喇家遗址1号保护棚顶棚渗漏 - 牛河梁遗址第二地点保护展示馆毗邻锦承铁路造成的交通累积振动
		构筑材料			

续表

评估指标			影响因素	评估要点	举例
Ⅰ级	Ⅱ级	Ⅲ级			
真实性完整性	用途和功能	原有功能			
		现有功能			
	传统和技术	时代风格			
		工艺技术			
	位置和环境	地理形态	污水、垃圾、景观生长	- 运营期污水垃圾对遗址环境是否造成扰动及破坏	
		空间关系		- 景观生长对遗址环境是否造成扰动及破坏	
	精神和感觉	本地居民	游客、交通疏导、宣传教育	- 游客管理、交通疏导是否合理，是否照顾到利益相关者的情感	
		利益相关者		- 宣传教育是否满足当地居民的需求	

上述评估可通过对基础资料的收集、分析，考古勘探，工程场地的专项勘察，综合监测，数学建模分析，利益相关者访谈，专家咨询等方法进行。

对于运营期的交通累积振动和建筑沉降等通过数学建模分析，参照不同工程类型的相关标准和风险控制规范加以评估判断（参考指标详见附录二）。

对于运营期污水、垃圾、尘土、游客、交通等的评估应参考环境评估的相关标准，或以环境评价结论为主要依据。

6.4 评估参考要点及指标

我们对古遗址类文物开展展示利用建设项目影响评估研究中，在按照前文真实性、完整性影响因素进行综合考虑时，也总结出针对遗址本体、景观视线、沉降及振动的一些评估要点和参考标准，可以作为定性或定量评估的依据。

6.4.1 遗址本体影响评估参考要点

针对遗址本体，可以根据不同建设项目类型、不同建筑结构材料、不同气候条件、不同遗址类型，参考以下一些评估要点进行评估。

1. 不同建设项目类型

评估要点见表 6.9。

表 6.9 不同建设项目类型评估要点

建设项目类型	与遗址关系	影响评估的要点
遗址博物馆（保护棚）	覆盖、占压、打破、毗邻	- 建筑选址 应首要关注对遗址的格局和遗迹之间的关联性是否造成扰动和破坏；场地水文、地质条件是否满足安全要求，是否存在地质灾害隐患 - 建筑设计 应首要考虑对露明遗址本体的最佳保护和建筑设计规范要求之间能否达成平衡；建筑规模、体量、形式等应考虑对遗址和环境最小扰动和满足建筑空间效果和功能能否达成平衡；建筑形制、材料要结合不同的遗址类型和不同的气候条件合理选择；总体而言，透明或半透明、阳光能直射遗址的建筑顶棚不利于土遗址保护。应考虑防火设计是否满足要求；应考虑建筑内部的通风、消防等设备设施的摆放位置是否会对遗址造成影响 - 结构设计 应首先考虑结构形式是否满足安全和展示要求。结构设计宜考虑关键构件的可替换性，同时应考虑施工方案的可行性。围合、环绕或穿越遗址本体的展示通道、环廊、平台等是否采用轻质，是否存在对遗址的潜在隐患。结构设计中的构件、节点形式是否满足安全要求和正常使用要求。结构设计中是否考虑了地震作用 - 建筑基础与沉降 应关注建筑基坑距遗址的安全距离，评估沉降对遗址可能带来的影响可参考后附标准三。此外，对于建筑的基础形式和基础埋置深度应进行评估，应同时保证遗址本体的安全和建筑自身的安全。对于既有的遗址博物馆，应关注基础的安全状态 - 施工 应预估施工与设计不符可能造成的潜在影响；预估临时保护措施的可靠性。应评估施工过程中的施工振动是否符合要求，相应的施工隔振措施是否有效。应评估施工中具有较大施工难度的工序，控制施工风险，防止因施工不当造成的遗址破坏及损伤 - 结构变形及材料老化 应考虑结构变形及材料老化可能造成的潜在影响。应评估既有建筑的结构变形是否满足相关的变形限值要求；应评估材料的耐久性，防止因材料的耐久性不足影响建筑的正常使用及威胁结构安全
公共服务建筑	毗邻、占压、打破	- 建筑选址 应首要关注是否占压和破坏遗址；应考虑对遗址的格局和遗迹之间的关联性是否造成扰动和破坏 - 建筑设计 应考虑对遗址的时代特点是否造成误导；应考虑规模、体量、形式等与环境的协调性 - 建筑基础与沉降 应关注建筑基坑距离遗址的安全距离，评估沉降对遗址可能带来的影响（可参考后附标准三）
景观设施	淹没、占压、打破	- 景观误导 应重点关注景观设施对遗址的原有格局和形式是否造成误导，对遗址区环境是否造成误导 - 水景观 应首要考虑水景观是否干扰和破坏遗址的现存状态
基础设施	毗邻、穿越、跨越	- 选线 应首要关注是否穿越和破坏遗址，应考虑规模、体量、形式等与环境的协调性 - 交通振动 应考虑振动对露明遗址的扰动和破坏，应关注与周边现存的交通干线的叠加和累积振动影响

2. 不同结构材料

评估要点见表 6.10。

表 6.10　不同结构材料评估要点

结构材料	主要特点	影响评估的要点
钢结构	构件的可替换性较强，便于维护，对遗址影响小。防火性能较差	- 防火设计　应关注钢结构展示利用建构筑物是否根据《建筑设计防火规范》规定，设计耐火等级为一级，在总体布置上要求建筑物四周消防通道畅通，能保证消防车通过，建筑物要保证两个长边或三边可通过消防车。在建筑物内按规定设置一定数量的消火栓和灭火器。室内消防给水系统应与生活给水系统分开独立设置。内部展陈及室内装修必须严格按现行国家标准《建筑内部装修设计防火规范》的有关规定执行 - 消防监控和日常管理　应关注钢结构展示利用建构筑物在运营期的消防监控和日常管理是否规范、到位 - 结构变形及材料老化　钢结构对于温度作用比较敏感，应评估在温差变化较剧烈地区钢结构收缩膨胀造成的结构构件及节点变形量是否满足安全限值要求，是否满足正常使用要求；材料老化是影响材料耐久性的重要因素，严重影响建筑结构的使用寿命，应注重对材料耐久性的评估 - 构件构造及节点构造　钢结构的稳定性是重要的评估内容。应评估钢构件构造及节点构造是否存在缺陷，是否影响结构安全和正常工作
钢筋混凝土结构	防火性能较好，构件的可替换性较差	- 建筑基础与沉降　应关注建筑基坑距离遗址的安全距离，评估沉降对遗址可能带来的影响（可参考后附标准三）。应评估结构形式是否满足遗址展示的要求，是否满足安全性和抗震性能的相关要求；应评估基础的形式和埋置深度，是否影响遗址本体安全和建筑结构安全；应评估施工扬尘和施工振动对遗址的影响程度；应评估相应的施工隔振措施的有效性
砌体结构和木结构	传统建筑结构，一般为小型的建筑	- 应关注防火和消防建控管理。应评估结构形式是否满足遗址展示要求；应评估结构的安全性和抗震性能；应评估整体结构布置和结构构造的合理性；应评估既有建筑的整体变形和构件变形量是否满足限值要求；应评估既有建筑结构构件是否存在损伤或缺陷
玻璃	透光度好，加速遗址的破坏，玻璃上的污垢、水汽等往往影响展示效果	- 光环境　应关注阳光是否直接照射遗址，设计是否考虑了光环境调控，通过对自然光的监测，进行光环境管理，监测参数包括：①遗址本体表面照度；②遗址本体表面紫外线；③遗址本体表面红外线。光环境监测系统应与控制系统连接，对照明以及自然采光进行控制和调节 - 通风　潮湿环境下应关注遗址的通风问题 - 展示效果　应关注展示运营期的日常管理和维护

3. 不同气候环境条件

评估要点见表 6.11。

表 6.11 不同气候环境条件评估要点

气候环境特点	遗址主要病害类型	影响评估的要点
寒冷环境	冻融、形变	- 冻融　展示利用首要考虑遗址区存在的冻融问题，避免露明展示直接破坏遗址的稳定性。遗址博物馆（保护棚）等建设项目首要解决冻融问题 - 通风　良好的通风设计可以降低露明遗址表层的含水率，避免遗址出现严重的收缩膨胀，在极寒天气下也不易发生冻结现象 - 含水率监测　必要的监测可以发现遗址博物馆（保护棚）等展示利用建设项目的渗水、漏水等问题，以便及时进行补救
炎热环境	干裂、氧化、形变	- 避光隔热　阳光强烈气温较高地区，遗址博物馆（保护棚）等展示利用建设项目的设计应注意避光隔热，有效防止馆内极端高温的出现
干旱环境	干裂、氧化、降尘、反碱、沙化	- 避光　干旱地区往往阳光强烈，遗址博物馆（保护棚）等展示利用建设项目的设计应注意避光，有效防止本体阳光直射的问题 - 昼夜温差　展示利用需要关注干旱地区昼夜温差较大，引起的破坏遗址温湿度平衡的状态 - 防尘防沙　展示利用需要关注干旱地区的降尘和风沙
潮湿环境	霉菌、析盐、形变	- 霉菌　展示利用首要考虑遗址区存在的水的问题，避免露明展示直接破坏遗址的地下平衡状态。遗址博物馆（保护棚）等建设项目首要解决水问题。对地下水位较低的环境，需重点关注侧面隔水问题；对地下水位较高的环境，还要考虑底部隔水的问题 - 通风　展示利用需要关注通风问题。通过加强通风等方法来控制遗址土体的含水率，在保持环境稳定和控制空气湿度和土体含水率中找到一个平衡 - 植物生长　展示利用需要关注光照引起的植物生长问题 - 含水率监测　必要的监测可以发现遗址博物馆（保护棚）等展示利用建设项目的渗水、漏水等问题，以便及时进行补救

注：在不同的气候环境条件下，还应结合遗址的材质综合评估，如不同土体的物理、力学性质不同，黄土相对容易保存；淤泥土易坍塌；膨胀土易开裂。

4. 不同遗址类型

评估要点见表 6.12。

表 6.12　不同遗址类型评估要点

遗址类型	主要特点	影响评估的要点
聚落遗址（城址）	- 聚落往往具有特定的空间布局、环境要素 - 城址往往是地下遗址和地上遗址相结合 - 城址往往延续时间很长，兴衰更替	- 展示利用应首要考虑选址不能破坏聚落的空间布局，干扰或误导遗存间的关联性 - 遗址博物馆等展陈设施的形制不能破坏或干扰聚落遗址的环境要素 - 展示利用应关注遗址价值体现的典型时代风格
矿冶遗址	- 矿冶遗址往往处于地质条件复杂、地质灾害严重区域 - 遗址深处巷道等遗存底部的通风问题很难解决，空气不流通，湿度很大，本体含水率很高，极易滋生霉变	- 展示利用应首要考虑复杂的地质条件和潜在的地质灾害能否确保遗址安全 - 展示利用需要考虑降低深处遗存含水率的方法，必要时考虑化学加固、防水和杀霉处理等方法 - 含水率监测　必要的监测可以发现遗址的病害，以便及时进行补救
洞穴遗址	- 滑坡、落石等地质灾害和水害极易破坏洞穴的结构安全，从而破坏文化层 - 洞穴遗址往往与周边环境关系密切	- 展示利用应首要考虑洞穴的地质灾害和水害问题能否妥善解决 - 遗址博物馆等展陈设施的形制不能破坏或干扰洞穴遗址的环境要素
水利遗址	- 水利遗址往往局部依然发挥着原有功能	- 展示利用应重点关注活态遗产功能延续和本体保护之间的关系问题 - 对已经丧失原有功能的遗址进行展示利用，应首要关注本体保护问题
窑址	- 窑址往往散落着大量的窑具、半成品和陶瓷残片	- 析盐对陶瓷制品腐蚀较强，展示利用应重点关注控制析盐的问题

6.4.2　景观视线影响评估参考标准

针对景观视线影响，可以根据相关环境、景观评估标准规范，结合遗址视线敏感性进行综合判断，视线敏感性主要依据视距、视域等予以确定。

（1）视距指观测点与被观测对象之间的距离。

　　近距　与遗址距离小于 400 米。

　　中距　与遗址距离为 400~800 米。

　　中远距　与遗址距离为 800~1600 米。

　　远距　与遗址距离大于 1600 米。

（2）垂直视域（视角）指正常人的眼睛在静止时，所能看到的视场范围。

　　大视角　与遗址视角或视线坡度＞45°。

中视角　　与遗址视角或视线坡度 30°～45°。

中小视角　　与遗址视角或视线坡度 10°～30°。

小视角　　与遗址视角或视线坡度 <10°。

（3）水平视域。

大视域　　与遗址观测点水平视域范围 >45°。

中视域　　与遗址观测点水平视域范围 30°～45°。

中小视域　　与遗址观测点水平视域范围 10°～30°。

小视域　　与遗址观测点水平视域范围 <10°。

一般而言，视距越远，视域越小，敏感性越低；同时，敏感性还应考虑到建设项目与环境的对比度，如形体、线条、色彩、质地和动静的对比度越高，敏感性越高（表 6.13）。

表 6.13　建设项目常用控制高度参照表

视角（°） 建筑高度	<10°	10°～30°	30°～45°	>45°
6m	34m	34～10.4m	10.4～6m	6m
9m	51m	51～15.6m	15.6～9m	9m
18m	102.1m	102.1～31.2m	31.2～18m	18m
30m	170m	170～52m	52～30m	30m

6.4.3　建设工程沉降影响参考标准

1. 基坑沉降影响

针对基坑沉降影响，可以参考由建筑行业大量的基坑工程实测数据得出的《基坑开挖对周围地表沉降的简化计算》。该计算统计了墙后地表的垂直变形特性，沉降曲线公式为：

$$\delta_r = \begin{cases} \delta_{v,max}(x/H+0.5) & 0 \leq x \leq 0.5H \\ \delta_{v,max}(-0.6x/H+1.3) & 0.5H \leq x \leq 2H \\ \delta_{v,max}(-0.05x/H+0.2) & 2H \leq x \leq 4H \end{cases}$$

式中，$\delta_{v,max}$ 为地面最大沉降量；H 为基坑开挖深度；x 为坑外地表沉降点至基坑开挖面的距离。上述公式表达含义为：坑外地表最大沉降位于墙后 $0.5H$ 处，紧靠墙体处地表沉降为最大沉降的 0.5 倍，墙后 $0\sim2H$ 范围内为沉降主影响区域，$2\sim4H$ 为沉降次影响区域，在 $4H$ 外的范围地表沉降近似为 0，即地表沉降影响单位为坑外 $4H$。依据这些实测数据，我们可以制订影响程度参数表（表 6.14）。

表 6.14 基坑沉降影响参数表

基坑位置	地表沉降影响区域	影响大小
小于 0.5H	最大沉降区	极大
0.5～2H	主沉降区	大
2～4H	次沉降区	中小
大于 4H	无沉降区	忽略

2. 大型地下工程沉降影响

大型地下工程影响评估可参考《城市轨道交通运营管理办法》第二十条规定："城市轨道交通应当在以下范围设置控制保护区：（一）地下车站与隧道周边外侧 50 米内；（二）地面和高架车站以及线路轨道外边线外侧 30 米内；（三）出入口、通风亭、变电站等建筑物、构筑物外边线外侧 10 米内。"

施工期间影响即车站与区间施工时对文物产生的影响。根据规范《城市轨道交通地下工程建设风险管理规范》（GB 50652-2011）7.3 节及条文说明，对于明挖法和盖挖法车站施工，安全距离不小于 $2.0H$。一般地下两层车站基坑深度为 15～16.5 米，端头井 18 米左右，因此可取保护距离为 35 米；地下三层车站基坑深度 22～23 米，因此可取保护距离为 45 米；车站附属基坑深度一般 10 米左右，取保护距离 20 米。对于盾构法区间施工，安全距离不小于 $1.0D$，盾构直径为 6.2 米，因此可取保护距离为 6.2 米。

结合以上要求，可确定施工期间文物沉降主要影响范围。

（1）地下两层车站主体：主体轮廓外扩 35 米。
（2）地下三层车站主体：主体轮廓外扩 45 米。
（3）车站附属：附属轮廓外扩 20 米。
（4）区间：区间轮廓外扩 6.2 米。

大型地下工程影响程度分级可参考基坑影响程度分级表（表 6.14）。

6.4.4 振动影响参考标准

1. 交通振动

针对振动影响，考虑到地下遗址处于相对稳定状态，《古建筑防工业振动技术规范》（GB/T 50452-2008）等现行规范标准并不适用。

地上遗址可参考《古建筑防工业振动技术规范》，距离地铁振源 50 米处，地面振动速度为 0.166mm/s，接近文物建筑容许振动速度。参考《环境影响评价技术导则城市轨道交通》（HJ 453-2008）8.1.4 节条文："环境振动及文物振动影响评价范围为距地下线路外轨中心线两侧 60 米；室内二次结构噪声影响评价范围为隧道垂直上方至外轨中心线两侧 10 米。必要时，可根据工程及环境的实际情况适当扩大。"（表 6.15）

表 6.15 影响地铁振动的因素参数表

序号	影响因素	具体参数
1	车辆	列车运行速度、荷载、车厢长度、列车主要悬挂刚度和阻尼、车轮表面状况、轮轨间蠕滑系数、轮轨牵引电机、齿轮传动、列车高速运行产生的气流
2	轨道	轨道线路曲率、坡度、钢轨踏面状况、轨道质量、刚度、阻尼、钢轨紧固件间隙
3	道床	道床类型、道床构筑结构、道床隔振条件
4	隧道	隧道埋深、隧道壁厚度、隧道结构尺寸和形状、隧道基础、隧道衬砌结构类型
5	地质条件	土层及岩石成分、密度、弹性模量、剪力模量、剪切系数和损失因子、地形条件

公路交通振动可根据以上要求，结合实际情况予以确定。

2. 施工振动

建设施工时，施工器材及挖掘土体造成的振动主要体现在机械施工时诱发的振动以及运输车辆诱发的振动。根据建筑行业实测的主要施工机械和重型运输车辆振值，结合实际情况予以评估（表 6.16）。

表 6.16 主要施工机械振值 D（dB）

施工机械	距离（m）			
	20	30	40	50
钻孔机	77～80	73～76	70～72	62～63
挖掘机	74～76	69～71	65～67	60～62
压路机	77	71	67	61
空压机	75～78	71～73	65～68	59～63
推土机	75	68	64	58
重型运输车辆	68～70	64～66	60～63	52～55

3. 叠加振动

振动往往不是单一的振源影响。针对叠加振动影响，应将遗址的现状结构水平振动速度叠加建设项目施工时，和交通线路运行时的结构最大水平速度响应后，得出最大可能振动速度，进而综合分析建设项目在建设和运营期间对所涉及遗址的叠加振动影响。

第七章

文物影响评估实例研究

本章通过实地调研、现场勘察、采样分析和室内研究等评估手段和方法，实例核校古遗址展示利用建设项目文物影响评估体系的实用性，以及影响因素和评估指标的全面性和准确性等。

实例研究的选取标准既兼顾了古遗址类型、展示利用建设项目类型，也考虑了地域性、气候环境特征等特点。主要见表7.1。

表7.1 实例研究对象分类表

地域	遗址名称	类型	时代	材质	建设项目类型
东北地区	牛河梁遗址	聚落遗址	史前	石、土	第二地点遗址保护棚
	五女山城遗址	山城遗址	高句丽	石	管理用房和停车场
西北地区	喇家遗址	聚落遗址	史前	土	1、3、4号遗址保护棚
华北地区	邢窑遗址	窑址	北朝唐代	土、砖	遗址博物馆（保护棚）
华中地区	铜绿山遗址	矿冶遗址	商—汉	土、木	遗址博物馆老馆、新馆
西南地区	杜甫草堂遗址	聚落址	唐代	土	遗址博物馆
华东地区	南旺枢纽遗址	水利遗址	元、明	土、砖、石、木	大运河科技馆、河道遗址保护棚
	明故宫遗址	皇城遗址	明代	砖、石	城市轨道交通
	良渚遗址	聚落遗址	史前	土	公路
华南地区	合浦汉墓群	墓葬	汉代	土、砖	汉墓保护棚、2号墓复原展示

注：考虑到实例研究应涵盖展示利用建设项目的主要类型，特增加了涉及明故宫遗址的城市轨道交通建设项目和涉及良渚遗址的公路建设项目。

7.1 牛河梁遗址第二地点保护展示馆

牛河梁遗址被发掘之后,从 20 世纪 90 年代起为了遗址保护与展示开始进行评估和规划。遗址区于 2008 年启动牛河梁国家考古遗址公园项目建设,开放区域包括第一地点(女神庙)保护展示馆、第二地点(积石冢、祭坛)保护展示馆、牛河梁遗址博物馆综合馆。其中第二地点保护展示馆建筑面积 7214 平方米,主体为可逆钢结构形式,外挂氧化铜装饰板。屋面罩棚展开面积 10900 平方米,总重量 1580 吨,最大结构跨度 161 米。工程于 2009 年动工,2012 年建设完成。未进行过文物影响评估。

7.1.1 遗址概况

牛河梁遗址是红山文化一处规模宏大的祭祀性遗址群。遗址群内分布大型的积石冢、女神庙、巨型石砌高台和大型祭祀平台等,是国内同期罕见的祭祀性建筑,具有突出价值。牛河梁遗址的墓葬还出土了一批具有典型时代特征和地域特色的玉器,它们的组合关系反映出墓葬的等级规格,反映了红山文化晚期的玉礼制系统,这对中国文明及整个东北亚远古文化都有着重要影响。红山文化遗存是遗址区内发现最多的遗存,除了已经编号的 16 处地点外,经过历年调查及文物普查,又在遗址区域内发现红山文化遗址点 27 处,其中大部分是积石冢。

第二地点祭坛和积石冢遗址位于建平县富山乡张福店村马家沟村民组西 830 米、牛河梁山梁南段一鞍脊状山岗上。海拔约 625 米,村民又称其为"西梁"。第二地点正北方向的牛河梁梁顶就是第一地点"女神庙"遗址所在地,两个地点相距 1050 米。

7.1.2 第二地点价值认识

第二地点总体范围东西长 130 米,南北宽 45 米,共占地 5850 平方米。由六个单元组成。三号圆形祭坛西侧为一、二号冢,东侧为四、五号冢,北侧是六号冢,因北侧遗迹保存较差,疑似积石冢,所以暂称为冢六,就这样构成了"五冢一坛"的形式(图 7.1)。

第二地点积石冢内的墓葬已经体现出等级形式,墓葬规格已有高低之分,随葬玉器的多寡与规格也各不相同。第二地点一号冢21号墓是红山文化领域单个墓葬随葬玉器最多的一座墓葬，共随葬20件玉器。第二地点二号冢一号墓是第二地点的中心大墓，规格最高，四周砌筑石墙，内部四面砌有石阶，墓葬深造于基岩，石棺宽大且齐整。可以说已经形成了"一人独尊""王者之上"的思想理念。陶筒形器是当时极具特色的一种陶祭器，上无盖、下无底，摆放在冢界周围，在祭祀时起到上通天、下通地的作用，也可以理解为祖先的灵魂可以出入自由。第二地点一号冢4号墓出土两件玉猪龙，一青一白，背对着头向下摆放，双腿交叉，头下枕着典型玉器玉斜口筒形器。三件玉器的发现，证实第二地点乃至整个牛河梁遗址群是属于红山文化的大型祭祀遗址（图7.2）。

图7.1　牛河梁遗址第二地点全景，自东向西
（图片来源：滕磊/摄）

图7.2　牛河梁遗址第二地点祭坛遗址
（图片来源：滕磊/摄）

7.1.3　主要影响因素分析

1. 建筑选址对遗址本体的影响

第二地点是呈东西向狭长的区域，东西向长140米，南北向长50米，南侧43米处为锦承铁路，北侧紧邻101国道。锦承铁路在遗址点南侧形成了人工切坡临空面。随人工切坡的影响，在地层结构、雨水影响、遗址点保护设施荷载等不利因素的作用下，遗址点斜坡前缘发生断裂、鼓胀，并伴随斜坡蠕滑变形，存在滑坡地质灾害隐患，严重影响遗址的稳定与安全。

由于锦承铁路没有改线计划，该条交通线在保护展示馆建好以后，形成了持续性的振动影响（图7.3）。我们还了解到，锦承铁路正在进行电气化改造，有计划地提高铁路运速和运力。《列车运行对周围地面振动影响的试验研究》中指出：列车引起的地面振动速度、加速度振级均随着列车速度的提高和轴重的增加而增大。速度每小时提高10千米，速度振级和加速度振级均增大约3dB；车速相同的货车比客车引起的速度振级竖向大10dB左右，横向大5~15dB；加速度振级竖向大 12dB，横向大 8dB。钢轨接缝附近地面的振动比无接缝附近的地面振动大，速度振级大 2~6dB。振动随着距振源距离的增大而逐渐减小，竖向振级的衰减过程表现出一定的波动性；横向振级的衰减随距离增大而减小。

我们在保护展示馆内进行现场调查时明显感觉到铁路带来的较强烈的振动，且在遗址点前缘已经发生断

图 7.3　锦承铁路从牛河梁遗址第二地点旁通过
（图片来源：中冶[①]/摄）

裂、鼓胀，伴随斜坡蠕动变形，挡土墙存在裂缝及挡土墙顶部地表沉降。

2. 建筑设计对文物本体的影响

基于文物保护的要求，保护展示馆在设计招标时对结构设计提出了如下要求：为避免切割遗址，跨度要足够大；为减小结构基础对遗址的干扰，结构要足够轻、拱推力要足够小。在此原则下，同时为满足建筑室内空间效果和功能要求，主体钢结构选用平面钢管相贯桁架结构体系，主要由内环桁架、外环桁架、径向桁架和支撑系统组成。保护篷建筑为椭球体，结构中部为直径 15 米的"天眼"，长短轴之比为 3.0，短轴最大跨度只有 53 米。基础设计采用大直径人工挖孔桩，桩径为 800 毫米，桩基持力层为第 3 层强风化片麻岩，埋深 5.80~8.20 米，单桩竖向承载力特征值为 803kN，单桩水平承载力特征值为 320kN。

经现场调研发现，钢结构受温度作用影响，收缩膨胀效应明显。在昼夜交替时可听到钢结构构件相互挤压摩擦的巨大声响。钢结构构件的过大变形可能会引发建筑做法失效等问题，如结构构件变形后可能导致建筑密封做法失效，引发漏水等问题。

保护展示馆的基础直接坐落于遗址挖掘区内部，基础部位的局部沉降、变形会造成遗址区的土体开裂（图 7.4~图 7.7）。

保护展示馆的空调通风口设置在距离遗址区较近的位置，不利于毗邻土体保持适宜的温湿度，从而对遗址土体造成影响（图 7.8）。

为了更进一步了解保护展示馆内遗址的保存状况，我们对遗址进行了空气温湿度和土体温度及含水率的监测。放于遗址内及遗址外的若干位置自动记录，设置的测量间隔时间为 1 小时（图 7.9、图 7.10）。

---

① 中冶：指中冶集团国检中心张文革团队，以下均简称"中冶"。

图 7.4 牛河梁遗址第二地点保护展示馆基础
（图片来源：滕磊/摄）

图 7.5 牛河梁遗址第二地点保护展示馆基础旁的土体开裂现象
（图片来源：滕磊/摄）

图 7.6 牛河梁遗址第二地点土体出现明显裂缝
（图片来源：滕磊/摄）

图 7.7 在牛河梁遗址第二地点变形观测
（图片来源：滕磊/摄）

图 7.8 牛河梁遗址第二地点祭坛遗址的通风口正对遗址
（图片来源：中冶/制）

图 7.10 在牛河梁遗址第二地点室外放置观测试块
（图片来源：滕磊/摄）

图 7.9 在牛河梁遗址第二地点设置温湿度记录仪
（图片来源：滕磊/摄）

保护展示馆在设计时考虑了避免阳光过强的照射，以及通风的问题，馆内空气温湿度波动小于馆外，相对湿度总体较小。馆内遗址虽有裂缝，但在极低的土体含水率下基本能保持稳定（表7.2～表7.5，图7.11、图7.12）。

表7.2 牛河梁遗址安装空气温湿度记录仪器位置表

	空气温湿度记录仪名称	位置	记录时间
牛河梁遗址	NHL-1	博物馆内东侧墙角泗水处	2016/4/19～2017/4/15
	NHL-2	博物馆内参观走廊的柱上，离地面约1米	2016/4/19～2017/4/15
	NHL-3	博物馆外屋檐下方	2016/4/19～2017/4/15

表7.3 遗址土体温度和含水率监测仪器安装位置表

牛河梁遗址	NHL-N	博物馆内遗址本体区域南侧	含水率探头 NHL-N-S	地表下25～30厘米	2016/4/19～2016/10/5；2016/12/8～2017/4/15
			温度探头 NHL-N-1	地表下25～30厘米	
			温度探头 NHL-N-2	距地表5厘米以内	
	NHL-W	博物馆外	含水率探头 NHL-W-S	地表下25～30厘米	2016/5/6～2016/10/5；2016/12/8～2017/4/15
			温度探头 NHL-W-1	地表下25～30厘米	
			温度探头 NHL-W-2	距地表5厘米以内	

表7.4 牛河梁遗址空气温湿度记录仪数据特征总结表

	最高温（℃）	最高温出现时间	最低温（℃）	最低温出现时间	平均温度（℃）	标准差（℃）
NHL-1	26.2	2016/8/14，18:00	-7.5	2017/1/22，8:00	10.9	9.80
NHL-2	30.3	2016/7/10，18:00	-8.3	2017/1/23，8:00	12.0	10.57
NHL-3	36.9	2016/7/10，14:00	-17.6	2017/1/20，7:00	11.0	12.04

	最大相对湿度（%）	最大相对湿度出现时间	最小相对湿度（%）	最小相对湿度出现时间	平均相对湿度（%）	标准差（%）
NHL-1	90.1	2016/7/24，1:00	21.2	2017/4/11，20:00	51.3	14.86
NHL-2	86.4	2016/7/21，12:00	17.1	2016/5/29，10:00	48.1	13.04
NHL-3	99.4	2016/7/21，10:00	6.3	2016/4/22，17:00	51.0	22.01

表7.5 牛河梁遗址土体温度数据特征总结表

	最高温（℃）	最高温出现时间	最低温（℃）	最低温出现时间（℃）	平均温度（℃）	标准差（℃）
NHL-N-1	20.9	2016/8/19，部分时段	3.8	2017/2/14，部分时段	12.3	5.76
NHL-N-2	24.0	2016/8/15，上午	0.2	2017/1/24，15:00	12.4	7.65
2016年5月6日至2016年10月5日						
NHL-W-1	29.0	2016/7/12，凌晨	13.4	2016/5/6，中午	22.3	3.33
NHL-W-2	36.9	2016/7/10，15:00	9.8	2016/5/13，7:00	23.4	4.71
2016年12月8日至2017年4月15日						
NHL-W-1	13.5	2017/4/15，4:00	-7.7	2017/1/24，16:00	-0.7	5.07
NHL-W-2	18.7	2017/4/14，15:00	-10.9	2017/1/23，8:00	-1.0	6.52

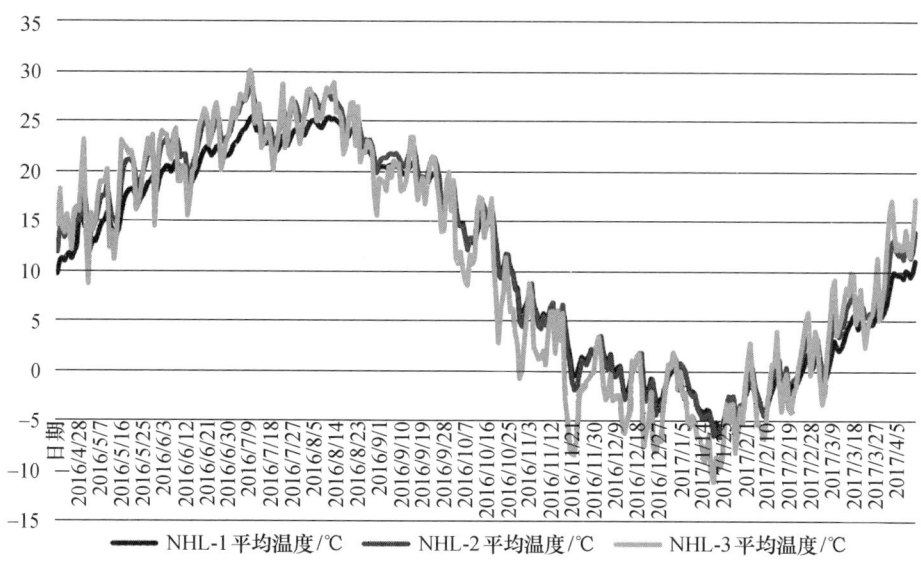

图 7.11　NHL-1、NHL-2 和 NHL-3 记录每日平均温度随日期变化图
（图片来源：北大[①]/制）

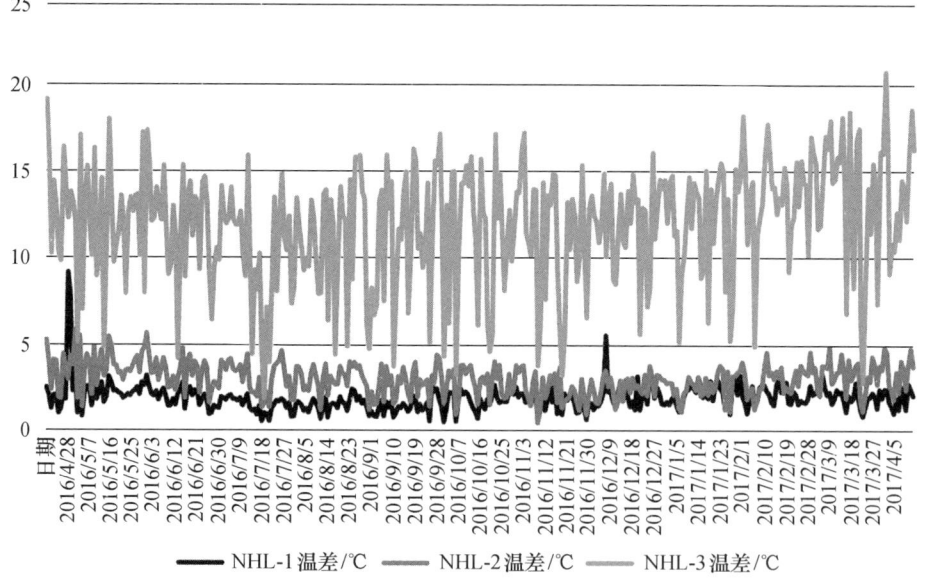

图 7.12　NHL-1、NHL-2 和 NHL-3 记录每日最大温差随日期变化图
（图片来源：北大/制）

---

① 北大：指北京大学周双林教授团队，以下均简称"北大"。

馆东壁渗水，北壁在下雨时会有雨滴进入；含水率监测在最大的一场降雨后有短时快速增大，明显高于馆内正常值的现象，说明渗水影响区域比肉眼可见的更大。结合遗址土的物理性质，如果含水率达到稍高的水平，很容易就对遗址造成危害。

3. 建筑施工缺陷对文物本体的影响

现场调研发现，东侧墙体底部和北侧存在雨水渗漏痕迹，据博物馆工作人员介绍，这片区域在夏天时确实出现了漏雨和洇水现象，可能与建筑做法缺陷或损伤有关（图7.13）。

4. 建筑运营管理对游客的影响

第二地点保护展示馆建筑面积7214平方米，屋面罩棚展开面积10900平方米，总重量1580吨，最大结构跨度161米。尽管设计时考虑到节能，但对于管

图7.13　牛河梁遗址第二地点北侧建筑基础旁渗水现象

（图片来源：中冶/摄）

理方来说，长期运营大体量的展馆建筑，成本高昂。据馆方工作人员介绍，牛河梁遗址公园几个展示馆每年的电费支出就高达六七十万，冬季馆内异常寒冷，游客在馆内停留时间很短，体验并不理想。

设计阶段如果充分评估遗址的可观赏性、建馆的难度、露明保护的难度、运营的成本、游客的体验，以及评估遗址回填后地表原状复原展示哪个更为科学、合理，可能会有不同的选项。

7.1.4　影响程度分析

影响程度分析如表7.6所示。

表7.6　遗产变化及其程度分析表

建设项目	影响因素	影响变化情况	是否可逆/影响时间	是否有益	变化规模和程度	综合变化程度
第二地点保护展示馆	选址	因人工切坡的影响，在地层结构、雨水影响、遗址点保护设施荷载等不利因素的作用下，遗址点斜坡前缘发生断裂、鼓胀，并伴随斜坡蠕滑变形，存在滑坡地质灾害隐患，严重影响遗址的稳定与安全	否/永久累积影响	否	较大的变化	

续表

建设项目	影响因素	影响变化情况	是否可逆/影响时间	是否有益	变化规模和程度	综合变化程度
第二地点保护展示馆	建筑设计	保护展示馆的基础直接坐落于遗址挖掘区内部，基础部位的局部沉降、变形会造成遗址区的土体开裂。钢结构受温度作用影响，收缩膨胀效应明显。在昼夜交替时可听到钢结构构件相互挤压摩擦的巨大声响。钢结构构件的过大变形可能会引发建筑做法失效等问题。空调通风口设置在距离遗址区较近的位置，不利于毗邻土体保持适宜的温湿度，从而对遗址土体造成影响	否/长期累积影响	否	较小的变化	较大的不良变化
	建筑施工	东侧墙体底部和北侧存在雨水渗漏痕迹，据博物馆工作人员介绍，这片区域在夏天时确实出现了漏雨和泅水现象，可能与建筑做法缺陷或损伤有关。含水率监测显示，渗水影响区域比肉眼可见更大。结合遗址土的物理性质，如果含水率达到稍高的水平，很容易就对遗址造成危害	否/长期累积影响	否	较小的变化	
	管理和游客体验	据馆方工作人员介绍，牛河梁遗址公园几个展示馆每年的电费支出就高达六七十万，冬季馆内异常寒冷，游客在馆内停留时间很短，体验并不理想	否/长期	否	—	

7.1.5　减缓措施

（1）加强对遗址点前缘已经断裂、鼓胀部位的监测，加强对斜坡蠕动变形导致挡土墙裂缝及挡土墙顶部地表沉降的监测。

（2）结合锦承铁路正在进行电气化改造，研究制订锦承铁路的改线计划，避免长期持续的振动影响。

（3）对馆内东侧墙体底部和北侧存在雨水渗漏痕迹以及渗水情况进行勘察，制定专项保护措施方案。

7.2 五女山山城展示管理用房和停车场

五女山山城拟改造建设文物保护管理用房、生态停车场等展示利用配套项目。其中管理用房建筑面积 820 平方米，停车场 2000 平方米。拟改造建设项目位于五女山山顶及山腰处，五女山山城保护范围内（表 7.7）。

上述项目属待建设项目，需要开展文物影响评估。

7.2.1 遗址概况

遗产名称：高句丽王城、王陵及贵族墓葬（Capital Cities and Tombs of the Ancient Koguryo Kingdom）。

五女山山城于 2004 年 7 月根据文化遗产遴选标准 C 作为高句丽创建的第一个都城列入《世界遗产目录》。

位置：辽宁省桓仁满族自治县。

列入时间：2004 年。

7.2.2 遗产真实性、完整性

真实性：五女山山城是我国古代东北地区少数民族高句丽初期创建的都城。作为鸭绿江两岸现存 100 余座高句丽山城中建造最早的一座，它的规模宏大，体系完备，保存也较为完整。城内分布多处高句丽早期的重要建筑遗址与生活、军事遗迹，文化内涵十分丰富，真实保存了中国古代边疆的少数民族政权——高句丽王朝礼制文化，成为该段历史无可替代的实物见证。

完整性：五女山山城规模宏大、布局因山形走势而巧妙构思、合理规划，完美地实现了自然风貌与人类创造的浑然一体，城内现存建筑址、蓄水池、巡山古道等遗存以及五女山山城城外在群山环抱的平原上分布着大量的高句丽时期墓葬群（上古城子墓群和米仓沟墓等），保存较好，体系完备。五女山山形水系、城内体系完备的遗迹遗存、城外同时期墓葬等自然与文化遗存，共同体现了五女山山城的完整性价值（表 7.8）。

表 7.7 拟建项目涉及的遗产变化情况表

保护范围	项目实施前	项目实施后	方案涉及的主要变化内容
山城城墙或山险墙外，西350米至停车场西侧，南100米，东150米，北100米。面积144公顷	管理用房（占地面积约70平方米，高3.5米）	管理用房（占地面积约552平方米，高约10米）	原址改扩建管理用房，增加至使用面积820平方米 可实现办公、售票、接待、临时休息等功能 建筑取形于山间磐石，模仿城墙形态
	停车场（现有停车位30个，占地面积800平方米）	生态停车场（新增83个车位，上层33个，下层50个，占地面积约1600平方米）	改扩建生态停车场 据地形高差特点，设计钢筋混凝土二层结构 增至停车位113个 下层北端设置垃圾收集站

表 7.8 文物本体价值评估表

序号	文物本体	是否属核心遗产	是否属全国重点文物保护单位构成	价值评估
1	城墙	是	是	极高
2	城门	是	是	极高
3	蓄水池	是	是	极高
4	宫殿建筑基址	是	是	极高
5	兵营建筑群址	是	是	极高
6	瞭望台	是	是	极高
7	大型仓储建筑址	是	是	极高
8	巡山防卫古道（十八盘）	否	是	高

7.2.3 主要影响因素分析

1. 建设项目选址对五女山山城文物本体的影响

通过将设计方案中的建设项目与文物本体的位置关系进行分析得知，管理用房、生态停车场等的建设位置与文物本体均存在较安全距离（具体距离详见表7.9），以上项目的实施不会对文物本体造成影响。

表 7.9 建设项目与文物本体位置关系情况表

项目 \ 本体	城墙	城门	蓄水池	宫殿建筑基址	兵营建筑群址	瞭望台	大型仓储建筑址	巡山古道（十八盘）
管理用房	相距968米	相距1007米	相距663米	相距508米	相距799米	相距931米	相距557米	相距158米
生态停车场	相距953米	相距992米	相距648米	相距493米	相距784米	相距916米	相距542米	相距143米

注：距离数据为建设项目与文物本体的最近直线距离。

2. 建设项目选址和形式对五女山山城景观风貌的影响

管理用房和停车场（垃圾收集站）的改扩建项目，管理用房设计占地面积552平方米，设计高度10.3米，与原管理用房相比，建筑体量增加较大，且扩大了建筑占地面积，对五女山局部环境造成了较大影响。原管理用房为一层建筑，高3.5米，茅草坡屋顶，为当地传统民居形式。改扩建管理用房为二层建筑，高10.3米，模仿城墙形态设计，建筑色彩与周边环境不相协调（图7.14）。根据视线分析（模拟游客身高1.75米位于上山盘山路最北端拐点），新建管理用房为不可见区域；根据视线分析（模拟游客身高1.75米位于北峰现有游步道北端），新建管理用房建筑高度10.3米，为可见区域，对景观视线有较大不良影响。

图7.14 五女山山城拟建项目涉及的遗产变化情况对比图
（图片来源：国文信/制）

图7.15 五女山山城拟建项目视线分析图（一）
（图片来源：国文信/制）

其他拟建项目多数为原址改造项目，景观风貌并没有较大变化。新建北峰栈道采用了隐蔽设计，对从山下仰视山峰的视线通廊无影响（图7.14～图7.17）。

3. 利益相关者与价值阐释方面的有利影响

通过拟建基础设施等项目的建设，可以有效解决登山步道、栈道等设施存在的安全问题，管理所需的场地条件等会有所改善，展示品质与服务水平会有所提高。

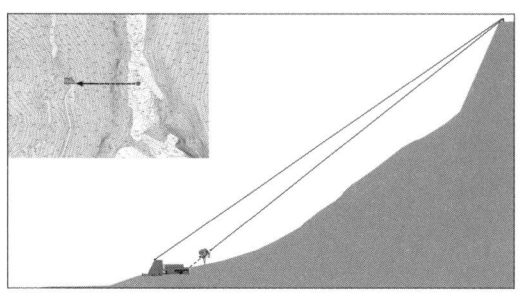
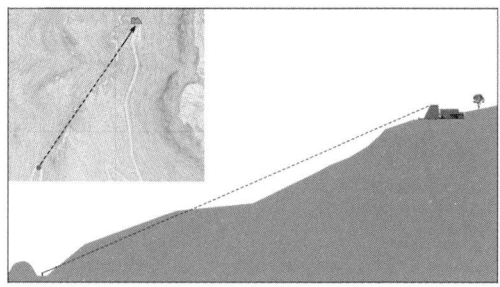

图 7.16　五女山山城拟建项目视线分析图（二）
（图片来源：国文信/制）

图 7.17　五女山山城拟建项目视线分析图（三）
（图片来源：国文信/制）

通过拟建项目的实施，改善基础服务设施，可提升五女山山城的影响力，使五女山山城的文化景观资源得到更加科学有效的利用，充分发挥文化资源的经济效益、社会效益和生态效益。项目的实施有利于遗产价值的阐释，会有较大的有益影响。

7.2.4　影响程度分析

影响程度分析见表 7.10、表 7.11。

表 7.10　遗产变化及其程度分析表

涉及遗产	影响内容		影响变化情况	是否可逆/影响时间	是否有益	变化规模和程度	综合变化程度
五女山山城	文物本体	城墙、城门、宫殿建筑基址、兵营建筑群址、大型仓储建筑址	没有变化	—	—	没有变化	没有变化

续表

涉及遗产	影响内容		影响变化情况	是否可逆/影响时间	是否有益	变化规模和程度	综合变化程度
五女山山城	景观风貌环境	历史环境	管理用房和停车场（垃圾收集站）的改扩建项目，使五女山局部环境产生较大变化	是/长期	否	较大的变化	较大的不良变化
		景观风貌	新建管理用房建筑高度10.3米，根据视线分析，从山顶向下俯视，其为可见区域，对景观视线有较大影响	是/长期	否	较大的变化	
	利益相关者与价值阐释	利益相关者	项目的实施使管理服务水平有所提高，产生了较大变化	—	是	较大变化	较大的有益变化
		价值阐释	项目的实施有利于遗产价值阐释，使遗产价值阐释产生较大变化	—	是	较大变化	

表 7.11 文物影响可接受程度分析表

涉及遗产	影响内容	遗产价值	变化的规模和程度					能否接受
			没有变化	微不足道的变化	小的变化	中度的变化	大的变化	
		核心区遗产	影响的意义或程度（有益或不良）					
五女山山城	文物本体	极高			微小的不良变化			通过减缓措施可接受的变化
	景观风貌环境					较大的不良变化		
	利益相关者及价值阐释					较大的有益变化		

7.2.5 减缓措施

（1）深化管理用房和停车场与历史环境相协调的设计工作，增加管理用房扩建至820平方米的必要性说明。在项目建设必要性充分的情况下建议降低管理用房高度，地上一层、地下一层，与山形融为一体，屋面采用假山形式，覆土后恢复植被。地下停车位数量由50个减少至33个，用来满足管理用房的使用面积。地面停车场宜采用生态草坪砖铺设，停车场西侧高墙采用高大乔木与绿植墙相结合遮挡的设计方案，以减小建设项目对环境风貌的影响（图7.18～图7.20）。

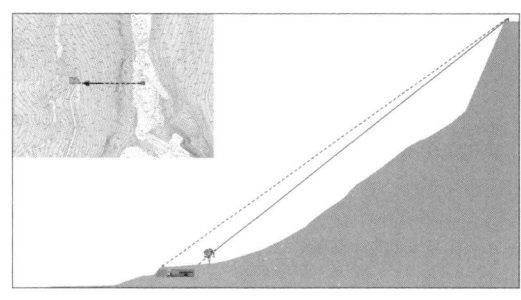
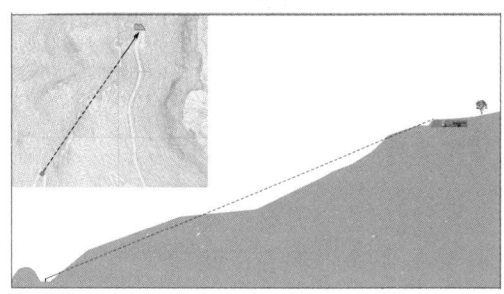

图7.18　五女山山城拟建项目减缓措施分析图（一）

（图片来源：国文信/制）

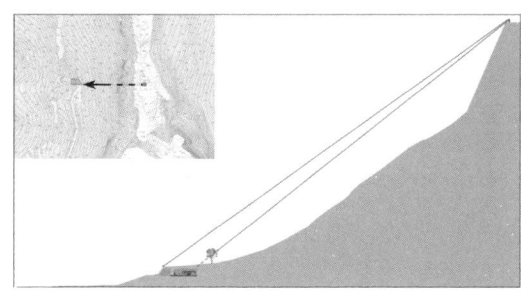

图7.19　五女山山城拟建项目减缓措施分析图（二）

（图片来源：国文信/制）

（2）防范实施过程中可能对遗存造成的不利影响，实施前进行必要的考古勘察工作，在考古部门现场指导下进行工程施工。

（3）做好施工围挡和施工期的应对管理措施，制定安全预案，落实责任制并严格按照预案执行，防范项目因粉尘、噪声、化学材料、废弃物等对环境的影响，防范项目对游客参观和保护管理工作的潜在不利影响。做好开放管理预案，维护游客正常的参观游览秩序。

图 7.20　五女山山城拟建项目实施减缓效果情况前后对比图

（图片来源：国文信 / 制）

7.3　喇家遗址一号、三号、四号保护展示馆

喇家遗址一号保护展示馆位于保护范围内，遗址区东侧，位于 F1—F10 号房址上，于 2004 年 11 月开工建设，2006 年 9 月竣工。保护展示馆为地上一层，

图 7.21 喇家遗址一号保护展示馆
（图片来源：滕磊/摄）

建筑面积 536 平方米，目前尚未对外开放。一号展示馆属于已建成项目，未开展过文物影响评估（图 7.21）。

三号、四号展示馆开展文物影响评估情况不明。

7.3.1 遗址概况

喇家遗址位于青海东部民和回族土族自治县官亭镇喇家村，是黄河上游地区发掘的齐家文化时期的重要遗址，是同时期区域性的一个大型聚落，即齐家文化的一个区域性的中心聚落。是一处史前时期的大型聚落遗址。喇家遗址同时还保留了 4000 年前地震、黄河大洪水及山洪袭击的多重灾难遗迹。现已探明的遗址分布范围东西长 700、南北宽 600 米，面积约 40 万平方米。

遗迹类型主要有建筑遗址（房址等，包括灾难遗迹）、壕沟、墓葬、广场、祭坛等，喇家遗址先后发掘了 31 座房址，其中，现场保留下来可以展示的房址有 10 座（图 7.22），以及祭坛和一座高等级墓葬。

图 7.22 喇家遗址一号保护展示馆内的 F3、F4 房址
（图片来源：滕磊/摄）

7.3.2 喇家遗址价值认识

喇家遗址是以青铜时代早期齐家文化为主，兼有马家窑文化、辛店文化等不同文化内涵的聚落遗址，对于探索青海及黄河上游地区史前文明和文化起源具有深远的意义。喇家遗址保留了 4000 年前地震、黄河大洪水及山洪袭击的多重灾难遗迹，是极为难得的史前灾难遗址。

喇家遗址提高了对齐家文化的学术认识水平，推进了对齐家文化和黄河上游史前文化的研究。为进一步探讨史前人地关系，尤其是发生灾变的极端关系，提供了一个重要考古实例，具有极高的研究价值。通过考古发掘，遗址区

清理出十几处结构相当完整的窑洞式建筑遗迹,解决了长期以来困扰学术界的齐家文化房址结构问题。对于黄土地带史前聚落类型的研究关系重大。喇家遗址的学术价值还是跨学科的,具有特殊的多学科研究价值,是认识环境变化、气候变化、地震灾害、洪水灾害以及防灾减灾等方面研究的重要参考资料,有特殊的科学研究价值。

遗址共出土了千余件玉、陶、石、骨、牙、铜、漆器等文物,均是精美的艺术品。对窑洞式建筑及聚落形态的认识,对于黄土阶地的史前聚落类型和建筑艺术研究有很大意义。

喇家遗址的考古发现,具有特别重要的社会效应。喇家遗址所拥有的文化遗产价值具有突出的教育意义,可充分发挥文物见证历史、弘扬传统的独特功能,是重要的爱国主义教育基地。喇家遗址的研究对当代城市规划、建筑、艺术设计都具有促进和借鉴作用。喇家遗址独特的文物遗存,使它成为地区重要的文化和自然景观资源。对喇家遗址及其环境的保护对于地方的生态保护与可持续发展将产生积极的促进作用。

2013年考古勘探对遗址价值的新认识如下。

F23~F29房址西侧下喇家村西北部的台地内发现较多的房址、灰坑、墓葬、活土坑、冲积沟、石块范围、沙坑范围和窑址。遗址呈不规则形状,面积约53000平方米。这一区域的发现对于了解和认识喇家遗址的分布、寻找窑址等手工作坊区具有重要的价值。

7.3.3 主要影响因素分析

1. 一号保护展示馆的影响

(1)保护展示馆的选址和形式设计对遗址的格局和遗迹之间的关联性造成扰动和破坏。

中厅占压原F1房址的位置,打断了原来的聚落格局,对完整体现F2~F10房址与F1号房址之间的关系造成破坏。

(2)保护展示馆建筑设计没有营造良好的遗址保存微环境。

我们在保护展示馆内采集了土样,检测了含水率和温湿度等。F7窑穴内相对湿度基本分布在70%~90%,湿度很大。由于氯化钠、硫酸钠等盐类的反复溶解结晶产生的应力会使土体发生酥碱粉化,同时可能导致土体收缩,引起开裂(图7.23~图7.29)。

因此目前保护展示馆内的微环境并不利于对遗址本体的保护,应完善展示馆的功能，加强通风系统，使馆内湿度保持在较低水平。

（3）保护展示馆对展示阐释造成一定影响。

保护展示馆中厅分左右的展示设计，F1被中厅占压无法展示，没有真实、完整地阐释F1～F10窑洞式的布局，对观众造成一定的误导。

（4）保护展示馆建筑对景观环境造成一定影响。

图7.23 喇家遗址一号保护展示馆含水量检测
（图片来源：李广华/摄）

编号	位置	照片	样品描述
LJ-1	F3东侧墙壁		土样，加固过，块状，颜色偏黄
LJ-2	F3南侧墙壁		土样，墙壁表面白色粉末
LJ-3	F7窑穴		土样，块状，颜色偏红

图7.24 喇家遗址一号保护展示馆F3、F7取样记录图
（图片来源：北大）

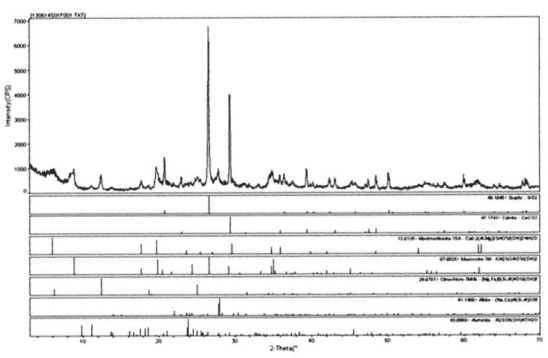

图 7.25 喇家遗址一号保护展示馆 LJ-3 的 XRD 图谱

（图片来源：北大）

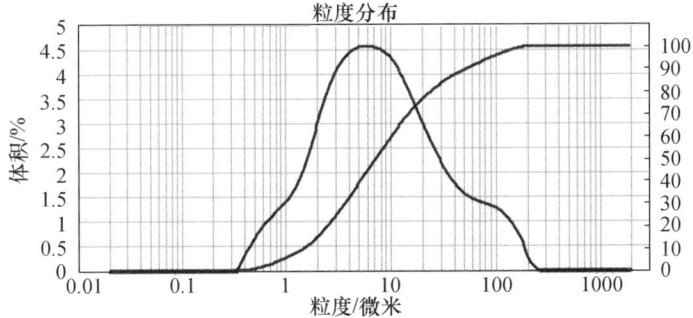

图 7.26 喇家遗址一号保护展示馆 LJ-3 粒径分布图

（图片来源：北大）

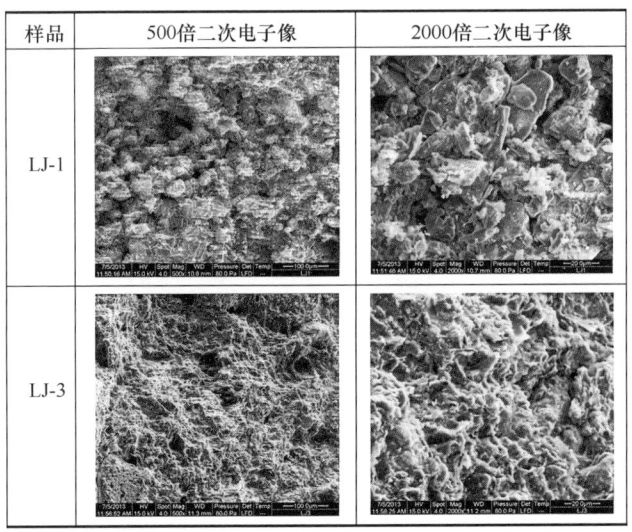

图 7.27 喇家遗址一号保护展示馆土样土壤电镜分析

（图片来源：北大）

位置	照片	含水率及说明
F3灰坑底部	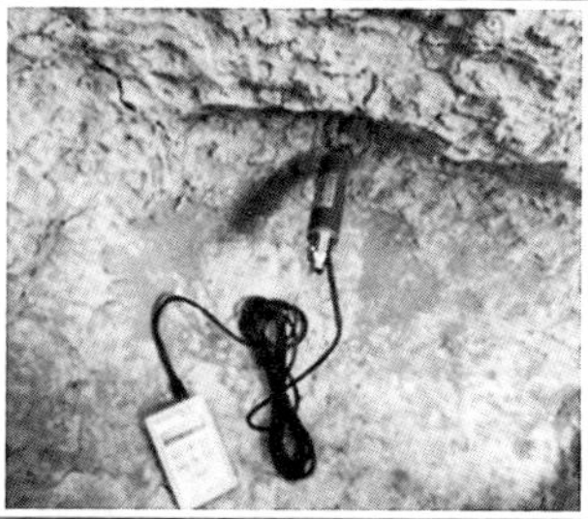	含水率为1.8%
F7窖穴底部密实土层		含水率为3.1%
F7窖穴底部疏松土层	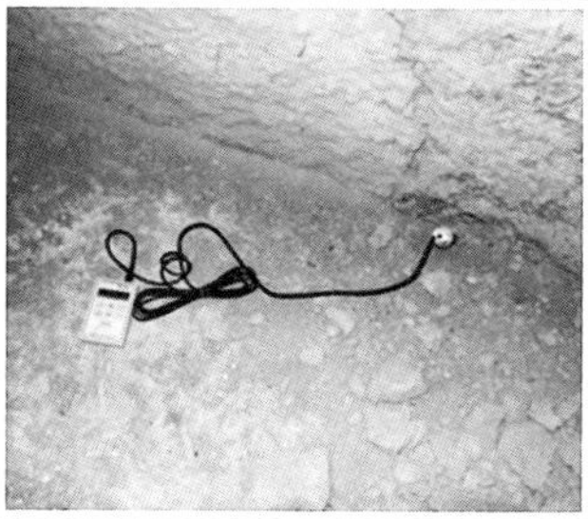	含水率为10.8%

图 7.28 喇家遗址一号保护展示馆土体含水率采用现场检测记录

(图片来源：北大)

记录仪采集数据趋势图（TH,TH0708010081A）

记录开始时间：2013-06-04 10:04:07　　记录结束时间：2013-07-23 19:09:23　　记录间隔：01:00:00　　记录总点数：1186

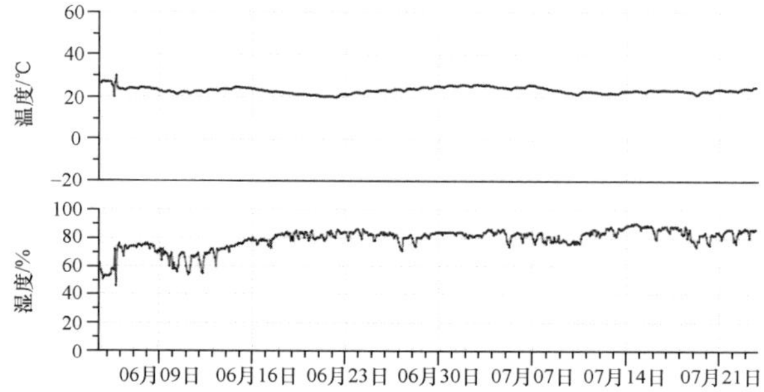

图 7.29 喇家遗址一号保护展示馆 F7 窖穴内 6 月 6 日至 7 月 23 日的温湿度数据图

(图片来源：北大)

保护展示馆顶部为玻璃形式，从吕家沟北侧台地位置观察，其建筑形制对遗址景观环境存在一定影响。

（5）建筑外墙施工与设计不符。

保护展示馆的外墙色彩施工与设计不符，与当地民居色彩反差较大，对环境造成一定影响。

（6）建筑顶棚渗漏影响。

一号保护展示馆的屋顶渗水。长期的渗漏水造成遗址土体局部受损开裂，影响遗址安全。

2. 三号、四号保护展示馆施工对文物本体的影响

（1）基础影响。

三号和四号保护展示馆的基础为浅基础，相对桩基础而言，对遗址影响较大。三号、四号保护展示馆的部分建筑基础紧邻遗迹，基础对遗迹影响较大（图7.31）。

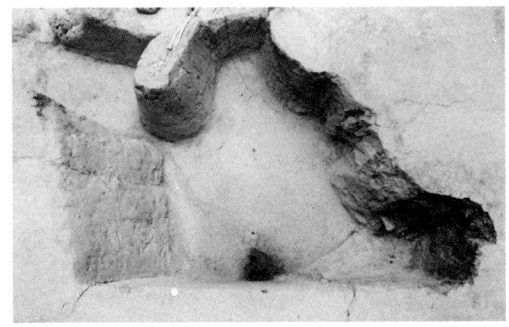

图7.30　喇家遗址一号保护展示馆屋顶漏水在房址内造成局部浸泡

（图片来源：中冶／摄）

图7.31　喇家遗址三号建筑基础紧邻遗迹

（图片来源：滕磊／摄）

（2）施工临时保护措施影响。

三号和四号保护展示馆施工过程中，为了保护遗址区，在遗址区上部铺设了沙袋，并在沙袋上面铺设钢板。在钢板上使用黄色线标记出遗迹范围，以便区别施工区域哪些地方有遗迹。但是由于钢板接缝处不密封，降雨后雨水会沿着钢板接缝处空隙流入遗迹内部，从而影响遗迹的安全（图7.32）。

四号保护展示馆施工过程中对遗址的临时保护措施可靠性较差，降雨后雨水沿临时保护措施周边流入遗址挖掘区，从而会影响遗址安全（图7.33）。

另外，四号保护展示馆施工过程中，非遗址挖掘区的基础坑无可靠保护措施。降雨后雨水直接流入非遗址挖掘区的基础坑内部。非遗址挖掘区基

图 7.32　喇家遗址三号遗址区上部铺设的钢板
（图片来源：滕磊/摄）

图 7.33　喇家遗址四号遗址区上部的临时保护措施
（图片来源：滕磊/摄）

础坑距离遗址挖掘区较近，水的渗流等因素可能造成遗址挖掘区遭受地表水影响。

（3）施工堆载影响。

三号和四号保护展示馆在施工过程中，没有严格按照设计要求做好遗迹的保护防护工作，在遗址临时铺设的保护钢板上及挖掘区周边土体上存在大量施工堆载。大量施工堆载会对遗址挖掘区周边土体施加荷载作用，从而引发遗址挖掘区周边土体的移动、变形。一旦周边土体的移动、变形超过允许限值，将会严重影响遗址挖掘区的安全（图 7.34、图 7.35）。

图 7.34　喇家遗址四号遗址区遗迹保护钢板上的施工堆载
（图片来源：滕磊/摄）

图 7.35　喇家遗址四号遗址区周边土体上部的施工堆载
（图片来源：滕磊/摄）

7.3.4　影响程度分析

影响程度分析见表 7.12。

表 7.12　遗产变化及其程度分析表

建设项目	影响因素	影响变化情况	是否可逆/影响时间	是否有益	变化规模和程度	综合变化程度
一号保护展示馆	选址和形式	保护展示馆的选址和形式设计对遗址的格局和遗迹之间的关联性造成扰动和破坏	否/永久	否	较大的变化	较大的不良变化
	建筑设计、微环境营造	F7窖穴内相对湿度基本分布在70%~90%，湿度很大。保护展示馆中厅分左右的展示设计，F1被中厅占压无法展示，没有真实、完整地阐释F1—F10窑洞式的布局，对观众造成一定的误导	否/长期累积影响	否	较小的变化	
	建筑施工、运营	保护展示馆的外墙色彩施工与设计不符，与当地民居色彩反差较大，对环境造成一定影响。一号保护展示馆的屋顶渗水。长期的渗漏水造成遗址土体局部受损开裂，影响遗址安全	否/长期累积影响	否	较小的变化	
三、四号保护展示馆	建筑基础	三号和四号保护展示馆的基础为浅基础，相对桩基础而言，对遗址影响较大。三号保护展示馆的基础紧邻遗址挖掘区，建筑基础对遗址挖掘区影响较大	否/永久	否	—	—
	施工临时保护措施	临时保护措施可靠性较差，降雨后雨水沿临时保护措施周边流入遗址挖掘区，从而影响遗址安全	否/临时	否	—	
	施工堆载	遗址挖掘区周边土体上存在大量施工堆载，会对遗址挖掘区周边土体施加荷载作用，从而引发遗址挖掘区周边土体的移动、变形，一旦超过允许限值，将会严重影响遗址挖掘区的安全	否/临时	否	—	

7.3.5　减缓措施

（1）对一号保护展示馆建筑形式进行必要的改造，调整占压F1房址的中厅位置，恢复原有聚落格局。

（2）对一号保护展示馆内部设计进行功能完善，增加通风设施，营造保护遗址更好的微环境。结合建筑改造，完善展陈和阐释体系，并定期向当地民众开放，做好宣传和教育工作。

（3）对一号保护展示馆建筑顶部玻璃材质进行改造，减小环境影响。

（4）对三号、四号保护展示馆施工保护措施进行调整、完善，调整施工场地布置，尽量远离遗址。

7.4 邢窑遗址博物馆

2012年，为配合内丘县旧城改造工程，原粮贸大厦旧址区域建筑拆迁，发现了非常重要的邢窑4号窑址。考古发掘完成后建设了邢窑遗址博物馆，总投资2600万元，总占地面积8600余平方米，建筑面积4252.5平方米，整体为正方体钢结构设计，建筑高度15米，边长52米，顶层采光天窗和其他采光窗设计了遮阳设施（图7.36、图7.37）。目前，该遗址博物馆已经建设完成，未进行过文物影响评估。

图7.36 邢窑遗址博物馆外景
（图片来源：中冶/摄）

图7.37 邢窑遗址博物馆内的参观廊道
（图片来源：中冶/摄）

7.4.1 遗址概况

邢窑创始于北朝时期，唐代达到鼎盛，到元代衰落。到目前为止，共发现30多处遗址，以邢台市的内丘、临城两县为主要产地。邢窑是我国唐代七大名窑之一，距今已有1500余年的历史，历史上邢窑为名窑，瓷为珍品，大多文献均有记载。唐代李肇撰写的《国史补》"货贿通用物"中"凡货贿之物，侈于用者不可胜纪,丝布为衣。麻布为囊,毡帽为盖,革皮为带,内丘白瓷瓯,端溪紫石砚,天下无贵贱通用之"说明邢窑白瓷产量巨大,行销全国。茶圣陆羽《茶经》"四之器"说"邢瓷类银","邢瓷类雪"。所以,邢窑在中国陶瓷史上占有十分重要的地位,并具有深远的影响。

7.4.2 四号窑址发掘成果及价值认识

邢窑遗址城西关村南 4 号窑址 2012 年出土窑炉、灰坑、灰沟、井、墓葬五种遗迹,共 210 个,出土瓷器、窑具残片 20 万件片以上,完整和可复原器物约 2000 件,同时伴出大量的砖、瓦、陶盆、罐等残片。

发掘取得突破性成果:第一,北朝至隋代窑炉的发现,并以组合的形式存在,创造了两项纪录,一是窑炉的完整高度,大部分窑炉组件包括窑门、火膛、窑床、窑顶、烟道、烟囱以及窑前工作坑等尚存;二是多座窑炉共同围绕在一个窑前工作坑周围,这种组合形式没有在其他窑址发掘中见到过。第二,发现早期灰坑群和大量早期遗物,早期灰坑超过 20 个,或方形,或长方形,或不规则形,深浅不一,壁、底也多不规则,相邻两坑之间多见一道很窄的生土隔墙。这些坑内遗物较多,时代单纯,其年代为北朝后期,是目前邢窑遗址多次发掘所见最早的一类遗存。第三,隋代三彩器物的出土,是邢窑首次发现,高岭土胎,胎色浅粉或白,火候较低,单色釉外壁绿色,内壁浅黄,两色釉为黄、绿,釉下施有一层白色化妆土,器形大致为碗、钵类。第四,"高""上""大"等刻款器物残片被发现,字款皆刻划在器物底足外壁,随意刻写而成。字体大小不一,没有一致格式,专家认为这些字款的发现对已知"盈""官""翰林""昌"等的字义解释和器物用途等问题会有所帮助。

另外,较多充满了冶铁废渣的隋代灰坑、贯穿发掘探方的隋唐时期灰沟、唐三彩及集中出土的唐代素烧器物残片、多时期多种形式的瓦当及瓦当模子、隋代刮条纹白瓷碗、唐代鸳鸯筒足分格盘以及唐代纪年密檐石塔等都是比较重要的发现。

7.4.3 主要影响因素分析

1. 建筑选址对遗址本体的影响

该建筑选址考虑了遗址的保护问题,将结构基础的位置与遗址坑土壤的位置距离保持在 5 米或以上,该距离大于遗址挖掘区挖掘深度的 2 倍。依据《基坑开挖对周围地表沉降的简化计算》的研究成果，该遗址展示棚的基础处于沉降影响较弱区域，一定程度上避免了建筑基础与遗址的相互影响（图7.38、图7.39）。

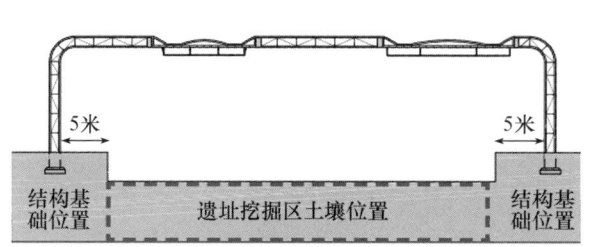

图7.38　邢窑遗址博物馆建筑基础与遗址挖掘区相对位置图
（图片来源：中冶/制）

图7.39　邢窑遗址博物馆挖掘区与建筑之间的平面位置关系
（图片来源：中冶/制）

2. 建筑结构形式对遗址本体的影响

邢窑遗址博物馆主体采用钢结构，竖向承重杆件为H型钢柱，平面采用四角锥网架结构。钢网壳具有如下特点：①整体性强。钢网壳为建筑提供了一个整体性强的四周落地结构，避免了结构破坏遗址的问题，同时钢网壳的稳定性较强，可与室内的环廊浏览提供可能。②工业化程度高。主要构件和配件均为工厂制作，工地安装方便，便于拆卸或随考古发掘扩大建造规模，符合考古工作设施的可逆性原则。

遗址博物馆采用独立基础。遗址中有很多窑炉和井的遗址，最深的可达3米，容易垮塌。现场采用砌体挡土墙结构，对防止遗址周边土体垮塌产生有利作用。

在博物馆整体设计上，一方面是对遗址形成有效的遮蔽和保护；另一方面提供高效而丰富的参观流线，使游客能了解邢窑遗址和考古发掘的科学知识。游客进入前厅，通过安检后进入圆形的大厅，圆形大厅左侧为通向遗址区的坡道，从坡道进入遗址区参观遗址。前厅东侧连接邢窑制作概述展厅，游客可以看完遗址再进入该展厅，也可进入前厅后先参观该展厅，在对邢窑制作有了初步了解后再参观遗址。在整体设计上，在文物保护优先的情况下，尽可能创造相对丰富的游览空间，将游客跨越遗址上空，获得了更丰富的空间体验（图7.40）。

遗址博物馆的钢柱及屋顶网架结构要求钢材表面应具有抗腐蚀能力，并采用避免金属的接触腐蚀。碳素钢结构和低合金高强度结构钢应采取有效的防腐处理。采用热镀锌防腐处理时，锌膜厚度应符合现行《金属覆盖层钢铁制品热镀锌层技术要求》中的规定。采用氟碳或聚氨酯漆喷涂时，涂膜厚度应大于45

微米，主要受力构件和连接件不宜采用壁厚小于4毫米的钢板、壁厚小于3毫米的钢管、尺寸小于L45×4和L56×36×4的角钢以及壁厚小于2毫米的冷成型薄壁型钢。

遗址博物馆主要围护结构为金属框架，最外侧为水泥板幕墙。内墙均采用页岩砖砌筑，建筑外门窗的抗风压、水密、气密性能应满足《建筑外门窗气密、水密、抗风压性能分级及检测方法》（GB/T7106-2008）的要求。玻璃

图 7.40　邢窑遗址博物馆内的参观廊道
（图片来源：中冶／摄）

幕墙的抗风压、水密、气密性能应满足《建筑幕墙》（GB 21086）的要求。本项目幕墙风压变形性能应达到《建筑外门窗气密、水密抗风压性能分级及检测方法》中4级的设计标准。水密性能：本项目窗水密性为3级，满足《建筑外门窗气密、水密抗风压性能分级及检测方法》中的要求。保温性能：本项目所处地寒冷地区，幕墙的热系数0.5，满足小于等于0.6的要求；东向、南向、西向、北向窗墙面积比均小于0.3，遮阳系数不限制，满足节能设计要求。隔声性能：本项目建筑门窗的空气隔声性能应达到《建筑门窗空气隔声性能分级及检测方法》中2级的标准。幕墙玻璃：采用6毫米+12毫米（Ar内充氩气）+6毫米中空安全玻璃，辐射率0.83，反射比应小于0.3。遗址保护大棚外立面采用水泥纤维板幕墙。基层厚度不应小于2.5毫米，面层采用艺术涂料。遗址保护大棚外墙及屋顶保温采用110毫米厚岩棉，外层固定防水透气膜，保温、耐火性能符合相关规范要求。

3. 施工期建筑沉降、变形影响

博物馆主体采用钢构件组装，因此施工振动主要源于基础施工。大型构件运输、吊装的振动，在基础施工过程中的施工机械设备运作会产生一定的振动，在运输建筑材料和土石方的过程中也会产生振动。这些由施工引起的振动会对古遗址产生一定的负面作用，但由于施工期产生的振动属于短暂影响，因此对古遗址的影响是暂时的。如果施工前对古遗址采取一定的隔振、加固等措施，可以有效减小施工振动对古遗址的影响。

地面沉降又称为地面下沉或地陷。它是在人类工程活动影响下，由于地下松散地层固结压缩，导致地壳表面标高降低的一种局部的下降运动（或工程地质现象）。从地基变形或地表沉降的起因来看，地基变形允许值是由建筑物（构筑物）自身重量在地基中产生附加应力引起的地基压缩变形，基坑开挖引起周边地基变

形是由基坑周边应力释放引起的。施工期间，容易引起地表的沉降，这是施工过程中最大的问题。较大的地层下沉会造成考古文化层的错位，并且造成临近考古文化层的坍塌和开裂。经现场检查，邢窑遗址博物馆未出现明显的与地面沉降相关的结构缺陷（图7.41、图7.42）。

图7.41 邢窑遗址博物馆基础施工
（图片来源：张伟/摄）

图7.42 邢窑遗址博物馆基础施工与临时保护棚
（图片来源：张伟/摄）

4. 运营期建筑变形影响

建筑变形对遗址的影响主要在于：①建筑过量变形将影响结构的安全使用，从而影响建筑对遗址的保护作用；②建筑过量变形将影响结构的建筑做法，可能导致建筑做法失效，从而影响建筑的声环境和光环境，进而对遗址造成影响。

针对建筑现状，我们采用全站仪RTS010对钢柱偏移进行测量，检测结果如表7.13所示。由检测结果可知，钢柱最大侧向偏移值为31毫米，满足《民用建筑可靠性鉴定标准》（GB 50292-2015）中顶点位移应小于H/150的要求。

表7.13 房屋倾斜测量结果

轴线	纵向偏移值	测量高度	倾斜率	南北偏移值	测量高度	倾斜率
1-1/1-K	24	10000	2.40	23	10000	2.30
1-1/1-J	29	10000	2.90	24	10000	2.40
1-1/1-H	21	10000	2.10	−19	10000	−1.90
1-1/1-G	18	10000	1.80	22	10000	2.20
1-1/1-E	−10	10000	−1.00	−31	10000	−3.10
1-11/1-J	−22	10000	−2.20	27	10000	2.70
1-11/1-H	26	10000	2.60	24	10000	2.40
1-11/1-G	31	10000	3.10	−19	10000	−1.90
1-11/1-E	26	10000	2.60	−20	10000	−2.00

注：东、南偏为正；西、北偏为负。

第七章 文物影响评估实例研究

7.5 铜绿山古铜矿遗址博物馆

铜绿山古铜矿遗址博物馆位于Ⅶ号矿体 1 号遗址点上部，属于遗址重点保护范围。老馆 1984 年建立、并于 20 世纪 90 年代扩建，主馆占地面积约 2000 平方米，其中遗址大厅约为 400 平方米，建筑高约 14 米，单层平顶，建筑外立面主色调为黄绿色（图 7.43）。新馆选址位置为Ⅶ号矿体遗址北侧山脚下，位于保护范围边缘外侧，建设位置位于遗址一般保护区内。用地范围 36 公顷，拟沿山脊与老馆相连接。

老馆为已建成项目，未开展过文物影响评估。新馆为待建项目，需要开展文物影响评估。

图 7.43 铜绿山遗址老馆航拍图
（图片来源：铜绿山遗址管委会 / 供）

7.5.1 遗址概况

铜绿山古铜矿遗址位于湖北大冶铜绿山矿的采矿区，是中国迄今发现的古矿遗址中最为重要的、连续开采生产时间最长、规模最大的一处古铜矿遗址。它始采于商代晚期，历经西周、春秋、战国一直延续到汉代，不间断的开采持续了千余年的时间。隋唐至宋，又在原有遗址上继续开采，最大开采深度 60 余米，采用了竖井、平巷、盲井、斜井联合开发技术，成功地解决了井下通风、排水、提升、照明和井巷支炉等一系列复杂技术，代表了我国当时最高的青铜采冶水平，展现了我国古代科学技术的辉煌成就。

7.5.2 考古新发现对遗址价值的补充

2012 年岩阴山脚冶炼遗址发掘的 35 枚赤足印，是迄今为止世界冶炼遗址上首次发现数量最多、保存状况最好、足迹身份最明显、时代最早的古人足迹，填补了矿冶考古遗存的空白。它不仅揭示了大冶铜绿山古代先民的冶炼生产活动，而且对于还原当时冶炼工作场景提供了弥足珍贵的实物资料（图 7.44）。

图 7.44 铜绿山遗址岩阴山脚遗址南区探方发掘工作照
（图片来源：铜绿山遗址管委会/供）

岩阴山脚遗址发现了探矿圆井（编号 J1），井口周壁遗有古人凿井提升的绳槽痕，井内填土出土遗物十分丰富，主要有东周时期陶片、铁矿石、石块、木炭、竹器残片、横向支撑木及果核等。丰富了对东周时期铜绿山古铜矿的文化内涵的认识。

2012 年卢家垴冶炼遗址发掘的残炼炉及冶炼辅助设施遗迹时代在两汉之际，炼炉与 20 世纪 70 年代末铜绿山柯锡太发现的 2 处战国炼炉形状相似，但这座炉缸容量变大，反映了冶炼技术的进步，填补了铜绿山遗址炼炉发展序列的空白。

7.5.3 主要影响因素分析

1. 老馆建筑设计对遗址本体影响

古铜矿遗址博物馆及其周边涉及Ⅶ号采矿遗址的 1 号、2 号、3 号、4 号和 5 号地点，除 1 号地点在博物馆内露明展示外，其他四处一般在现地表以下 15 米的范围内，即高程 40～55 米。由于遗址深埋，遗址博物馆对此四处地点的影响很小。

古铜矿遗址博物馆内现露明展示的 1 号遗址地点约 400 平方米，由于博物馆的遮盖，避免了遗址本体直接暴露在外遭受风吹日晒雨淋和采矿带来的粉尘污染等，有利于对遗址真实性、完整性的保护。

从博物馆开展的各项环境检测数据以及我们现场测试采样分析的数据看，1 号地点揭露展示近 40 年，整体保存状况良好，这要归功于遗址博物馆的遮盖与及时的日常维护和病害治理。

囿于条件，遗址博物馆硬件设施较差，温湿度控制、光照控制、通风控制、除尘等设施缺乏。目前博物馆内粉尘较大，导致遗址表面颜色和质感发生变化（表 7.14）；土体表面与内部温湿度差距较大，造成土体开裂、剥落、粉化；土体含盐导致表土风化；局部高湿度导致微生物生长，而微生物进一步导致土体和木构件破坏。如果不改善博物馆的展陈条件，就无法营造遗址保护所需要的最佳微环境（表 7.17，图 7.49）。

表 7.14　博物馆空气悬浮物 TSP 和 PM10 质量浓度数据表

点位编号	点位描述	TSP 质量浓度（μg/m³·d）	PM10 质量浓度（μg/m³·d）
1	博物馆门口	625.02	433.32
2	博物馆内，遗址坑内	3075.72	925.08
3	博物馆内，回廊内	672.00	544.03

注：《环境空气质量标准》（GB 3095-2012）：一类区执行一级标准 120μg/m³（一类区为自然保护区、风景名胜区和其他需要特殊保护的地区），博物馆内空气质量标准明显超过国家标准（引自《铜绿山遗址保护方案》2012）。

监测土体温度及含水率的仪器为 HOBO H21-002 环境气象记录仪，测量土体含水率使用 S-SMC-M005 探头，测量土体温度使用 S-TMB-M002 探头，将其安装于遗址博物馆内及遗址博物馆外自动记录，设置的测量间隔时间为 1 小时（表 7.15、表 7.16，图 7.45～图 7.48）。

表 7.15　铜绿山遗址处安装空气温湿度记录仪器位置表

	空气温湿度记录仪名称	位置	记录时间
铜绿山遗址	TLS-1	博物馆内遗址 5 号点竖井底部	2016/3/25～2017/6/16
	TLS-2	博物馆内遗址稍高处	2016/3/25～2016/6/16
	TLS-3	博物馆内顶部横梁边	2016/3/25～2016/12/21
	TLS-4	博物馆外二层走廊上	2016/3/25～2016/12/21

表 7.16　铜绿山遗址空气温湿度记录仪数据特征总结表

	最高温（℃）	最高温出现时间	最低温（℃）	最低温出现时间	平均温度（℃）	标准差（℃）
TLS-1	27.5	2016/8/25，16:00	7.0	2017/2/9，9:00	18.1	5.15
TLS-2	37.9	2016/7/30，17:00	5.3	2016/2/9，8:00	20.8	7.77
TLS-3	40.3	2016/7/30，19:00	5.8	2016/11/24，11:00	24.7	7.49
TLS-4	50.0	2016/7/30，12:00	1.7	2016/11/23，12:00	22.3	7.67
	最大相对湿度（%）	最大相对湿度出现时间	最小相对湿度（%）	最小相对湿度出现时间	平均相对湿度（%）	标准差（%）
TLS-1	100.0	长期出现	76.6	2017/1/24，7:00	97.1	4.34
TLS-2	89.8	2016/7/7，7:00	48.4	2016/9/20，17:00	76.0	7.39
TLS-3	97.7	2016/7/7，13:00	38.4	2016/3/28，19:00	71.4	11.90
TLS-4	100.0	断断续续出现多次	12.1	2016/8/29，12:00	80.9	17.65

表 7.17 铜绿山遗址 1 号地点遗址样品的离子色谱分析结果

无机阴离子：

Name	Amount mg/kg Cl	Amount mg/kg NO$_3$	Amount mg/kg SO$_4$
TLS5	455.19	472.34	14359.38
TLS7	400.58	649.50	9269.02
TLS8	817.49	211.94	5508.32
TLS9	516.18	106.92	17667.30
TLS12	930.25	2197.50	41830.75

无机阳离子：

Name	样品量 mg/kg Na	样品量 mg/kg K	样品量 mg/kg Mg	样品量 mg/kg Ca
TLS5	275.60	235.24	432.31	4130.78
TLS7	815.55	114.44	435.15	1813.53
TLS8	1685.51	72.85	203.81	233.41
TLS9	670.07	273.01	575.09	6817.73
TLS12	701.50	1260.25	1000.75	18321.75

图 7.45 空气温湿度记录仪 TLS-1 位置示意图
（图片来源：北大 / 制）

图 7.46 空气温湿度记录仪 TLS-2 位置示意图
（图片来源：北大 / 制）

2. 老馆选址安全性评估

铜绿山古铜矿遗址博物馆及其所在的Ⅶ号矿山西侧紧邻大型露天采坑，采矿坑南北长 1500 米，东西宽 500 米。上部露采天坑已采至 −64 米平台，在遗址一

第七章
文物影响评估实例研究

TLS-N安装地点高度与此处相同，属于同一区域，未在图中出现

图 7.47　环境气象记录仪 TLS-N 安装位置示意图
（图片来源：北大/制）

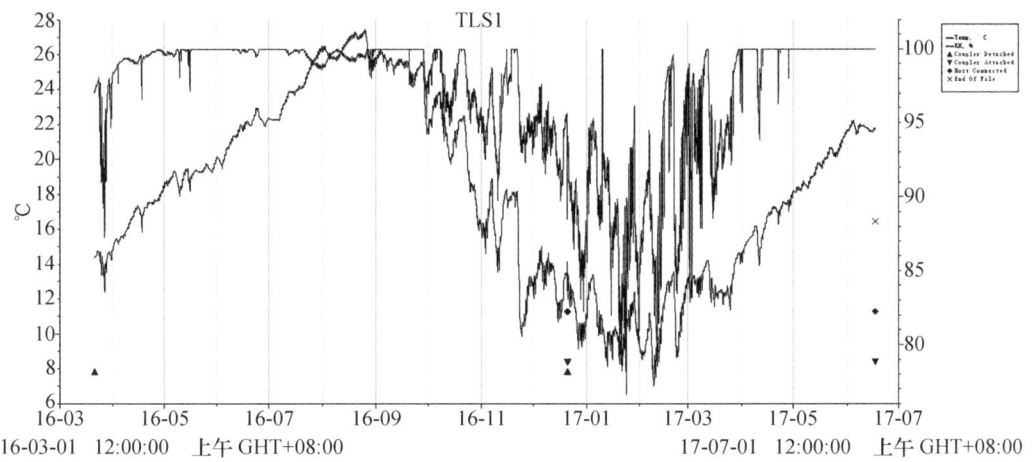

图 7.48　空气温湿度记录仪 TLS-1 温湿度记录情况
（图片来源：北大/制）

侧形成高约 90 米、陡约 50°左右的高边坡；下部坑采井巷已采至 −365 米中段，形成 −125 米、−185 米、−245 米、−305 米、−365 米共 5 个开采水平，目前正在开通 −425 米水平巷道（图 7.50）。

由于露采坑边坡失稳，2006 年以来遗址博物馆及 1 号遗迹出现了不同程度的裂隙。博物馆西侧、北侧墙体外混凝土地坪有倾斜下沉现象，说明其下部岩层已经发生了沉降，不仅威胁博物馆建筑的安全，也严重威胁馆内文物遗迹的安全保护。湖北省水文地质工程地质勘察院勘察认为："依据各种变形迹象和微地貌特点，圈定的滑坡范围东西长约 180 平方米，南北宽约 270 平方米，面积约 48000 平方米，预计可能产生近 200 米的滑坡。一旦发生大规模的滑移，在北露天采场生产的采矿工人将无处逃生，地下坑采工人也可能因巷道变形而被困井下，千年古矿遗址将被牵引拉裂受损展馆也将拉裂变形甚至坍塌。"（摘自《铜绿

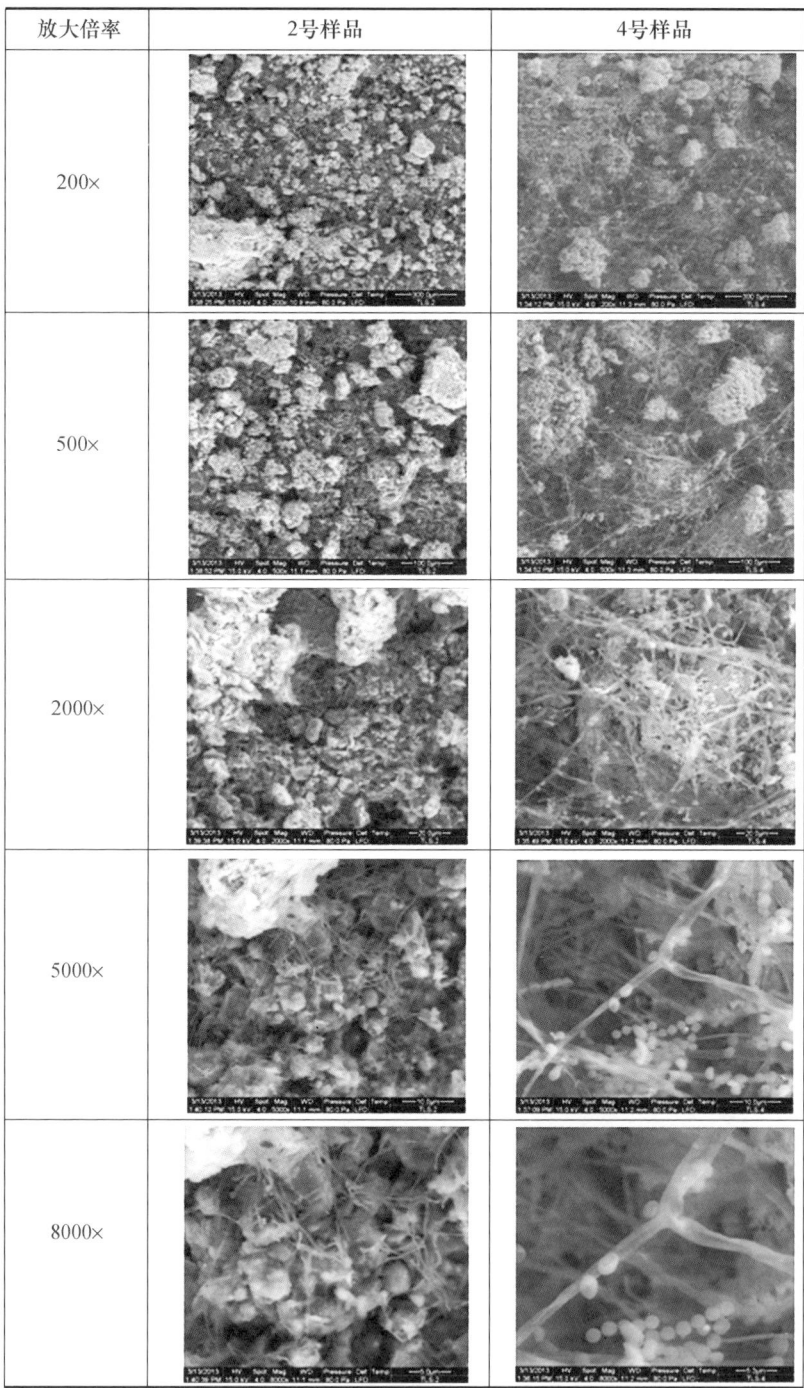

图 7.49 铜绿山遗址 1 号地点表面微生物样品电镜观察

（图片来源：北大 / 制）

山古铜矿遗址地面变形调查报告》2007年）2010年经国土资源部批准，大冶市逐步开展了露采坑的边坡治理工程，同年对博物馆进行加固整修，取得了一定的成效（图7.51）。

但是近两年，由于矿山生产活动的持续进行，博物馆建筑及Ⅶ号矿体遗址1号点再次出现裂缝，经检测有加剧的趋势，遗址安全受到严重威胁（图7.52）。

图7.50　铜绿山遗址博物馆紧邻现代巨型露采坑
（图片来源：滕磊/摄）

图7.51　现代巨型露采坑边坡治理工程
（图片来源：滕磊/摄）

图7.52　铜绿山遗址博物馆区域变形监测
（图片来源：滕磊/摄）

《黄石市铜绿山古铜矿遗址开裂变形调查报告》表明，古铜矿遗址博物馆展馆变形区包括馆内遗址及馆外水泥地面，变形区平面上与场馆区几近一致，面积3200平方米。区内变形形式表现为地面裂缝，其次为墙体裂缝，共发现57条裂缝（不含采坑环形廊道），其中馆内33条，馆外24条，裂缝发育方向各异，无明显规律，总体看西部裂缝多于东部。裂缝延伸长度一般5～8米，长者可达30米；裂缝宽度一般为1～3毫米，宽者可达18毫米，窄者仅表现为裂纹，无明显张开。展馆外裂缝均位于水泥地面上，环展馆地脚线平行展布或呈放射状展布，时间已久。展馆内裂缝包括古遗址坑内裂缝和展馆环形走廊上裂缝，遗址采矿内的裂缝主要环坑壁西侧和北侧边缘呈"半环形"分布，而坑的东侧和南侧边缘则不明显。展馆环形走廊上裂缝密集，间隔距离在1.24～14.1米，一般在2～3米；北廊裂缝13条，南廊8条，西廊6条，东廊9条。总体看南北向多于东西向。此外，在前后馆的结合部位发生断裂，显示后馆下沉。

"从定性分析推断,古铜矿遗址地面变形的主要原因是高边坡开挖、采空区塌陷下沉和施工爆破振动的影响。"(摘自《黄石市铜绿山古铜矿遗址开裂变形调查报告》第 79 页)

3. 老馆选址对遗址环境风貌影响

遗址博物馆位于Ⅶ号矿山体上部,矿山南侧为大冶有色金属矿区厂房,西侧为露天采坑,东侧为村庄,北侧为山间缓坡空地。北向的景观视廊较为完整。

从铜山观景台和其他高点看,其建筑规模、形式、色彩等对遗址区环境风貌均有较大影响。

4. 新馆选址对遗址本体影响

古铜矿遗址博物馆新馆建设区域分布着岩阴山脚冶炼遗址和四方塘遗址。2012 年,湖北省考古研究所在此区域内试掘 650 平方米,揭露出东周选矿场、工棚、探矿圆井及 35 枚赤足印等遗存。

古铜矿遗址博物馆新馆建设如处理不当,极有可能对上述遗迹造成破坏。

5. 新馆选址安全性评估

新馆选址区域经湖北省冶金地质勘探队工程勘察公司进行地质勘查认为:"尽管拟建场区及附近没有活动性发震断裂通过,无滑坡、坍塌、采空区等不良地质现象发育,属区域性稳定地块内部。且地基岩土条件较好,地质环境未遭破坏;地下水条件比较简单且无腐蚀性,适宜作为建筑用地。但拟建场地西距铜绿山铜铁矿露天采坑较近,作为建筑用地时,应作好露天边坡的支护工作,确保露天边坡稳定而不影响拟建新馆安全。"(表 7.18~表 7.21)(摘自:《大冶市铜绿山古矿遗址新馆岩土工程勘察报告》)

表 7.18 土层的主要物理力学性质统计表

地层编号	地层名称	统计项目	含水量 ω (%)	天然重度 γ (kN/m³)	孔隙比 e	液限 w_p (%)	塑限 w_l (%)	塑性指数 I_p (%)	液性指数 I_l	压缩系数 a_{1-2} (MPa⁻¹)	压缩模量 E_s MPa	抗剪强度 C (kPa)	抗剪强度 $\varphi°$
②-1	粉质黏土	n	6									5	
		max	33.4	18.6	1.001	39.8	25.3	16.6	0.57	0.35	7.4	35	15
		min	28.4	17.8	0.840	35.5	21.1	13.9	0.43	0.25	5.6	28	11
		μ	30.8	18.2	0.918	38.0	23.3	14.7	0.51	0.30	6.5	32	13
		σ	1.99	0.30	0.06	1.71	1.43	0.97	0.05	0.04	0.7		
		δ	0.06	0.02	0.07	0.05	0.06	0.07	0.10	0.13	0.1		
		ψ	1.05	0.99	1.06	0.96	0.95	0.95	1.08	1.11	0.91		
		标准值	32.4	18.0	0.970	36.5	22.1	13.9	0.55	0.33	5.9	30.0	12.0

第七章 文物影响评估实例研究

续表

地层编号	地层名称	统计项目	含水量 ω (%)	天然重度 γ (kN/m³)	孔隙比 e	液限 w_p(%)	塑限 w_l(%)	塑性指数 I_p(%)	液性指数 I_l	压缩系数 a_{1-2} (MPa⁻¹)	压缩模量 E_s MPa	抗剪强度 C (kPa)	抗剪强度 φ°
②-2	粉质黏土	n				2						2	
		max	38.5	17.9	1.059	39.5	24.2	16.9	0.93	0.51	4.2	13	9
		min	36.7	17.8	1.051	38.2	21.3	15.3	0.91	0.49	4.0	12	8
		μ	37.6	17.9	1.055	38.9	22.8	16.1	0.92	0.50	4.1	13	9
		σ											
		δ											
		ψ											
		标准值											12.5	8.5

注：引自《新馆岩土工程勘察报告》。

表 7.19 标准贯入试验击数统计表

地层编号	地层名称	统计次数	基本值 max 击	基本值 min 击	基本值 μ 击	标准差 σ	变异系数 δ	统计修正系数 r_s	标准值 击
②-1	粉质黏土	8	9	6	7.5	0.93	0.12	0.92	6.9
②-2	粉质黏土	3	4	3	3.3				3.2
③-1	强风化闪长岩	15	81	56	67.7	7.80	0.12	0.95	64.1

注：引自《新馆岩土工程勘察报告》。

表 7.20 岩石饱和单轴抗压强度成果表

地层编号	地层名称	试验次数	基本值（MPa） max	基本值（MPa） min	基本值（MPa） f_{rm}	标准差 σ	变异系数 δ	统计修正系数 γ	标准值 f_{rk} MPa
③-2	中风化闪长岩	9	64.0	52.2	58.1	4.68	0.08	0.95	55.2

注：引自《新馆岩土工程勘察报告》。

表 7.21 各岩土层承载力、压缩模量综合成果表

地层编号	地层名称	室内试验 f_{ak} kPa	室内试验 E_s MPa	标贯试验 N 击	标贯试验 f_{ak} kPa	建议值 γ kN/m³	建议值 C_k kPa	建议值 Φ_k °	建议值 f_{ak} kPa	建议值 E_s MPa
②-1	粉质黏土	150	6.5	6.9	150	18.2	30.0	12.0	150	6.5
②-2	粉质黏土	90	4.1	3.2	90	17.9	12.5	8.5	90	4.1
③-1	强风化闪长岩			64.1	500				500	E_0=45.0
③-2	中风化闪长岩	f_{rk}=55.2MPa							f_a=4000kPa	

注：引自《新馆岩土工程勘察报告》。

新馆建设区域存在地质隐患,为确保博物馆及游客安全,须做好露天边坡加固,或对建设位置进行调整,避开露天边坡。

6. 新馆选址对遗址环境影响

新馆拟建位置现为Ⅶ号矿山体,其南侧山上为铜绿山遗址博物馆,西侧为露天采坑边坡,东、北两侧为空地。此区域整体历史环境保存较为完整,从铜山观景台、Ⅶ号矿体高点及东侧入口附近看,东、西、北方向的景观视廊较为完整,如新馆规模、体量过大,或形式、色彩处理不当,都会对遗址环境造成较大影响。由于没有具体的建设指标,尚无法确定影响程度大小。

建设施工期间施工场地平整和基础施工将造成场地植被的破坏,材料运输及拌和过程可能产生大量扬尘、噪声,环境空气污染。施工机械噪声将影响附近声环境质量,施工车辆还会打破原来公路的交通秩序,导致交通不便。

7. 采矿活动对遗址本体和环境的累积影响

尽管大冶市政府采取了积极措施整顿、治理铜绿山遗址区内的非法采矿活动,但是多年来露天采矿造成的高边坡、盗采活动以及大冶有色金属矿区地下开采的持续振动等仍将会伴随公园的运营,对遗址本体和环境造成长期的威胁。

(1)露天采矿造成的高边坡。

铜绿山古铜矿遗址Ⅶ号矿体西侧露天采矿坑南北长1500、东西宽500米。上部露天采坑已采至-64米平台,在遗址一侧形成高约90米,陡约50°左右的高边坡;下部坑采井巷已采至-365米中段,形成-125米、-185米、-245米、-305米、-365米五个开采水平,并正在开通-425米水平巷道。

高边坡是造成目前Ⅶ号矿体采矿遗址周边地面开裂、变形和沉降的主要原因,同样也将是公园运营期间对Ⅶ号矿体采矿遗址及其遗址博物馆和新馆的巨大威胁。

(2)采矿活动造成的振动影响。

铜绿山矿露天开采一直采用孔内微差、间隔装药、分段起爆的控制爆破技术,控制分段最大的装药量在300千克以内。经过治理后,露天开采不允许使用爆破技术,转而使用凿岩机等机械方式。这些都会产生持续的振动。此外,露天开采时重型卡车的运输也会引起地面振动。

2012年以来的监测数据显示,Ⅶ号矿体振动范围没有超出国家标准。尽管如此,常年累加且不均衡的振动影响依然威胁着遗址的安全(图7.53、图7.54)。监测单位建议进一步增加裂缝等监测点,继续开展长期的监测[摘自《湖北省大冶市铜绿山铜铁矿矿山地质环境治理项目一期工程监测月报》(2012年度)]。

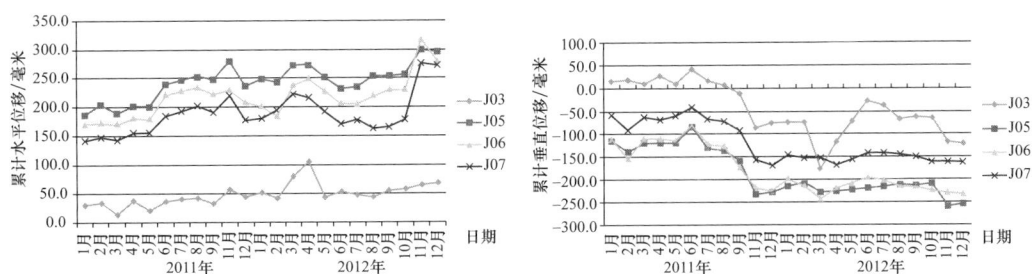

图 7.53　大地变形监测累计位移曲线图

[(图片来源:《监测月报》(2012)]

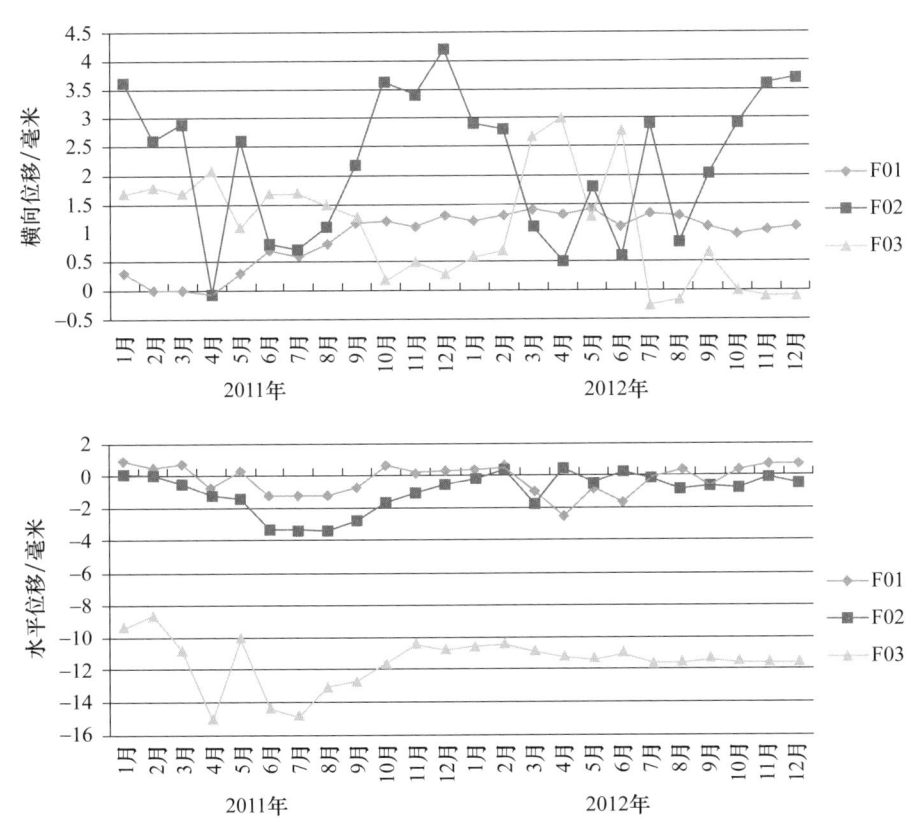

图 7.54　裂缝监测位移曲线图

[(图片来源:《监测月报》(2012)]

(3)采矿引起的粉尘污染。

露天采场底部很容易形成逆温(即气温随高度增加而升高)现象,使粉尘、汽车运输的尾气等有害气体积聚,造成周边环境严重污染。据研究,露天采矿场在穿孔(深孔)和钻眼、爆破和二次破碎、铲装、汽车运输、汽车卸载、推土机平整工作面和排土场等生产过程中都会产生大量的粉尘。

长期产生的粉尘污染不仅对环境影响极大,同时已经扩散至铜绿山古铜矿遗址内,致使遗址表面落上一层粉尘,粉尘中夹杂着空气中的氮、硫化合物及水汽,对遗址表层造成破坏。

7.5.4 影响程度分析

影响程度分析见表7.22、表7.23。

表7.22 (老馆)遗产变化及其程度分析表

建设项目	影响内容		影响变化情况	是否可逆/影响时间	是否有益	变化规模和程度	综合变化程度
老馆	文物本体	Ⅶ号矿体1号遗址点	馆内粉尘较大,遗址表面颜色和质感发生变化;土体表面与内部温湿度差距较大,造成土体开裂、剥落、粉化;土体含盐导致的表土风化;局部高湿度导致的微生物生长,进而破坏土体和木构	否/永久累积影响	否	较小的变化	较大的不良变化
		Ⅶ号矿体	古铜矿遗址博物馆展馆变形区包括馆内遗址及馆外水泥地面,变形区平面上与场馆区几近一致,面积3200平方米。区内变形形式表现为地面裂缝,其次为墙体裂缝	否/长期累积影响	否	较大的变化	
	景观风貌环境	景观风貌	从铜山观景台和其他高点看,其建筑规模、形式、色彩等对遗址区环境风貌均有较大影响	是/长期	否	较大的变化	

表 7.23 （新馆）遗产变化及其程度分析表

建设项目	影响内容		影响变化情况	是否可逆/影响时间	是否有益	变化规模和程度	综合变化程度
新馆	文物本体	岩阴山脚冶炼遗址和四方塘遗址	新馆建设如处理不当，极有可能对上述遗迹造成破坏	否/永久	否	变化程度不可知	较大的不良变化
		岩阴山脚冶炼遗址和四方塘遗址	新馆建设区域存在地质隐患，为确保博物馆及游客安全，须做好露天边坡加固，或对建设位置进行调整，避开露天边坡	否/长期累积影响	否	较大的变化	
	景观风貌环境	景观风貌	此区域整体历史环境保存较为完整，从铜山观景台、Ⅶ号矿体高点及东侧入口附近看，东、西、北方向的景观视廊较为完整，如新馆规模、体量过大，或形式、色彩处理不当，都会对遗址环境造成较大影响	是/长期	否	较大的变化	

7.5.5 减缓措施

（1）老馆建议在对已开裂、沉降区域加固、改造的同时，对其外侧的大面积硬化地面、停车场等进行修整，完善遗址博物馆展陈设施，营造保护遗址的最佳微环境。缩减博物馆功能，以1号遗址点的保护性展示为主，其他的管理、服务、旅游等功能结合山下的新馆统一考虑。

（2）新馆选址建议向东南调整，与Ⅶ号矿体展示区东入口相结合考虑为宜。单体建筑规模不宜过大，尽可能符合《保护规划》5000平方米的建议性要求。可结合东入口的布局、地形，分解建筑结构和功能设施。建筑的形式应结合古代采矿设施与现代采坑设施考虑，色彩应符合遗址区的整体环境。

（3）建设期应采取措施减少环境污染，控制施工车辆噪声污染；加强对施工垃圾和废料的处理；大、暴雨期间应停止施工，并采取防护措施，避免水土流失。

（4）结合现有的监测设施，加强对Ⅶ号遗址核心区的监测。内容包括：遗址保护核心区可能采空区的监测；遗址变形监测，遗址内的裂隙、沉降变形、结构振动和位移等；遗址环境监测，在遗址外建立环境气象监测站，定期收集雨水、风速、日照、温湿度及气体环境等数据；在遗址内监测遗址表面温湿度变化、含水率变化、微生物生长情况变化以及博物馆的热量、水汽、空气污染物运移和微生物体和孢子、尘土颗粒等，以此作为提前预警和保护措施的依据。

7.6 杜甫草堂遗址保护展示馆

2001年底，杜甫草堂博物馆在铺设地下管道的施工过程中，发现了两处唐代遗存，即正门西侧的唐代灰坑和工部祠东北面的唐人生活遗址。成都市文物考古研究所将其发掘完成后，2005年在遗址处建立了钢架结构、钢化玻璃幕墙装饰的保护展示馆。未进行过文物影响评估。

7.6.1 遗址概况

成都草堂是杜甫现存遗迹中规模最大、保存最完好、知名度最高的一处。现代诗人、学者冯至先生说："人们提到杜甫时，尽可以忽略了杜甫的生地和死地，却总忘不了成都的草堂。"（《杜甫传》）。杜甫在这里写下了《茅屋为秋风所破歌》等千古不朽的名篇，使其成为诗圣最重要的生活和创作地之一，也使之获得了"中国文学史上的一块圣地"的称誉。

7.6.2 考古新发现价值认识

2001年在杜甫草堂博物馆内发现1050平方米的唐宋民居建筑遗址，包括生活水井、圆形亭址和大量唐宋时期的生活用品、建筑构件、墓室以及有明确纪年的唐垂拱三年的僧人塔铭碑（图7.55、图7.56）。这些珍贵的实物资料，具有重要的历史价值，充分展现了杜甫生活时期成都风貌和时代背景，填补了杜甫草堂没有唐代遗址和唐代生活遗物的空白，结束了过去研究杜甫仅停留在从文献到文献的研究格局。

该遗址对于研究成都唐代灿烂的历史文化、宗教文化、商业流通、经济贸易，以及生活习俗、陶瓷制作工艺、建筑、冶炼技术等具有非常珍贵和重要的意义。四川地区唐代遗址不多见，此次在成都杜甫草堂旧址内发掘的大面积的唐代的遗址，填补了四川地区大型唐代遗址考古的空白，特别是首次发现全国罕见的唐代圆形亭址，引起了国内文物专家、学者的重视。

图 7.55　杜甫草堂唐宋建筑遗址
（图片来源：中冶 / 摄）

图 7.56　杜甫草堂圆形亭址
（图片来源：中冶 / 摄）

7.6.3　主要影响因素分析

1. 建筑选址对遗址本体的影响

杜甫草堂遗址所处地势较低，容易出现雨水集聚及排水不畅等问题。据工作人员介绍，雨季时遗址内部会出现渗水现象（图 7.57）。

遗址保护展示馆局部缺少建筑散水构造，外围局部采用卵石覆盖，无法起到散水作用。降雨后，雨水对建筑地基基础影响较大，容易造成建筑物的地基基础发生不均匀沉降，从而影响遗址安全（图 7.58）。

图 7.57　杜甫草堂保护展示馆
（图片来源：中冶 / 摄）

图 7.58　杜甫草堂保护展示馆局部缺少
散水构造
（图片来源：中冶 / 摄）

此外，杜甫草堂遗址展示馆局部的散水构造还存在开裂缺陷，开裂处会渗入雨水等，从而影响建筑物的地基基础，造成沉降、变形，并可能导致基础劣化和破坏（图 7.59）。

2. 建筑基础对遗址本体的影响

根据大量的基坑工程实测数据可知，基坑开挖深度与周围地表沉降有直接的关系。杜甫草堂遗址保护展示馆的柱基础与遗址之间的距离较小，处于沉降主要影响区域，建筑基础与遗址的相互影响较强（图7.60）。

图7.59 杜甫草堂保护展示馆局部散水开裂
（图片来源：中冶/摄）

为了解遗址的变形情况，我们在现场利用三维扫描技术对保护展示馆及遗址区进行了三维扫描，并对多次扫描数据进行了对比分析（图7.61、图7.62）。

图7.61 单站点云展开图
（图片来源：中冶/摄）

图7.60 杜甫草堂保护展示馆基础与遗址挖掘区间距较小
（图片来源：中冶/摄）

图7.62 单站点云透视图
（图片来源：中冶/制）

从两次数据叠加对比分析结果可知：色彩均匀，该区域未发生明显变形/沉降（图7.63～图7.65）。

图 7.63　遗址区 2016 年平整度扫描分析图
（图片来源：中冶 / 制）

图 7.64　遗址区 2017 年平整度扫描分析图
（图片来源：中冶 / 制）

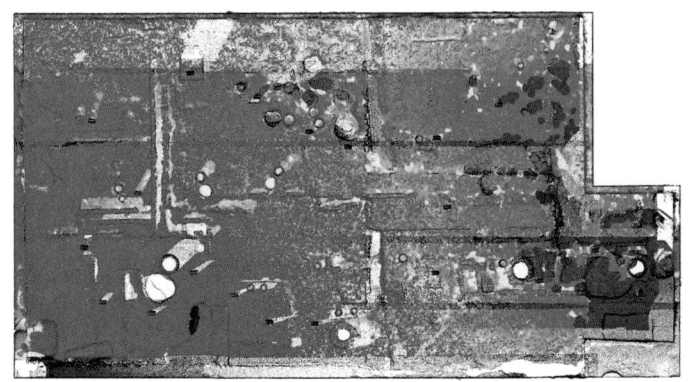

图 7.65　遗址区两年叠加对比分析变形情况图
（图片来源：中冶 / 制）

3. 内部设计、材料对遗址本体的影响

从环境监测和本体物理力学性质分析的结果来看,杜甫草堂保护展示馆的特点是空气湿度较大,且比较稳定,夏季最高温比较温和。而土体的含水率也一直稳定在较高水平。由于遗址区缺少通风设计,空气和土体都很湿润,气温又温和适宜,这就促进了苔藓等的生长,对遗址造成破坏(图 7.66、图 7.67,表 7.24、表 7.25)。

图 7.66　遗址土体表面滋生的苔藓
(图片来源:北大/供)

图 7.67　遗址砖表面生长的苔藓
(图片来源:北大/供)

表 7.24　杜甫草堂遗址空气温湿度记录仪数据特征总结表

	最高温(℃)	最高温出现时间	最低温(℃)	最低温出现时间	平均温度(℃)	标准差(℃)
DFCT-1	28.5	2016/8/21,16:00	11.2	2016/11/25,9:00	22.0	3.29
DFCT-2	30.0	2016/8/21,19:00	10.5	2016/11/25,9:00	22.6	3.67
	最大相对湿度(%)	最大相对湿度出现时间	最小相对湿度(%)	最小相对湿度出现时间	平均相对湿度(%)	标准差(%)
DFCT-1	100.0	整个监测时间内长期出现,尤其6~9月,而10、11月中也有出现	79.0	2016/10/28,17:00	99.4	1.58
DFCT-2	99.5	2016/7/10,5:00	67.6	2016/10/29,13:00	94.9	3.18

表 7.25　杜甫草堂遗址土体温度数据特征总结表

	最高温(℃)	最高温出现时间	最低温(℃)	最低温出现时间	平均温度(℃)	标准差(℃)
DFCT-N-1	26.4	2016/8/25,18:00	12.7	2016/11/25,9:00	21.3	2.82
DFCT-N-2	29.7	2016/8/21,16:00	10.4	2016/11/25,8:00	22.6	3.57

保护展示馆顶棚是完全不透光的，一定程度上抑制了植物生长，这是一个很好的设计（图7.68）。

唐代亭台遗址采用玻璃幕墙作为围护结构。直射光的长期作用会造成遗址的干裂、风化和氧化。此外，通风不畅已经导致遗址内部存在土体表面潮湿、苔藓生长等问题（图7.69）。

图7.68　杜甫草堂保护展示馆内部展示空间
（图片来源：中冶/摄）

图7.69　杜甫草堂唐代亭台遗址展示厅现状
（图片来源：中冶/摄）

4. 运营期垃圾影响遗址排水

遗址保护展示馆周围布置的排水沟，在一定程度上缓解了积水影响。但由于存在杂物，容易造成排水沟的堵塞，从而影响排水效果。同时现场发现排水沟局部存在开裂、破损缺陷，会造成排水沟内部积水向周围渗漏，影响排水效果，从而会威胁到遗址区的安全（图7.70、图7.71）。

图7.70　杜甫草堂遗址保护展示馆周围排水沟现状
（图片来源：中冶/摄）

图7.71　杜甫草堂遗址保护展示馆周围排水沟现状
（图片来源：中冶/摄）

7.6.4 影响程度分析

影响程度分析见表 7.26。

表 7.26 遗产变化及其程度分析表

建设项目	影响因素	影响变化情况	是否可逆/影响时间	是否有益	变化规模和程度	综合变化程度
保护展示馆	选址	遗址所处地势较低，容易造成雨水集聚及排水不畅等问题。遗址保护展示馆局部缺少建筑散水构造，外围局部采用卵石覆盖，无法起到散水作用。降雨后，雨水对建筑地基基础影响较大，容易造成建筑物的地基基础发生不均匀沉降，从而影响遗址安全	否/长期	否	—	—
	建筑基础	杜甫草堂遗址保护展示馆的柱基础与遗址之间的距离较小，处于沉降主要影响区域，建筑基础与遗址的相互影响较强	否/长期	否	—	
	建筑设计、微环境营造	由于遗址区缺少通风设计，空气和土体都很湿润，气温又温和适宜，这就促进了苔藓等的生长，对遗址造成破坏。唐代亭台遗址采用玻璃幕墙作为围护结构。直射光的长期作用会造成遗址的干裂、风化和氧化。此外，通风不畅已经导致遗址内部存在土体表面潮湿、苔藓生长等问题	否/长期累积影响	否	—	
	建筑运营	排水沟存在杂物，容易造成堵塞，从而影响排水效果。排水沟局部存在开裂、破损缺陷，会造成排水沟内积水向周围渗漏，影响排水效果，从而会威胁到遗址区的安全	否/长期累积影响	否	—	

7.6.5 减缓措施

（1）对保护展示馆四周进行隔水和排水设计、改造。

（2）增加保护展示馆的通风装置，通过加强通风等方法来控制遗址土体的含水率。通过改造唐代凉亭的玻璃材料，控制植物病害的问题。

（3）加强对排水设施的清理和维护。

7.7 南旺枢纽遗址大运河科技馆

2010年8月，汶上县成立了大运河南旺枢纽工程大遗址保护与申遗工作领导小组和工程建设指挥部，先期投入3000多万元，进行了驻地拆迁建设，开始了重点项目工程施工。为配合2011年"文化遗产日"活动，汶上县投资上千万元建设大运河南旺枢纽水工科技馆（南旺枢纽博物馆），占地约5000平方米，建筑面积3400余平方米，主体为钢结构框架，建筑高度12.3米。为配合第二批考古遗址公园立项，拟在分水嘴的会通河河道遗址剖面采用遗址考古现场展示方式，在河道遗址剖面上设遗址保护棚，保护棚宽5米，长35米，高2米，玻璃材质。保护棚具备可逆性。

大运河科技馆为已建成项目，未开展过文物影响评估。

会通河道遗址保护棚为待建项目，需要开展文物影响评估。

7.7.1 遗址概况

南旺分水枢纽遗址位于山东济宁市汶上县城西南19千米南旺镇北。南旺枢纽始建于元代，主要水工设施为明代修建，为明代重开会通河后引汶入运的水利工程，占地约为20000平方米。南旺枢纽由水道工程、水源工程、分水设施、蓄调系统及祭祀建筑构成，为京杭大运河提供了较为充足的水源，解决了"水脊"缺水的难题，是大运河遗址上最为重要的水利枢纽之一（表7.27）。南旺枢纽随着漕运的结束及中华人民共和国成立后梁济运河的开通逐渐废弃，现多为遗址或改作他用。

表7.27 遗产构成表

遗址类型	遗址位置	遗址概况
河道遗存	会通河遗址南旺枢纽段	废弃河道由于自然淤积造成河床抬升及河道变窄；人为取土烧砖，人为填埋作为耕地或建筑用地；废弃河道内排水不畅。小汶河堤防破坏严重，南部由于截流河槽淤废
	小汶河	
水工设施遗存	十里闸	十里闸又称南旺下闸，在南旺分水口北面2.5千米，是南旺分水口北面最关键的第一闸，对南旺"水脊"段运河水量控制具有十分重要的作用。现址位于汶上县南旺镇十里闸东、北、南三村交界处

续表

遗址类型	遗址位置	遗址概况
水工设施遗存	柳林闸	柳林闸又称南旺上闸,在南旺分水口南面2.5千米,是南旺分水口南面最关键的第一闸,对南旺"水脊"段运河水量控制具有十分重要的作用。现址位于汶上县南旺镇柳林村一至四村交界处
	邢通斗门遗址	
	徐建口斗门遗址	徐建口斗门位于汶上县南旺镇小汶河与马踏湖相接处。是小汶河与马踏湖连接通道上重要减水闸
	运河砖砌河堤	
运河相关遗产	南旺分水龙王庙遗址	为历史上引汶济运重要水利枢纽,是疏通南北大运河航道最为壮观的纪念性建筑群,是中国水利史上的重大工程
	开河闸碑	

7.7.2 南旺枢纽的价值认识

南旺枢纽主要在以下三方面对大运河遗产的整体价值有着重要支撑。

在总体选线与工程规划上,南旺枢纽展现出在古代地形测量、水文勘察、水利规划方面的卓越成就,集中展现出中国古人在中国大运河的工程技术方面高超的智慧与惊人的创造力。

作为中国大运河的重要组成部分,南旺枢纽的修建、维护及管理是中国历史上已消逝的一个特殊的制度体系和国家文化传统——漕运的独特见证。

南旺枢纽由引水、蓄调、分水及附属设施四大工程系统组成,它以其历史延续性和卓越的技术成就,代表了工业革命前中国大运河在水利规划和土木工程方面所能达到的顶峰,是农业文明时期运河工程的集大成者。

7.7.3 主要影响因素分析

1. 大运河科技馆(南旺枢纽博物馆)选址和形式对遗址本体、景观风貌影响

南旺枢纽博物馆并没有直接占压遗址本体,因此对遗址本体没有影响。

博物馆紧邻分水龙王庙遗址与枢纽遗址,在空间关系上干扰了遗址间的相互联系。

南旺枢纽博物馆位于保护范围内,分水龙王庙遗址南侧,建筑高度12米,高于文物建筑。从各个角度看,博物馆均对分水龙王庙遗址的景观造成较大的影响(图7.72、图7.73)。

图 7.72　南旺分水枢纽遗址区全景模型，远处为南旺枢纽博物馆

（图片来源：国文信 / 制）

图 7.73　南旺枢纽博物馆与分水龙王庙遗址关系图

（图片来源：国文信 / 制）

南旺枢纽博物馆主体为钢结构框架，其建筑规模、形式、色彩等对遗址区环境风貌均有较大影响。

2. 会通河道遗址保护棚对遗址本体和环境影响

根据我们对会通河河道土壤的分析，河道土既含有粉砂也含有砂，这些土较酥松，容易受到雨雪的影响。如排水处理不好，可能对本体造成破坏（表 7.28、表 7.29、图 7.74、图 7.75）。

表 7.28　会通河河道土壤阴离子含量

编号	Cl/（mg/kg）	NO_3/（mg/kg）	SO_4/（mg/kg）
DYH-4	1298.49	9373.00	68790.17
DYH-1	15.74	5.48	126.64

表 7.29　会通河河道土壤阳离子含量

编号	Na/（mg/kg）	K/（mg/kg）	Mg/（mg/kg）	Ca/（mg/kg）
DYH-4	4106.97	76.85	3342.20	28042.66
DYH-1	37.33	8.53	35.43	190.56

遗址保护棚宽 5 米，长 35 米，高 2 米，玻璃材质。因为位于遗址公园核心位置，遗址本体之上，对遗址环境造成中等程度的影响。

7.7.4　影响程度分析

影响程度分析见表 7.30、表 7.31。

图 7.74 会通河河道含水率检测
(图片来源:北大/制)

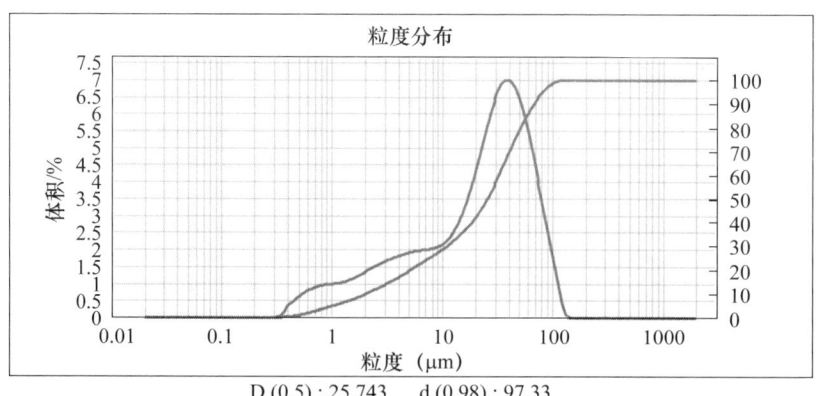

图 7.75 会通河河道土壤粒径分析图
(图片来源:北大/制)

表 7.30　遗产变化及其程度分析表

建设项目	影响内容		影响变化情况	是否可逆/影响时间	是否有益	变化规模和程度	综合变化程度
大运河科技馆	文物本体	遗址本体	没有直接占压遗址本体，因此对遗址本体没有影响	—	—	没有变化	较大的不良变化
		遗址关联性	紧邻分水龙王庙遗址与枢纽遗址，在空间关系上干扰了遗址间的相互联系	是/长期	否	较大的变化	
	景观风貌环境	历史环境	建筑高度12米，高于文物建筑。从各个角度看，博物馆均对分水龙王遗址的环境造成较大的影响	是/长期	否	较大的变化	
		景观风貌	主体为钢结构框架，其建筑规模、形式、色彩等对遗址区环境风貌均有较大影响	是/长期	否	较大的变化	
河道遗址保护棚	文物本体	河道遗迹	排水处理不好，可能对本体造成破坏	否/永久	否	较小的变化	中等的不良变化
	景观风貌环境	景观风貌	遗址保护棚宽5米，长35米，高2米，玻璃材质。因为位于遗址公园核心位置，遗址本体之上，对遗址环境造成较大的影响	是/长期	否	中等的变化	

表 7.31　文物影响可接受程度分析表

建设项目	遗产价值	变化的规模和程度					能否接受
		没有变化	微不足道的变化	小的变化	中等的变化	大的变化	
	核心区遗产	影响的意义或程度（有益或不良）					
大运河科技馆	极高					较大的不良变化	不可接受
河道遗址保护棚					中等的不良变化		通过减缓措施可接受

7.7.5　减缓措施

（1）远期拆除大运河科技馆。新的博物馆的选址在分水嘴遗址的西面，位于一类建控地带内。总用地面积 0.6 公顷，周边可预留征地，为未来发展预留空间。总建筑面积 6000 平方米，地下一层，地上局部二层，建筑高度小于 7 米。

（2）拟建遗址保护展示棚建筑形式及材质对遗址环境影响较大，考虑到遗址展示棚主要展示河道剖面，建议高度降至河道现有地面，减小对遗址环境的影响。同时应深化设计，提出通风和排水要求，避免因展示对河道剖面造成破坏。

7.8 明故宫遗址城市轨道交通项目

城市轨道交通六号线方案一拟下穿明故宫遗址一般保护范围，下穿外五龙桥，侧穿现存午门本体；紧靠重点保护范围设置明故宫站，距离明故宫遗址地下遗存较近，分别距离奉天门遗址 26 米、奉天殿遗址 31 米、瑾身殿 38 米、午门 14 米。方案二拟下穿明故宫遗址一般保护范围，区间盾构通过不设明挖车站，区间隧道埋深达到 33.67 米。

项目为待建项目，需要开展文物影响评估。

7.8.1 遗址概况

名称：明故宫遗址。

位置：江苏省南京市玄武区、白下区（现属秦淮区），处于南京城东部、大光路以北、富贵山以南、逸仙桥以东、中山门以西。地理坐标：北纬 32°02′56.4″，东经 118°47′54.0″，海拔 10 米。

年代：明代。

类别：古遗址。

公布时间：2006 年 5 月 25 日被公布为第六批全国重点文物保护单位。

公布批号：6-0080-1-080。

7.8.2 明故宫中轴线价值

南京明故宫以富贵山为制高点，开创了明清两代宫殿自南向北中轴线即为全城骨干的模式，所有城内宫殿建筑和衙署都沿着这条轴线结合在一起。精心布局午门至洪武门之间的中轴线，使之体现皇权的绝对尊严与神圣。古代城市轴线的产生，是人们崇中观念的反映，其中南京明故宫规划布局中就重点突出了中轴线的特点①。

南京明故宫以南端外城的正阳门为起点，经洪武门至皇城的承天门，为一条宽广的御道，御道两侧为千步廊，御道的东面分布吏、户、礼、工五部等中央高级行政机构，西面是最高的军事机构——五军都督府。御道尽头承天门前是长安左、右门形成的东西横街——长安街广场和外五龙桥，向北延伸，经端门、午门进入宫城，过内五龙桥到奉天门。经三大殿两大宫抵宫城北门玄武门，至皇城北门北安门出皇城，正对钟山"龙头"富贵山，而以都城的太平门为结束。这种宫、城轴线合一的模式，既是南京特殊地理条件使然，又突出地表达出封建集权统治唯我独尊的精神，后来成为明成祖朱棣迁都北京时改建北京城和设计宫城的蓝本（图 7.76）。

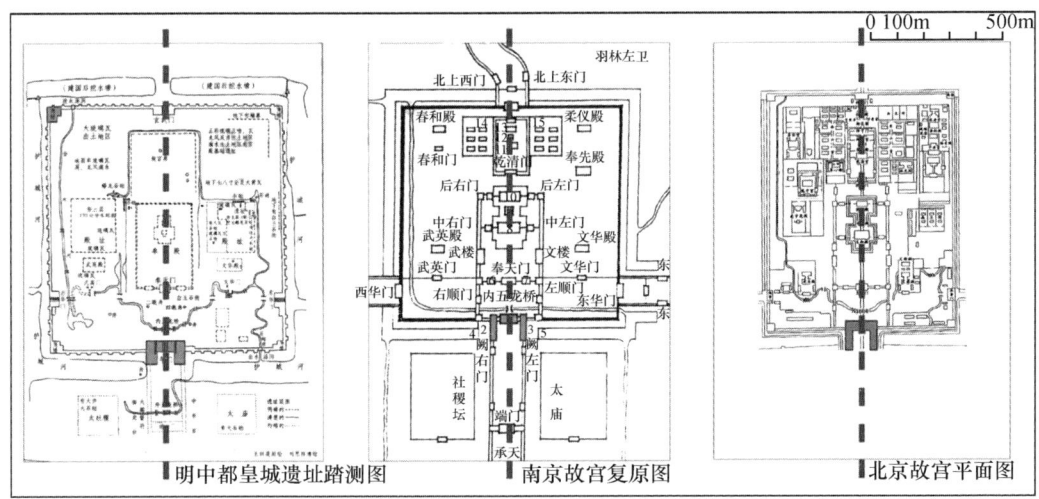

图 7.76　南京、明中都、北京宫城平面布局对比图
（图片来源：国文信/制）

7.8.3　主要影响因素分析

1. 选线对文物本体的影响
（1）地面存留的遗址。
光华门站至富贵山站区间隧道方案一、方案二均下穿地面留存的遗址包括御

---

① 潘谷西、陈薇《城市演进中的南京明故宫遗址保护定位》，潘谷西、陈薇《历史文化名城中的史迹保护：以南京明故宫遗址保护规划为例》、潘谷西《关于南京明故宫遗址保护的意见》以及韩颖等《南京明故宫地区的历史性建筑保护与更新》。

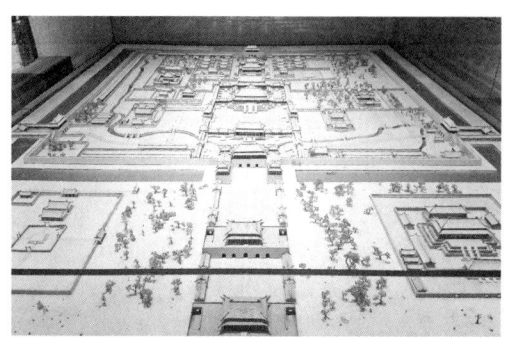

图7.77 潘谷西设计的南京明故宫复原模型
（图片来源：滕磊/摄）

道街、外五龙桥本体和侧穿现存午门本体和重点保护范围（分别距离午门本体14.20米、重点保护范围1.11米）。地铁在此穿越方式为下穿和侧穿，施工工法为盾构法，且区间隧道埋深15.47~32米。

项目对文物本体安全性进行检测，其中外五龙桥本体缺陷情况：通过检查发现，外五龙桥栏杆出现开裂、破损、露筋，植物滋生，桥拱开裂等损伤。桥体虽然存在一定缺陷，但对本体结构安全性影响较小，桥体本体状况良好。依据《文物建筑中砖石结构维修与加固技术规范》（征求意见稿），结合现场实际勘察检测结果，明故宫遗址外五龙桥的整体结构第一级评估为Ⅰ级，应对损伤部位进行处理，可不进行二级评估（图7.78）。

午门本体缺陷情况：通过检查发现，午门主要缺陷有砖破损、开裂、孔洞、雨水冲刷、积水、植物滋生、墙体外鼓、灰浆脱落、返碱等缺陷。城墙结构虽存在一定缺陷，但多为表面损伤，城墙本体并未受到损伤，情况良好。依据《文物建筑中砖石结构维修与加固技术规范》（征求意见稿），结合现场实际勘察检测结果，明故宫遗址午门的整体结构第一级评估为Ⅰ级，应对损伤部位进行处理，可不进行二级评估（图7.79）。

由于南京地铁6号线工程区间采用盾构隧道施工，从总体来看，其对明故宫遗址地面留存的遗址如御道街、外五龙桥、午门造成的直接影响较小。

（2）地下遗存。

光华门站至富贵山站区间隧道下穿地下遗存包括正阳门、洪武门、承天门、端门、御河、玄武门，侧穿奉天门和奉天殿东侧附属遗址。地铁在此穿越方式为下穿和侧穿，施工工法为盾构法，且区间隧道埋深15.47~32米。同样，南京地铁6号线工程区间隧道施工对明故宫遗址地下遗存造成的直接影响较小。

南京地铁6号线工程光华门站、富贵山站侵入明故宫遗址的二类建设控制地带，明故宫站侵入一般保护范围。地铁在此穿越方式为地下，车站主体及附属基坑的施工工法为明挖法，光华门站、明故宫站均为地下三层站，富贵山站为地下二层站。目前光华门站、富贵山站的车站主体及附属基坑拟建设场地区域范围尚未经过考古调查勘探，地下文物遗存情况暂不清楚。根据《南京地铁6号线明故宫站地块考古勘探报告》，分别在中山东路北侧发现夯土基址（推测为中左门

外五龙桥侧立面图

桥1西侧⑥⑦号望柱间裂缝

桥1西侧⑦号望柱与抱鼓石连接处开裂

桥1西侧⑤⑥号望柱间寻杖开裂

桥1西侧③④号望柱间寻杖开裂，0.35mm

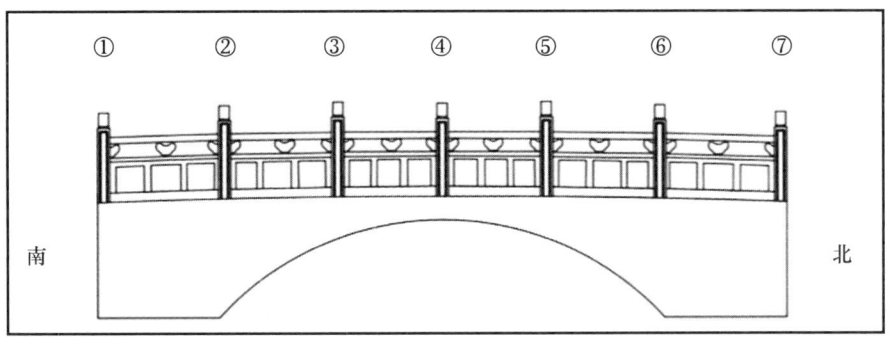

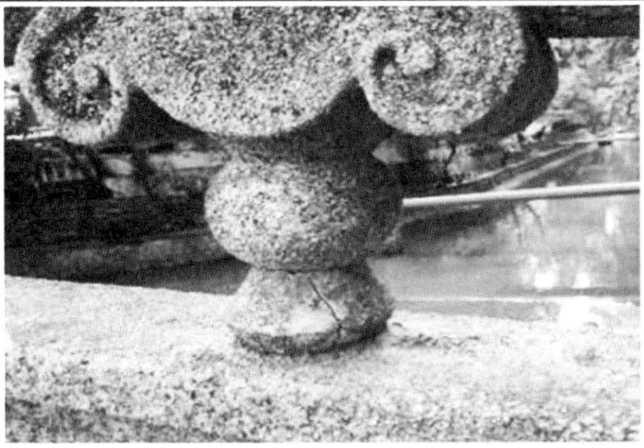

图 7.78　南京明故宫外五龙桥安全检测
（图片来源：中冶 / 制）

遗址），中山东路南侧发现夯土基址（推测为东角门遗址）和御河遗迹。明故宫站避开明故宫遗址的重点保护范围和夯土基址，距离重点保护范围最近点为 0.65 米，距夯土基址分别为 6.62 米（南区夯土基址）、6.67 米（北区夯土基址），侵入一般保护范围，根据车站主体基坑深约 24.4 米。同时，根据明故宫站与历史

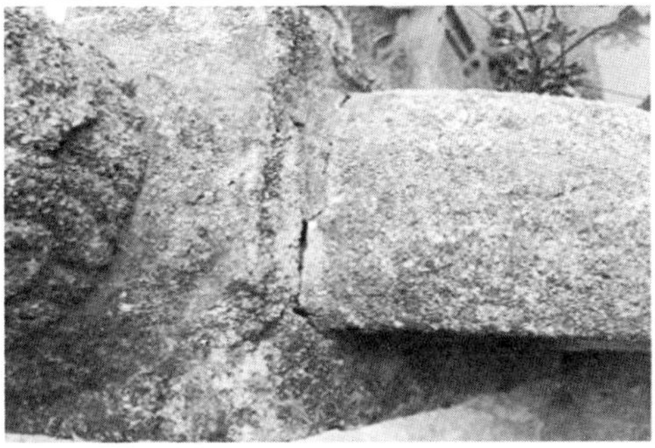

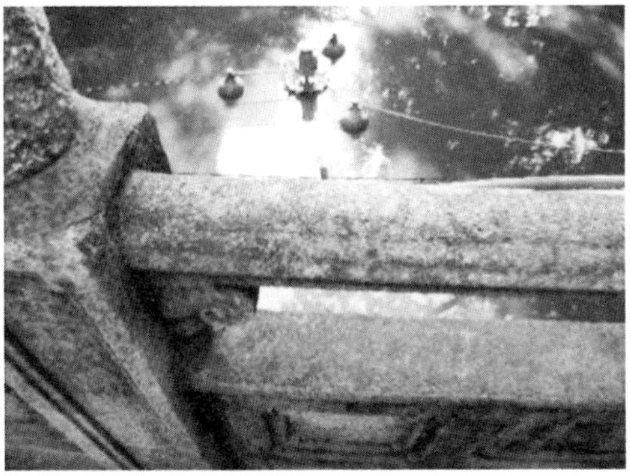

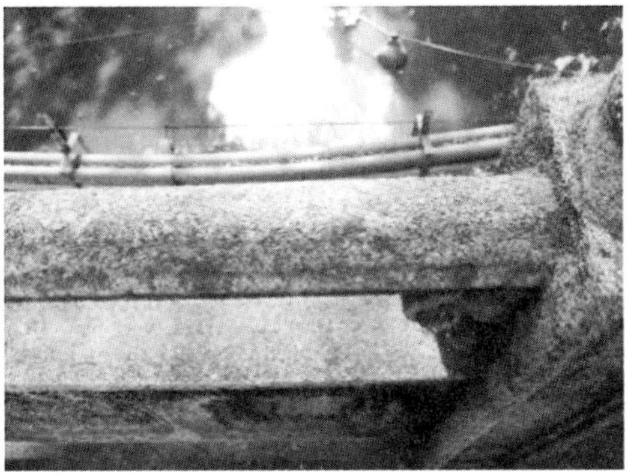

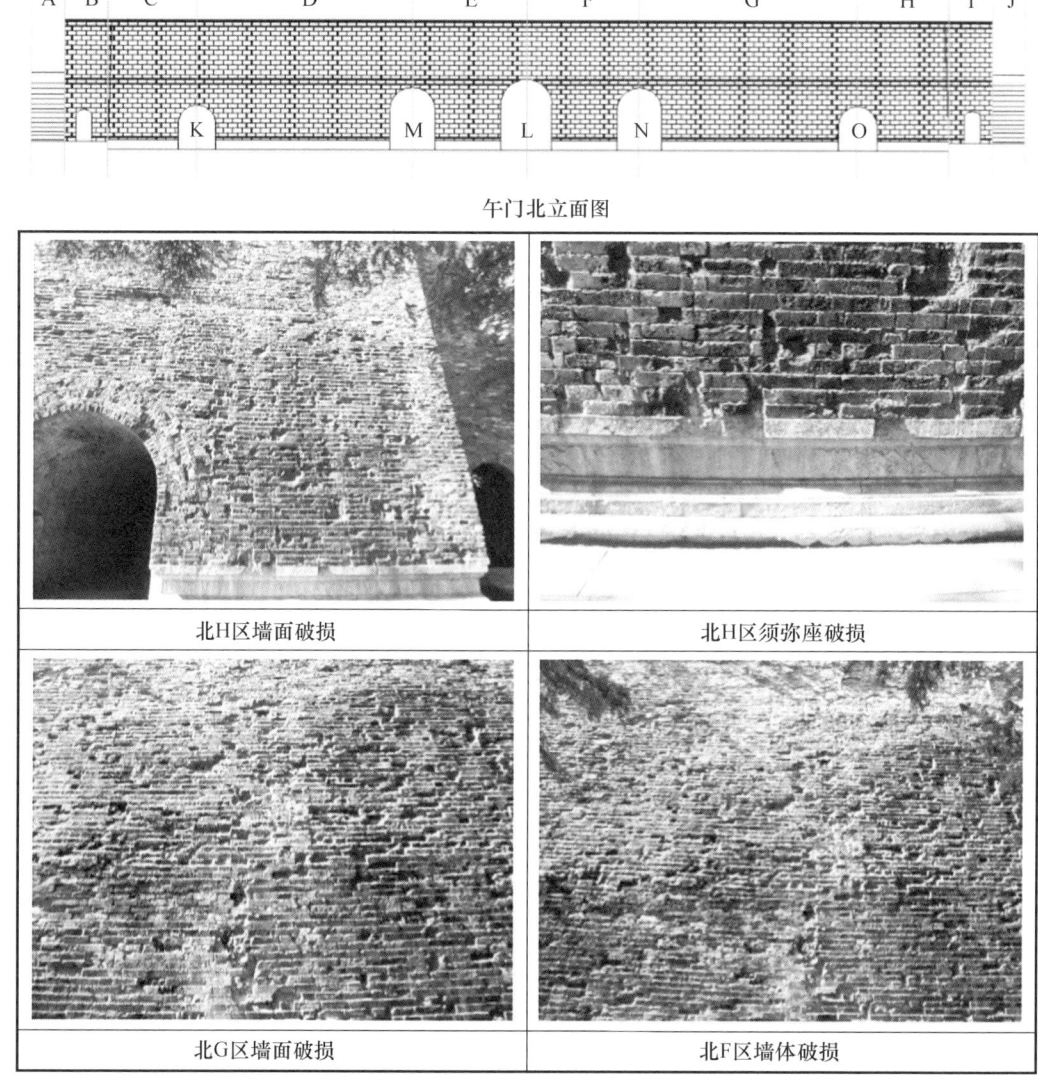

图 7.79　南京明故宫午门安全检测

(图片来源：中冶/制)

格局叠置分析，明故宫站主体基坑侵入明故宫宫城的核心地带。因此，南京地铁6号线工程车站主体及附属基坑施工对明故宫遗址文物本体（地下遗存）造成的直接影响较大。

2. 施工期基础沉降的影响

施工期基础沉降的影响见表 7.32～表 7.34。

表 7.32 外五龙桥

比较项目	理论计算值（mm）	控制标准值（mm）	分析结果
最大沉降	9.1	−5～+5	超过标准值 4.1mm
最小沉降	—	—	—
沉降差	4.9	5	低于标准值 0.1mm
倾斜	—	0.5‰	—
水平位移	6.04	10	低于标准值 3.96mm

表 7.33 午门

比较项目	理论计算值（mm）	控制标准值（mm）	分析结果
最大沉降	0.62	−5～+5	低于标准值 4.38mm
最小沉降	—	—	—
沉降差	0.16	5	低于标准值 4.84mm
倾斜	—	0.5‰	—
水平位移	0.75	10	低于标准值 9.25mm

表 7.34 明故宫站周边地下遗存

比较项目	理论计算值（mm）	控制标准值（mm）	分析结果
最大沉降	10.5	−5～+5	超过标准值 5.5mm
最小沉降	—	—	—
沉降差	—	5	—
倾斜	—	0.5‰	—
水平位移	0.38/2.05	10	低于标准值 9.62/7.95mm

根据理论计算结果与沉降控制标准综合比较分析结果可知，区间隧道下穿外五龙桥和明故宫站开挖（夯土基址）所引起的基础沉降较大，超过控制标准值；区间隧道侧穿午门所引起的基础沉降较小，低于控制标准值。因此，南京地铁6号线施工期间所诱发的基础沉降对外五龙桥和车站基坑周边地下遗存的影响较大，对午门的影响较小。

3. 施工期和运营期振动影响

根据振动源分析，地铁施工期间，车站主体及附属基坑明挖施工所诱发的振动影响最为明显，尤其是对明故宫站南北两侧的夯土基址影响较大，工程车辆行进引起的振动影响相对较小,而地下区间隧道盾构施工过程所诱发的振动影响很小。

经过综合计算分析,地铁运行引起的振动对文物结构最大速度响应与现状结构振动速度响应相叠加后的最大可能振动速度均显著超过容许水平振动速度限值标准(振动控制标准),不满足《古建筑防工业振动技术规范》(GB/T50452~2008)中有关文物保护的要求。地铁运营期间列车运行后所引起的振动是长期的,可能会引起文物结构的疲劳破坏(表7.35~表7.38)。

表7.35 影响地铁振动的因素参数表

序号	影响因素	具体参数
1	车辆	列车运行速度、荷载、车厢长度、列车主要悬挂刚度和阻尼、车轮表面状况、轮轨间蠕滑系数、轮轨牵引电机、齿轮传动、列车高速运行产生的气流
2	轨道	轨道线路曲率、坡度、钢轨踏面状况、轨道质量、刚度、阻尼、钢轨紧固件间隙
3	道床	道床类型、道床构筑结构、道床隔振条件
4	隧道	隧道埋深、隧道壁厚度、隧道结构尺寸和形状、隧道基础、隧道衬砌结构类型
5	地质条件	土层及岩石成分、密度、弹性模量、剪切模量、剪切系数和损失因子、地形条件

表7.36 现状振动实测结果

序号	名称		保护级别	文物与地铁相对位置关系		现状结构振动速度响应 v(mm/s)		容许水平振动速度限值标准[v](mm/s)	比较结果(mm/s)
				水平距离(m)	竖向距离(m)	东西向	南北向		
1	明故宫遗址	外五龙桥	国家级	0	19.48	0.058	0.060	0.25	低于容许值0.190
		午门		14.2	16	0.071	0.092	0.20	低于容许值0.108
		地下遗存		0	15.47—32	—		0.15	

表7.37 地铁运行振动计算结果

序号	名称		保护级别	文物与地铁相对位置关系		结构最大水平速度响应 V_{max}(mm/s)	容许水平振动速度限值标准[v](mm/s)	比较结果(mm/s)
				水平距离(m)	竖向距离(m)			
1	明故宫遗址	外五龙桥	国家级	0	19.48	3.506	0.25	超过容许值3.256
		午门		14.2	16	2.304	0.20	超过容许值2.104
		地下遗存		0	15.47—32	—	0.15	—

表 7.38 文物振动叠加结果

序号	名称		保护级别	文物与地铁相对位置关系		现状结构振动速度响应 v（mm/s）	结构最大水平速度响应 V_{max}（mm/s）	振动叠加（mm/s）	容许水平振动速度限值标准 [v]（mm/s）	比较结果（mm/s）
				水平距离（m）	竖向距离（m）					
2	明故宫遗址	外五龙桥	国家级	0	19.48	0.060	3.506	3.566	0.25	超过容许值 3.316
		午门		14.2	16	0.092	2.304	2.396	0.20	超过容许值 2.196
		地下遗存		0	15.47—32	—	—	—	0.15	—

注：现状结构振动速度响应取水平振动速度测试结果中最大值。

综上可知，尽管南京地铁 6 号线施工期间所诱发的振动对外五龙桥、午门以及明故宫遗址地下遗存的影响总体较小。但是地铁建成投入运行后引起的振动对文物结构会造成有害的影响，南京地铁 6 号线施工和运营期间必须采取有效减振保护措施以满足所涉及文物对地铁振动的保护要求。

7.8.4 影响程度分析

影响程度分析见表 7.39。

表 7.39 遗产变化及其程度分析表

文物名称		文物价值	保存现状评估	变化的规模和程度					能否接受
				没有变化	微不足道的变化	小/较小	中等/较大	大/很大	
				影响的意义或程度（有益或不良）					
方案一	外五龙桥	高	好				方案一 方案二		采取减缓措施
	午门	高	好				方案一 方案二		采取减缓措施
	地下遗存	高	差			方案一	方案一		采取减缓措施
	历史格局	高	差			方案一	方案二		采取减缓措施

从对文物的影响、与线网规划和线站位功能协调情况、对利益相关者的影响以及工程可实施性等多方面对方案进行综合比较，其中"对文物的影响"在综合评价中所占权重最大。具体比选分析内容如表7.40，其中综合评价分为 A（好）、B（中）、C（差）三级。

表7.40　可接受程度分析表

方案		对文物的影响	与线网规划和线站位功能协调情况	对利益相关者的影响	工程可实施性	综合评价
推荐方案	方案一（明故宫路设站方案）	下穿明故宫遗址一般保护范围，沿御道街中轴线铺设，明故宫站基坑侵入明故宫宫城的核心地带。较大的不良影响	线站位功能好、方便换乘，符合线网规划及功能定位。协调情况好	下穿建筑物较少，符合相关利益者的诉求。微小的不利影响	可实施性一般	C
	方案二（明故宫路不设站方案）	下穿明故宫遗址一般保护范围，沿御道街中轴线盾构通过，中间风井基坑侵入一般保护范围。适度的不良影响	线站位功能差、不能与2号线换乘，线路走向基本符合线网规划。协调情况一般	下穿建筑物较少，符合相关利益者的诉求。微小的不利影响	可实施性好	B

7.8.5　减缓措施

1. 设计阶段减缓措施

（1）对外五龙桥和午门文物建筑本体进行提前修缮加固处理，具体保护措施包括：①对风化、开裂的砌体进行定期检查，对渗水部位进行处理，防止由于裂缝的存在导致的雨水等长期侵入墙体填土内部；②对裂缝修补加固处理；③对桥拱开裂及移位部位进行维修加固，对上部栏杆开裂、损坏部位进行修复，露筋处对钢筋锈蚀部位进行处理、刷界面剂，并采取相应措施进行修复等。

（2）针对外五龙桥、午门及车站周边地下遗存等文物点分别制定文物保护专项设计方案，提出详细具体的保护措施、监测方案及应急预案等，并在有必要处设置刚度较高的隔离桩，以保证文物整体结构安全。

（3）通过考古调查和勘探等工作，探清区间隧道所下穿明故宫遗址御道街、外五龙桥、午门以及地下遗存等基础埋深，根据考古工作所了解的实际情况进一步调整隧道顶埋深（区间隧道顶部覆土），保证区间隧道顶部与文物基础部位的安全距离，减少施工和运营期间对文物本体的影响。

第七章 文物影响评估实例研究

2. 建设阶段减缓措施

（1）盾构施工期间严格控制盾构施工参数，保证盾构机匀速、连续掘进。同时，加强盾构同步注浆及二次注浆量，做好注浆量和注浆压力双控制。有效地控制地表变形和沉降，加强监控量测，信息化设计，必要时进行补偿注浆及持续补偿注浆等措施，确保所涉及文物不受盾构施工影响。

（2）在盾构施工前设置隔离桩，隔离桩采用钻孔灌注桩，设置于午门与盾构区间隧道之间，降低盾构施工引起文物的沉降、倾斜等，确保文物的完整和安全。在区间隧道与所涉及文物之间预埋袖阀管注浆孔，当在施工过程中发现文物沉降、变形较大时，可通过预埋袖阀管对隧道周围土体进行注浆加固，以保证结构安全。在所涉及文物周边预埋跟踪注浆管，不提前注浆，跟踪注浆在严格信息化施工管理下进行，根据观测点的沉降数据选择合适的注浆点适时启动注浆口进行补充跟踪注浆，对沉降部位抬升，施工时须进行即时监测控制抬升量。

（3）对涉及明故宫遗址的地铁沿线区段，建议采用 LORD 扣件（减振效果约 5~8dB）、双层垫板扣件（减振效果约 5~8dB）、轨道减振器扣件（减振效果约 8~12dB）等减振扣件。

（4）对涉及明故宫遗址的地铁沿线区段，为了减少地铁振动对文物的影响，分别采用固体阻尼钢弹簧浮置板（减振效果为 12~20dB）、液体阻尼钢弹簧浮置板（减振效果为 20~40dB）。

3. 运营阶段减缓措施

（1）加强对轮轨和车辆的维护、保养，定期旋轮和打磨钢轨，对小半径曲线段涂油防护，以保证其具有良好的运行状态，减少附加振动。

（2）在地铁经过文物区段时严格控制地铁列车运行速度，文物区域范围内直线行驶，提高轨道平顺度要求，并加强养护，在运营时避免在该区段采用紧急制动措施。

（3）对所涉及文物进行监测，重点监测其沉降、倾斜、裂缝发展等情况，并制定预警值、报警值和控制值，做到信息化施工。

（4）在地铁运营期间对地铁设备（列车、轨道和道床等）和文物的振动进行常态化监测，重点监测列车运行振动引起的文物振动的变化情况，并制定控制标准值、预警值和报警值，做到信息化运营，具体振动监测方案由地铁部门制定。同时，应建立地铁运营部门和文物保护部门的沟通联动体系，实现各部门联合行动，发现问题及时反馈并即刻解决。

7.9　良渚遗址公路建设项目

良渚遗址周边拟建设项目为"绕城高速公路西复线"工程的重要组成部分。在选线初期，公路线路从两处遗址中间穿过，部分位于良渚古城遗址遗产区内。为文化遗产的保护和传承，经文物部门的积极努力协调，高速公路的选线做出了重大调整，线路从良渚古城遗址遗产缓冲区之外绕行，完全避让良渚古城遗址的遗产区和缓冲区。

尽管如此，拟建设项目距离谷口高坝区和平原低坝遗产本体较近，可能会影响申报世界遗产的重大价值载体。

7.9.1　遗址概况

良渚古城遗址是长江文明于公元前3300～前2300年出现在下游环太湖地区的一个前所未有的复杂社会的代表性产物。这一复杂社会在中国新石器时代的考古学文化谱系中被称为"良渚文化"，兴衰于公元前3300～前2300年，是目前所知中国新石器时代晚期长江流域展现稻作农业最高成就的区域性复杂社会，其规模依据现已发现的600余处同期遗址分布范围界定，约为环太湖地区的3.65万平方千米。依据该范围内同期文化的遗址群之间存在的4个以上的聚落等级，拥有统一信仰，存在明显的社会等级，特别是出现了城市文明等现象分析，这一史前文化已具备了早期的国家形态。

良渚古城遗址作为良渚文化的权力与信仰中心，其整体价值展现为长江流域史前稻作文明的极高成就——一种早期国家的城市文明。这一整体价值由城址、外围水利系统、分等级墓地（含祭坛）和以良渚玉器为代表的出土器物等4类主要人工遗存要素承载。良渚古城遗址行政区划隶属浙江杭州市余杭区，遗产申报范围涉及良渚街道与瓶窑镇。遗址由分布于约100平方千米范围内的4处申报区（以下简称片区）——瑶山遗址区、谷口高坝区、平原低坝-山前长堤区和城址区组成，每个片区都对遗产的整体价值具有实质性的、科学的、可清晰界定和辨识的贡献（图7.80）。

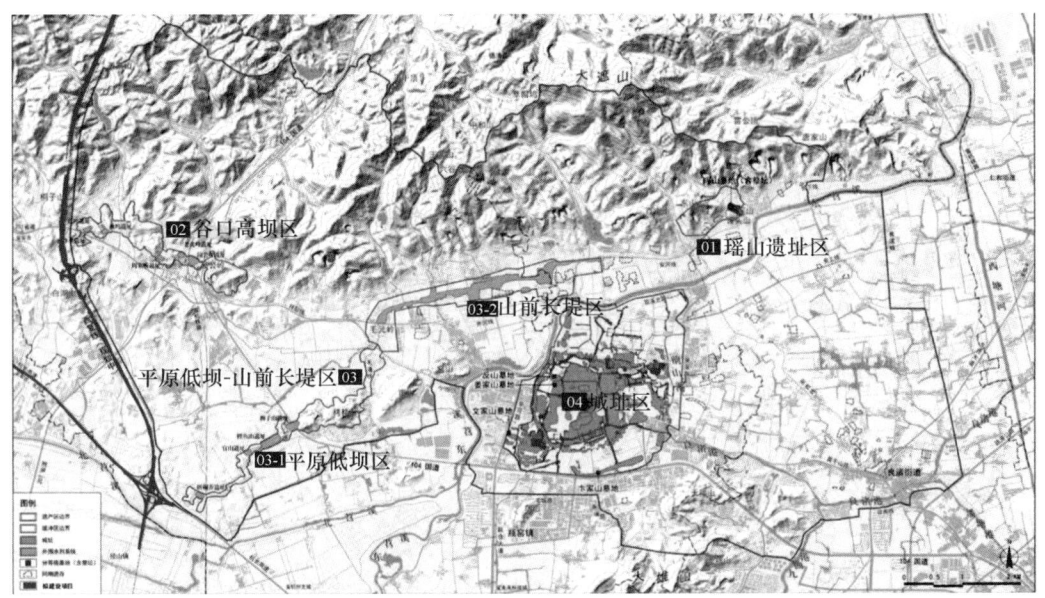

图 7.80　良渚古城遗址遗产构成图

（图片来源：良渚遗址管委会 / 供）

7.9.2　主要涉及遗产价值等级分析

拟建设项目主要涉及遗产为 4 个提名片区中的谷口高坝区（02）和平原低坝 - 山前长堤区（03）中的平原低坝部分，对遗产地突出普遍价值的贡献主要体现在以下两方面。

（Ⅲ）由谷口高坝区（02）和平原低坝 - 山前长堤区（03）所构成的良渚古城外围水利系统是良渚先民建造的一项大型水利工程，经考古人员测算，工程涉及土石方量约 288 万立方米，无论采用什么样的劳动力与工作日等假设条件进行测算，都是一项巨大的建造工程，同时还存在工程的规划、设计与材料的采集、运输、制作以及工程实施建造等一系列工序，都需要相当的管理组织能力，需要具备一种区域性国家层面的公权力予以支撑。简言之，这些工程所用人力、物力、财力需要高度集权的复杂社会组织才能完成，由此可见，良渚时期的社会结构已经具备了应对如此复杂需求的社会组织管理能力。因此，由谷口高坝区（02）和平原低坝 - 山前长堤区（03）所构成的良渚古城外围水利系统在良渚时期社会的组织管理能力方面提供了重要而独特的物质凭证，是中国新石器时代晚期在长江下游环太湖地区曾经存在一个具有大型工程管理组织能力的区域性国家形态的复杂社会的独特见证。

（Ⅳ）由谷口高坝区（02）和平原低坝－山前长堤区（03）所构成的良渚古城外围水利系统不仅揭示了堪称人类早期的水资源管理工程的规模和营建技术，是中国古代乃至整个东亚地区人类早期开发利用湿地与自然山体的杰出范例，还以良渚古城遗址外围水利系统工程与古城几乎同时兴建（略有先后）的时序关系，见证了在人类文明的发展史上，水资源管理与城市文明和早期国家之间存在的不可分割的重大关联（图7.81）。

图7.81　拟建道路附近的石坞遗址

（图片来源：滕磊/摄）

综上所述，在遗产地所适用的两条突出普遍价值标准中，谷口高坝区（02）和平原低坝－山前长堤区（03）均具有重要的阐释作用，同时它们对于遗产地整体的真实性与完整性来说都是不可分割的重要组成部分，因此，谷口高坝区（02）和平原低坝－山前长堤区（03）对于遗产地整体具有较高的价值等级。

7.9.3　主要影响因素分析

1. 选线对遗产本体的影响

拟建设项目从良渚古城遗址西侧缓冲区之外绕行，道路边线距良渚古城遗址遗产缓冲区范围的最近距离为14米，距离最近的遗产本体——谷口高坝区的蜜蜂垄遗址约258.4米，距离瑶山遗址区与城址区均超过7千米。

在项目建设施工之前，考古勘探工作队对杭州绕城西复线改线区域进行考古勘探工作。勘探过程中在项目用地范围内未发现古代文化遗迹现象，因此拟建设项目范围内未涉及潜在文物埋藏区。

拟建设项目线路均位于良渚古城遗址遗产缓冲区之外，且与文物本体距离较远，项目施工范围内经前期考古勘探未发现古代文化遗迹现象，因此未对遗产地文物本体产生影响。

2. 选线对遗产地景观风貌的影响

（1）遗产区、缓冲区视线敏感性分析。

经现场踏勘、地形分析与理论测算，根据现场地形情况并参考环境影响评估、公路景观评价等体系中对于不同距离的被视物的视线景观影响程度的分级，将良渚古城遗址遗产区和缓冲区内的拟建设项目可视区域分为三个等级（表7.41）。

表7.41 坝体遗址与拟建设项目距离关系表

坝体遗址名称	所属遗产片区	与拟建设项目最近距离/米	是否处于可视区域	敏感度分级
蜜蜂垄遗址	谷口高坝区	258.4	是	一级
石坞遗址	谷口高坝区	310.6	是	一级、二级
秋坞遗址	谷口高坝区	668.1	否	—
周家畈遗址	谷口高坝区	1562.4	否	—
老虎岭遗址	谷口高坝区	1933.0	否	—
岗公岭遗址	谷口高坝区	2017.5	否	—
梧桐弄遗址	平原低坝-山前长堤区	412.5	是	一级
官山遗址	平原低坝-山前长堤区	1568.9	否	—
鲤鱼山遗址	平原低坝-山前长堤区	1920.8	否	—
狮子山遗址	平原低坝-山前长堤区	2515.6	否	—
山前长堤遗址	平原低坝-山前长堤区	5043.3	否	—

一级敏感性可视区域即位于遗产区和缓冲区内、与拟建设项目的距离小于400米的可视区域，对遗产的视线景观有一定影响。

二级敏感性可视区域即位于遗产区和缓冲区内、距离拟建设项目400~800米的可视区域，有较小的视线景观影响。

三级敏感性可视区域即位于遗产区和缓冲区内、距离拟建设项目800~1600米的可视区域，有微小的视线景观影响。

与拟建设项目距离1600米以上的区域属不可视区域，对遗产的视线景观无影响。

（2）遗产点视线影响。

谷口高坝区和平原低坝-山前长堤区的11处坝体遗址中，位于可视区域内的仅有谷口高坝中的蜜蜂垄遗址、石坞遗址与平原低坝中的梧桐弄遗址3处遗址点。

通过地形分析、建模模拟与现场踏勘拍摄图像相结合的方法，我们对蜜蜂垄遗址、石坞遗址和梧桐弄遗址3处遗产点进行视线分析（图7.82、图7.83）。拟建设项目对蜜蜂垄遗址的视线景观有中小程度的影响，对梧桐弄遗址的视线景观有较小的影响。总体上看，拟建设项目对于谷口高坝区和平原低坝-山前长堤区的视线景观产生的影响较小。

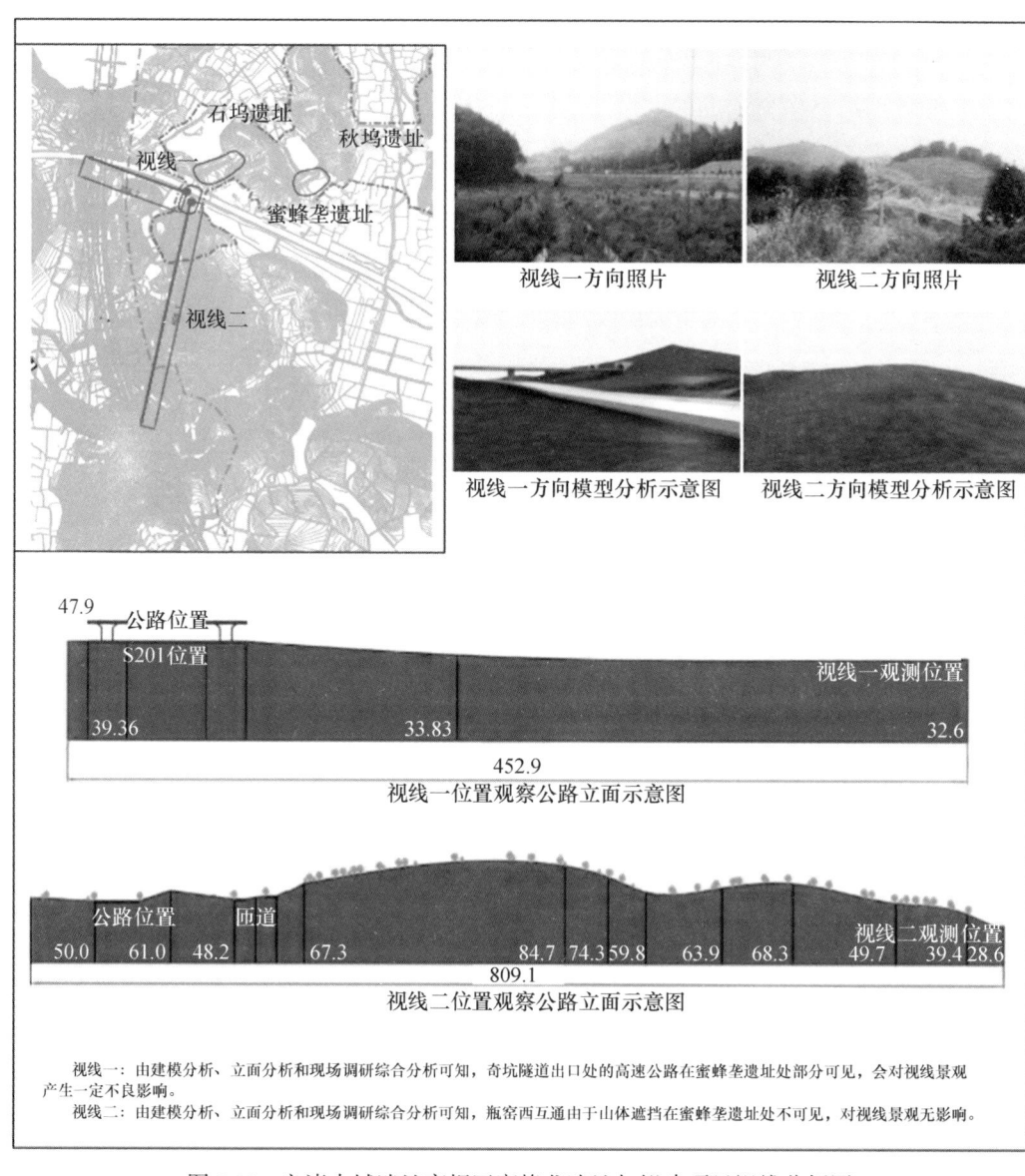

图7.82 良渚古城遗址高坝区蜜蜂垄遗址与拟建项目视线分析图

（图片来源：国文信/制）

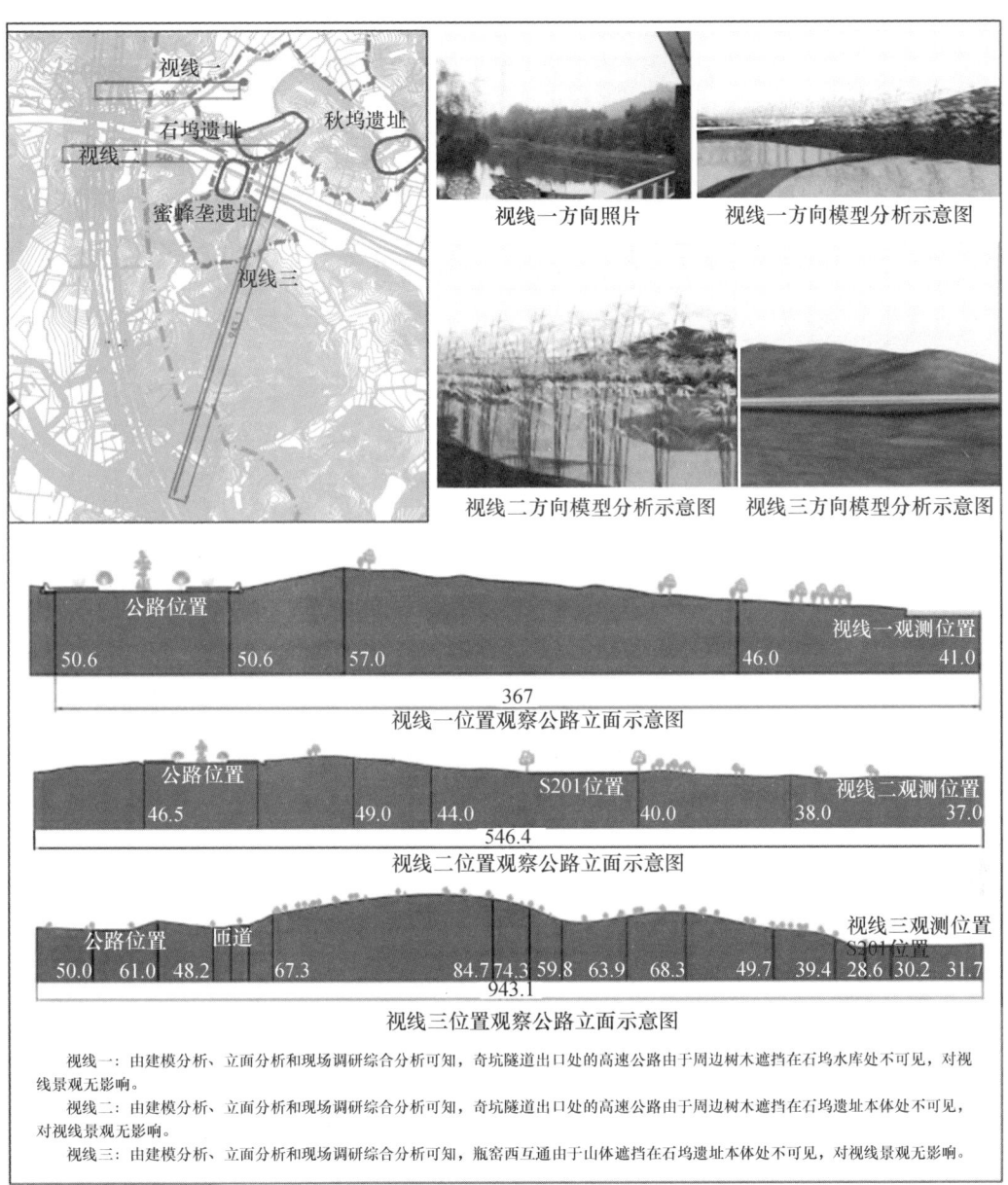

图 7.83 良渚古城遗址高坝区石坞遗址与拟建项目视线分析图
（图片来源：国文信/制）

7.9.4 影响程度分析

影响程度分析见表 7.42、表 7.43。

表 7.42 遗产影响程度评估表

项目涉及遗产内容		变化情况	变化规模	不可逆/可逆	负面/有益	严重程度	综合变化情况
遗产地文物本体	谷口高坝区和平原低坝–山前长堤区	拟建设项目未涉及谷口高坝区和平原低坝–山前长堤区的遗址文物本体	没有改变	—	—	—	无害无益
遗产地环境	区域整体环境	拟建设项目未影响到谷口高坝区和平原低坝–山前长堤区的区域整体环境中的植被绿化与古树名木，但对唐家畈水库、奇坑水库等水资源保护区有占用与影响。此外，在建设施工期间，难免存在建设材料与施工废料的堆放以及噪声污染	轻微改变	可逆	负面	轻微	较小负面影响
	遗产周边环境	拟建设项目未涉及遗产地周边环境特征	没有改变	—	—	—	
	遗产地视线景观	拟建设项目在谷口高坝区的蜜蜂垄遗址处有中小的视线景观影响，在平原低坝–山前长堤区的梧桐弄遗址处有较小的视线景观影响，其他9处坝址处无影响	较小的改变	可逆	负面	较小	

表 7.43 遗产影响可接受程度分析表

涉及遗产	影响内容	对突出普遍价值重要性分级	影响的严重程度				可否接受
			无害无益	轻微	小/较小	中等/较大	大/非常大	
谷口高坝区和平原低坝—山前长堤区	文物本体	极高	无害无益					可接受
	遗产视线景观				较小			实施减缓措施后可接受

7.9.5 减缓措施

（1）对于一级敏感性可视区域，应在参观展览游线设计中尽可能远离，避免可能产生的视线影响。

第七章
文物影响评估实例研究

在谷口高坝区和平原低坝–山前长堤区之间的参观游线中，应避开线路南段紧邻高速公路的交通路段，调整为现有参观游览线路东侧远离高速公路的路段，以免拟建设项目对参观过程中的视线景观造成影响。

在高坝区石坞遗址与蜜蜂垄遗址周边的游线调整中，建议将遗址附近的化工公司进行搬迁安置，征迁后该地块作为一个参观游线中的交通节点，车辆可在该地做短暂停留以便游客下车步行游览蜜蜂垄遗址，而后选取省道 S201 南侧的林中小路前往石坞水库进行游览，以避开奇坑隧道出山口处的高速公路对参观展示所产生的景观影响。游线调整后，奇坑隧道出口处高速公路与参观路线的距离增大了约 350 米，较大地降低了对于视线景观的影响（图 7.84～图 7.87）。

蜜蜂垄遗址减缓措施效果示意图

高速公路立体绿化示例图

蜜蜂垄遗址减缓措施建议，绿化植物种植所选取的位置应为靠近遗址的山坡山丘，保证选取的植物有一定的高度和密度，绿化配置宜采用本地植物树种，与地方生态有机融合，同时保护遗址所处的历史环境不受影响。此外，应对高速公路进行立体绿化，如在公路两侧的护坡种植适宜植物，在高架桥两侧种植常春藤等植物。

图 7.84　良渚古城遗址高坝区蜜蜂垄遗址减缓建议图

（图片来源：国文信 / 制）

图例 ┆----┆ 原始参观游线　　　□ 参观节点
　　　┆----┆ 调整后参观游线　　□ 交通节点

图 7.85　良渚古城遗址高坝区高坝区参观游线减缓建议图
（图片来源：国文信 / 制）

图 7.86　拟建项目高坝区施工场地布置现场
（图片来源：滕磊 / 摄）

图 7.87　拟建项目低坝区施工场地布置现场
（图片来源：滕磊 / 摄）

（2）除拟建设项目之外，为了有效保护遗址、遏制建筑及人为活动对遗产的破坏，在谷口高坝区和平原低坝-山前长堤区同时还进行了对占压、干扰、影响遗址的村落、企业等现代建筑实施的搬迁调控工程。为避免两项工程同时实施对于项目涉及遗产区域造成过大的环境影响，拟建设项目应当与有关政府部门及时沟通协商，合理安排工期，将对遗址与区域整体环境的影响降至最低。

7.10 合浦汉墓群保护展示棚

合浦汉墓博物馆于 2009 年 3 月正式对外开放，整个馆区占地面积 1.33 万平方米，建筑面积 4015 平方米。博物馆院内现有墓室展示馆（保护棚）2 座，其中一号馆对 M36 号墓葬进行原址展示，二号馆对四方岭二号墓进行迁移复建展示。

一号、二号保护棚均为建成项目，未开展过文物影响评估。

7.10.1 墓群概况

合浦汉墓群分布在广西北海合浦县城廉州镇东、南部低缓的台地和低丘陵上，墓群分布区域 68.75 平方千米。据 2001 年统计，地表上存有封土堆 1056 个，近年统计时已明显减少[①]。

图 7.88 合浦汉墓群四方岭片区现存墓葬
（图片来源：滕磊/摄）

图 7.89 合浦汉墓群四方岭片区 M36 号墓
（图片来源：滕磊/摄）

---

① 2009 年，广西文保中心调查统计在禁山（含四方岭）、金鸡岭、风门岭、大沙洲、花根，以及四方岭东和金鸡岭东可见墓葬封土约有 653 座。2014 年，广西壮族自治区考古研究所对四方岭区域进行了全面的勘探，确定可见墓葬封土 115 座。2014 年，笔者主持的合浦汉墓群保护规划编制团队在合浦汉墓群南、北两区域不完全统计可见墓葬封土约有 549 座。

中华人民共和国成立后至 2014 年，主要的发掘先后有 33 次，发掘汉墓的总数量约有 1000 多座。墓葬可分为土坑墓、木椁墓、砖木合构墓、砖室墓，单室墓、双室墓，单人墓、夫妻合葬墓等多种类型，时代早至西汉中晚期，以东汉墓葬最多，还有部分三国、两晋、南北朝的墓葬。随葬物品上万件，生产、生活、商贸无所不包，特别是合浦汉墓出土的从东南亚、南亚、西亚和地中海地区等地输入的舶来品以及金饼、胡人俑等海上丝绸之路贸易物品。

7.10.2 海上丝绸之路价值认识

《汉书·地理志》载："自合浦徐闻南入海，得大州，东西南北方千里。武帝元封元年，略以为儋耳、朱崖郡（今海南岛）。""自日南障塞，徐闻、合浦船行可五月，有都元国；又船行可四月，有邑卢没国；又船行可二十余日，有谌离国；步行十八日有夫甘都卢国。自夫甘都卢国船行可二月余，有黄支国，民俗略与珠崖相类。其州广大，户口多，多异物，自武帝以来皆献见。有译长，属黄门（汉代官署名，相当于内务官），与应募者俱入海市明珠、璧流离、奇石异物，赍黄金杂缯而往。所至国皆禀食为耦，蛮夷贾船，转送致之。亦利交易，剽杀人。又苦逢风波溺死，不者数年来还。大珠至围二寸以下。平帝元始中，王莽辅政，欲耀威德，厚遗黄支王，令遣使献生犀牛。自黄支船行可八月，到皮宗；船行可二月，到日南、象林界云。黄支之南，有已程不国（今斯里兰卡），汉之译使自此还矣。"这是史籍中关于从汉代合浦郡出发到东南亚、南亚等地的"海上丝绸之路"的最早、最详细、权威的记载，这也被学术界认定是"海上丝绸之路"正式形成的标志。

合浦汉墓群中所出土的一些陶俑，从面貌和服饰看，与我国西北地区的古代"胡人"有颇多相似之处，说明了我国各民族在很早以前就有经济、文化包括习俗上的交往。合浦汉墓中出土的大量料珠、琥珀、水晶、奇石、杯、碟、环等玻璃器皿的一部分属于舶来品，种类形式繁多，数量大。例如，出土的玻璃珠饰，总数超过 10000 颗。九只岭 6 号 A 墓一座就有 3869 颗，其他还有 3 座墓一墓就超过千颗的。这些琉璃、琥珀、玛瑙中的舶来品和香料，至今国内极为罕见波斯绿釉陶瓶、合浦堂排汉墓出土的琥珀雕成的小狮子等，就是这种友好往来的历史见证，也是"海上丝绸之路"交流的历史见证，证明合浦是中国海上丝绸之路始发港之一。

合浦汉墓群墓葬数量庞大，分布广泛，已出土各种随葬物品上万件，充分反映了汉代合浦地区政治、经济、文化、科技状况。特别是合浦汉墓群出土的从东南亚、南亚、西亚和地中海等地区地输入的大量舶来品，证实了汉代合浦地区海外交通贸易的繁荣兴盛，也是海上丝绸之路的重要组成部分。根据汉墓群出土的器物也可得知，这些汉墓主人有相当数量是汉代合浦进出口商品贸易的参与者，甚至是组织者，他们生前对海上丝绸之路贸易的发展起着主动或被动的积极作用。合浦汉墓群是研究汉代岭南地区政治、经济、文化、科技状况的实物资料，也是研究中国海上丝绸之路交流的重要历史见证，1996年被国务院公布为第四批全国重点文物保护单位，2012年作为海上丝绸之路（中国段）的重要遗产点被国家文物局列入申报中国世界文化遗产预备名单。2013年9、10月，习近平总书记分别提出建设"新丝绸之路经济带"和"21世纪海上丝绸之路"的战略构想。合浦汉墓群作为海上丝绸之路的重要遗产点，从历史深处走来，融通古今、连接中外，顺应和平、发展、合作、共赢的时代潮流，承载着的不仅仅是中国繁荣复兴的梦想，也是丝绸之路沿途各国发展繁荣的梦想，被这一新时期的国家战略赋予了崭新的时代内涵。

7.10.3 主要影响因素分析

1. 一号保护棚对遗址本体影响

一号保护棚虽然遮挡了雨水和日晒，但当地气候炎热多雨，加之紧邻公路，一号墓目前存在灰尘覆盖、砖体破碎、结构局部开裂、动植物生长等病害（图7.90）。

为了解墓葬建筑材料的特性，给墓葬的保护提供科学依据，对墓葬进行了现场性能检验和取样分析。包括以下几点：

（1）墓葬变形检测。

图7.90　合浦博物馆一号保护棚
（图片来源：滕磊/摄）

根据现场实测和数值模拟的数据分析，墓室结构的后室拱顶轴线、后室入口拱顶、前室入口拱顶、穹顶和耳室拱顶轴线的最大变形分别为93毫米、139毫米、118毫米、155毫米、52毫米，其中现场观察到后室拱顶轴线的下陷变形严重。后室拱顶轴线上拉应力较大，导致结构出现下陷严重现象，该区域极度不安全；前室拱门的拱顶和后室入口的拱顶的较大拉应力致使砖石张拉，灰缝脱落严重；穹顶过渡区域存在致使砖石开裂的较大拉应力，存在应力集中问题；土压力对结构的变形和应力影响较大,特别是长期土压力作用下结构的蠕变导致了结构的变形现状,卸载土压力对结构边界条件的改变对结构的应力现状影响很大(图7.91~图7.94)。

结构多处存在裂缝群和贯通裂缝,某些结构关键部位裂缝现象严重。墓室砖结构多处部位存在不同程度的下陷变形和裂缝群等残损点,部分残损点残损严重,因此,可以根据规范鉴定其残损严重,结构处于不安全状态。

图7.91 合浦博物馆一号保护棚内M36号墓结构检测

(图片来源:滕磊/摄)

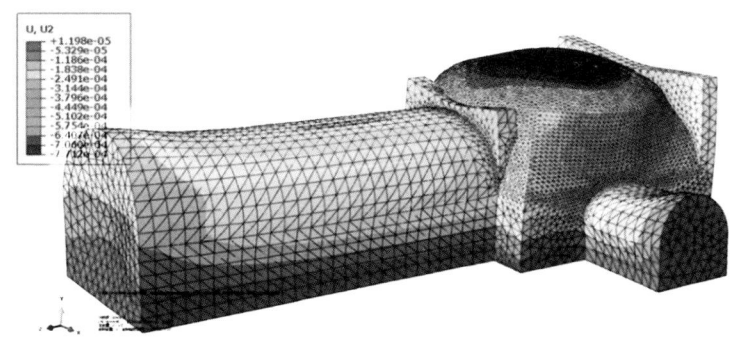

自重和土压力共同作用下结构的竖向变形图

 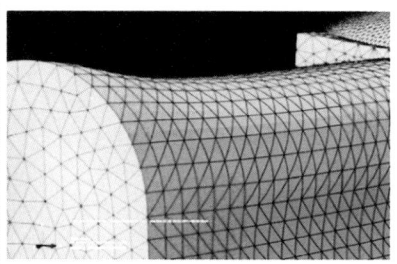

后室拱顶轴线变形

图7.92 M36墓室结构竖向变形分析图

(图片来源:北交大[①]/制)

---

① 北交大:北京交通大学杨娜教授团队,以下均简称"北交大"。

墓室内								
位置	测点	回弹值1	回弹值2	回弹值3	回弹值4	回弹值5	平均值	抗压强度换算法
左耳室	1	36	42	30	32	40	36	6.38
	2	28	32	40	38	35	34.6	4.868
	3	34	37	35	30	37	34.6	4.868
	4	30	28	34	39	31	32.4	2.492
	5	40	40	40	35	34	37.8	8.324
	6	30	35	33	33	30	32.2	2.276
右耳室	7	33	33	35	36	33	34	−4.22
	8	26	27	27	26	22	22.6	−0.1
入口拱	9	26	27	31	36	30	30	−0.1
前室穹顶	10	34	38	36	34	32	34.8	5.084
墓室外								
位置	测点	回弹值1	回弹值2	回弹值3	回弹值4	回弹值5	平均值	抗压强度换算法
前室穹顶支座	1	19	22	24	26	26	23.4	−7.228
	2	22	23	22	20	23	22	−8.74
	3	28	26	29	30	27	28	−2.26
	4	19	19	20	21	23	20.4	−10.468
	5	20	20	20	22	18	20	−10.9
	6	26	24	29	27	29	27	−3.34
后室拱脚	7	20	21	21	25	24	22.2	−8.524
	8	32	29	26	27	26	28	−2.26
后室1/2*L	9	23	22	22	23	25	23	−7.66
	10	20	22	21	21	20	20.8	−10.036

图 7.93　M36 墓砖回弹强度分析

（图片来源：北交大 / 制）

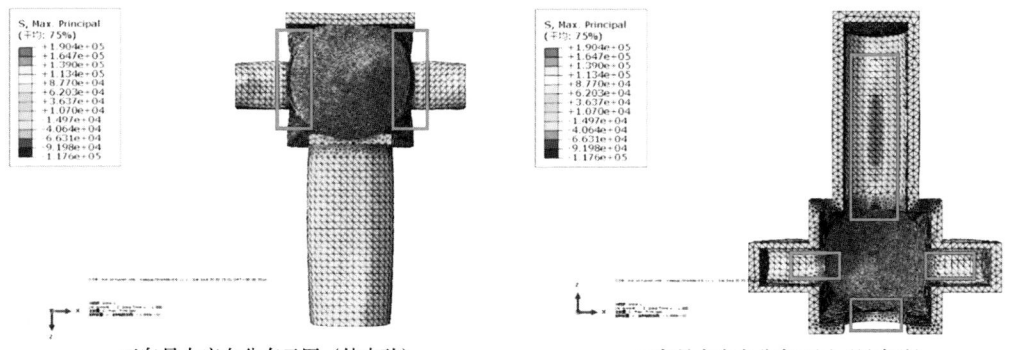

三向最大应力分布云图（外皮砖）　　　三向最大应力分布云图（里皮砖）

图 7.94　M36 墓室在自重和土压力共同作用下结构外皮砖和里皮砖的三向最大应力分布云图

（图片来源：北交大 / 制）

（2）土体含水率检测使用的仪器为 MPH-160B 型土壤含水率测定仪，分别对一号墓遗址中的十二个点和二号墓的十个点的含水率进行了测量。

从现场检测的含水率来看，墓室上部的土体含水率低，墓葬外围的墓壁上的土体含水率高；墓壁的土体含水率一般是上部低于下部，而靠近四角的含水率高于中间部位的；墓室外围墓壁下的地面土体含水率最高。

由于地下水位高，墓室外的地面上开挖了渗水井，井水的水面距离墓室外地面只有不到 1 米的距离。

（3）墓葬的环境湿度。

对墓葬的环境温湿度进行了检测，包括一号墓内，二号墓内，以及外部的环境。测量采用现场监测的方法，使用的仪器为 LM-8000 小型气象站，测试了室外和两个墓室的环境温湿度。

从数据看，室外的湿度最低，室内高，而墓室内的湿度最高。墓室中以最内部空气不流通的后室的湿度最大。温度则呈相反的趋势，室外的温度最高，而室内低于室外，墓室内低于墓室外，后室的温度最低，这与热的传导有关系。

（4）墓砖、土的物理化学性质。

共取样品 10 个，样品详细情况见表 7.44。另外取 3 个墓葬的土进行物理性质分析。

表 7.44　合浦汉墓四方岭片区 X- 射线衍射结果

原始编号	样品情况	石英（%）	高岭石（%）	石膏（%）	方解石（%）	云母（%）	微斜长石（%）	三水铝石（%）
1#	墓砖间泥灰	98	2	—	—	—	—	—
2#	墓室外侧土壁上的土	92	3	3	2	—	—	—
6#	墓室外部夹杂的白色砖	96	—	—	—	4	—	—
8#	墓室内的白色砖	95	—	—	—	2	3	—
9#	墓室外的白色砖	92	—	—	—	5	3	—
10#	窑址的白色砖	83	—	—	—	10	7	—
11#	四方岭 2 号墓的土	96	3	—	—	—	1	—
12#	遗址土	92	4	—	—	3	—	—
13#	遗址土	91	4	—	3	—	1	2

一号保护棚的墓砖粘接用泥土和墓外壁的自然泥土颗粒度曲线接近，说明修墓用的泥土采自附近。由于目测墓外壁的泥土还含有大颗粒，所以可能是将泥土进行筛分提取后使用（图 7.96、图 7.97，表 7.45）。

图 7.95　合浦博物馆一号保护棚内 M36 号墓取样
（图片来源：滕磊/摄）

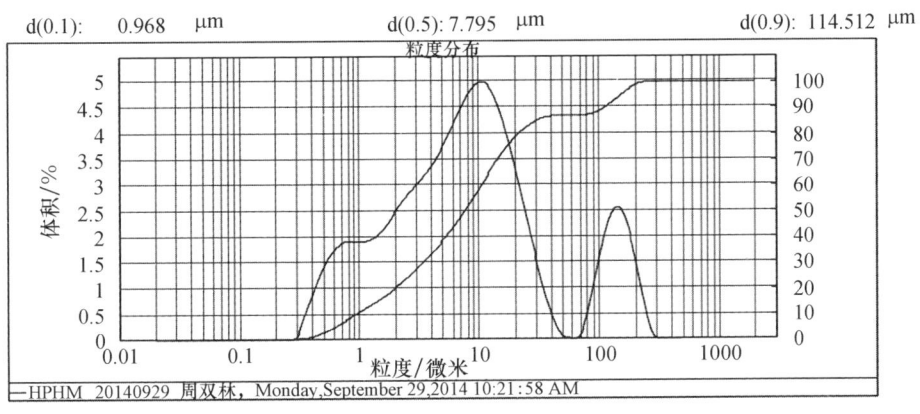

图 7.96　合浦博物馆一号保护棚 M36 号墓墓砖间的泥土颗粒度分析图
（图片来源：北大/制）

2. 二号保护棚对遗址本体影响

二号保护棚展示的墓葬为异地搬迁复原，从选址看，处于地下水活动较为频繁的区域，尽管墓室外的地面上开挖了渗水井，井水的水面距离墓室外地面只有不到 1 米的距离。丰雨期，墓室中积水深度将近 1 米（图 7.98、图 7.99）。

从材料上看，由于砖构件很多是替换的，材料的病害不明显。

从结构上看，由于墓室的穹顶是用砖加泥土砌成，结构强度低，容易垮塌，加之穹顶结构的应力作用，因此在内部加设了钢支撑。

编号	取样位置	电镜照片	描述
3	主墓室外部砖上的粉尘	 	有大颗粒粉尘，也有小颗粒粉尘，一些粉尘是由细小的粒团聚成的
4	墓外部土体上的绿色微生物	 	藓类
5	墓外部土体上的灰色微生物	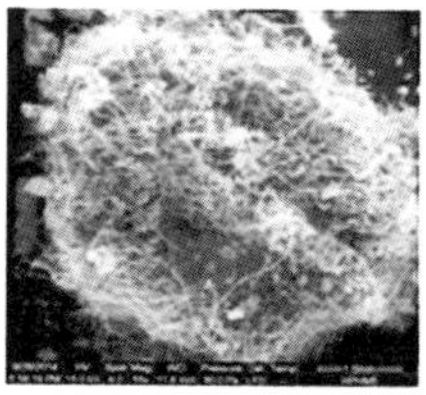 	霉菌
7	墓室外部接近地面处的绿色微生物	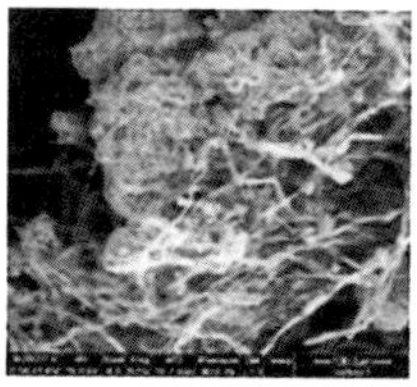	藻类
8	墓室内的白色砖	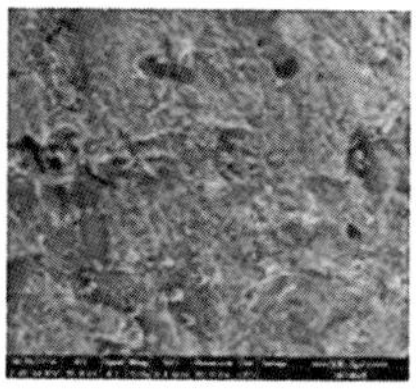 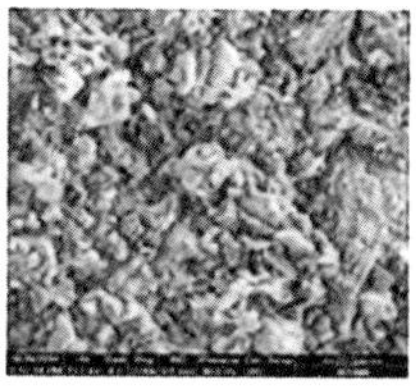	白色，破碎块坚硬
9	墓室外的白色砖	 	砖的结构，比较致密

图 7.97　合浦博物馆一号保护棚 M36 号墓取样电镜分析

（图片来源：北大 / 制）

表 7.45 合浦汉墓四方岭片区离子色谱分析数据

阴离子含量表

编号	Cl / (mg/kg)	NO₃ / (mg/kg)	SO₄ / (mg/kg)
HPMB3	498.31	1396.16	13073.30

阳离子含量表

编号	Na/ (mg/kg)	K/ (mg/kg)	Mg/ (mg/kg)	Ca/ (mg/kg)
HPMB3	254.65	184.75	300.48	6187.69

图 7.98 合浦博物馆二号保护棚全景

（图片来源：王庆一/摄）

图 7.99 合浦博物馆二号保护棚内搬迁复原的汉墓丰水期积水严重

（图片来源：王庆一/摄）

7.10.4 影响程度分析

影响程度分析见表 7.46。

表 7.46 遗产变化及其程度分析表

建设项目	影响因素	影响变化情况	是否可逆/影响时间	是否有益	变化规模和程度	综合变化程度
一号保护棚	露明展示	墓室长期土压力作用下结构的蠕变导致了结构的变形现状，发掘后卸载土压力对结构边界条件的改变对结构的应力现状影响很大	否/永久	否	较大的变化	较大的不良变化
	建筑设计、微环境营造	环境不利于遗址的长期展示，如潮湿，尤其是积水，会导致表面的软化变形，陡立侧面的垮塌以及接近水的部位泛盐破坏，因此排水非常重要。建议对遗址四周进行隔水和排水设计	否/长期累积影响	否	中度的变化	

续表

建设项目	影响因素	影响变化情况	是否可逆/影响时间	是否有益	变化规模和程度	综合变化程度
二号保护棚	选址	处于地下水活动较为频繁的区域，尽管墓室外的地面上开挖了渗水井，井水的水面距离墓室外地面只有不到1米的距离。丰雨期，墓室中积水深度将近1米	否/长期	否	较大的变化	较大的不良变化
	建筑设计、微环境营造	环境不利于遗址的长期展示，如潮湿，尤其是积水，会导致表面的软化变形，陡立侧面的垮塌以及接近水的部位泛盐破坏，因此排水非常重要。建议对遗址四周进行隔水和排水设计	否/长期累积影响	否	中度的变化	

7.10.5 减缓措施

（1）对结构处于不安全状态的一号保护棚展示墓葬进行结构支撑和加固。

（2）对一号、二号保护棚四周进行隔水和排水设计、改造。

（3）加强对本体和环境的监测，丰雨季需要注意采取预防保护措施。

第八章

研究总结及思考

8.1 研究总结

2005～2006 年，笔者在"南水北调工程文物价值影响评估体系研究工作"中开始认识、了解影响评估，几年后开始主持开展湖北铜绿山遗址、内蒙古辽上京遗址、河北赵王城遗址、山东南旺分水龙王庙遗址、青海喇家遗址、贵州可乐遗址等多项考古遗址公园建设文物影响评估，以及故宫冰窖项目文物影响评估、拉萨大昭寺缓冲区神力广场建设、良渚遗址公路建设项目影响评估，以及辽宁五女山城、四川都江堰、山东泰山、长城等一系列世界遗产影响评估工作。通过大量的评估实践，积极探索既满足国际普世的评估理论和技术体系，又符合中国实际情况的文物影响评估技术框架。这也为 2014 年研究计划的实施开展积累了实践案例和评估经验。在研究过程中，我们前期重点就研究涉及的国际宪章、公约，以及国内法律、法规的依据等；联合国教科文组织及其成员国开展的文物影响评估工作；相关行业如环境影响、安全预评估等体系；国内外古遗址展示利用建设项目现状等进行了认真、细致的资料搜集、整理、分析和提炼。

在研究中，我们将具有指导意义的如《世界文化遗产评估导则》《会安草案》以及能够代表西方文物影响评估理论与方法的典型案例进行了解读。2014、2016 及 2018 年，笔者三次参加联合国教科文组织 ICCOROM、WHTRIAP 等组织的世界文化遗产影响评估国际研讨班，一方面充分熟悉和理解联合国教科文组织《世界文化遗产评估导则》理论体系和技术方法；另一方面了解世界各国文物影响评估的现状，与各国的同行充分交流；此外，也将中国近些年的评估实践介绍给世界。

基于古遗址展示利用建设项目建立的这一套文物影响评估体系具有这样一些特点。

首先，这一套评估体系重视和体现了联合国教科文组织和发达国家已经探索出的基于遗产价值认知，真实性、完整性评估，影响程度与价值挂钩，减缓设计和保护措施等的技术体系。

其次，这一套评估体系重视并融合了中国的实际情况，这主要体现在以下几个方面。

一是在评估程序上，我们建议增加"前期审查及项目终止环节"。由文物行政部门把关，向建设单位确认是否需要开展文物影响评估工作，同时明确文物影响评估是个工作过程，而不仅仅是个结论。要求建设单位在文物影响评估机构的指导下，修改项目报告或设计方案，减小对文物的影响程度。如建设单位不接受文物影响评估机构的专业指导，拒绝修改、调整项目报告或设计方案，无法缓解建设项目对文物的影响程度，文物影响评估过程可以中止。增加这项程序的意义在于，目前我们开展的几乎所有文物影响评估工作都是由建设单位委托的，作为建设单位（甲方）的委托方（乙方），评估单位很少能够顶住压力，客观公正地开展影响评估，也不可能得出否定的结论。因此，绝大多数的影响评估浮于形式，可有可无。如果增加上述程序，评估单位可以真正参与到建设方案的设计中，在出具正式评估报告、得出评估结论之前帮助建设单位将文物影响降至可以接受程度。

二是建议增加"评估工作等级和工作范围"。考虑到不同项目文物影响评估工作的难易程度，对文物的影响大小、程度不同，为了便于评估工作有的放矢，突出重点，参考文物保护单位等级和建设项目类型、规模，对文物影响评估工作进行分级。那么评估具体项目时，可根据建设项目的具体特点，特殊工作需求，以及现场调查发现文物的实际价值（考古新发现的未定级文物，或因管理疏忽未及时申报相应级别文物保护单位的），对工作等级进行适当调整，并阐明调整的具体理由。这种突出重点、有的放矢的评估方法在我国环境影响评估中已经得到了较多的应用。

三是在价值评估上，建议提炼文物资源的特征，尤其是确认反映文物价值的属性特征作为评估工作的重点。因为我国文物众多，文物保护的基础还相对薄弱，研究力量不足，大量的文物价值认知并不全面、准确。因此每一次文物保护工作对我们来说都是一次难得的补充研究、重新认知价值的过程。对于文物影响评估来说也同样如此，评估需要阐明完整性、真实性与价值之间的内在联系，对于缺少相关研究的文物影响评估对象，补充诠释和评估无疑是影响评估项目未来并确保其价值保留的决策的基础。

四是在影响因素上我们做了专章研究，并提出了较为具体的评估参考要点和一些定量的指标。这对我国当今的文物保护工作也具有重要的现实意义。一方面因为我国古遗址的复杂性和脆弱性；另一方面因为我们文物保护和展示利用的广泛需求，涉及的建设项目对遗址的影响因素也相对复杂，如我国遗址博物馆和保护棚这种大型建设项目已经多达上百个，这在世界范围内绝无仅有。而且长期以来，我们在建设前期缺少必要的影响评估，很多遗址博物馆建成后都出现了问题，影响到文物本体及环境。那么通过我们的评估体系，具体到评估参考要点和定量评估指标都可以很好地指导今后的建设工作。

最后，这一套评估体系充分结合了实例研究，使其具有较强的可操作性。实例研究的选取标准既兼顾了古遗址类型、展示利用建设项目类型，也考虑了地域性、气候环境特征等特点。

研究计划的难点是对定量指标的提炼，在研究申报阶段我们已经预估到这一点，并在研究过程中提炼总结了视线影响参考标准、沉降、振动参考标准以及不同环境下的参考评估要点。但是鉴于我国古遗址的复杂性和脆弱性，尤其是涉及建设项目对遗址本体的潜在影响方面研究难度很大，尽管我们在不同地域、不同气候环境特征、不同遗址类型方面有针对性的做了现场检测、监测及采样实验，但由于时间、经费所限，很难提炼出更多通用性的定量评估指标。这也为我们今后的研究及实践工作提出了明确的要求。

8.2 研究思考

1. 应尽快完善文物影响评估的法理基础

如前文所述，"文物影响评估"在国际范围内愈加得到重视，并独立开展是21世纪的事情，在此之前，各国的文物影响评估大都包含在环境影响评估中，中国也不例外。直到今天，我国现行法律体系中，也只有《中华人民共和国环境保护法》明确开展"环境影响评价"中涉及部分"人文遗迹"内容。遗憾的是，我们的"人文遗迹"涉及的文物影响评估内容，并没有像以美、英为首的西方国家那样，在环境影响评估中得到重视。

时至今日，尽管"文物影响评估"已经得到了文物行业的大力推广，但由于

《中华人民共和国文物保护法》等法律法规缺少开展"文物影响评估"的法理基础，这已经成为我们新时代，迎头赶上，甚至超越西方发达国家，建设文化强国的巨大掣肘。需要有关部门尽快组织完善相关的法理基础，弥补这一重大缺陷。

2. 应尽快完善文物影响评估的制度建设和技术体系建设

从2007年开始至今，我国的文物影响评估逐步从考古勘探报告的模式向关注遗产的综合影响方向发展，广度和深度不断扩展。但是由于缺少技术导则，不同机构和项目负责人采取的评估理论和技术框架差别很大，评估水平良莠不齐。同时，由于制度缺陷，缺少专业资质和监督的评估机构在文物影响评估过程中很难秉公职守，这些都需要通过完善的制度建设来解决。

文物行政管理部门应尽快出台《文物影响评估管理办法》《文物影响评估收费标准》《文物影响评估第三方机构认定程序》等一系列管理制度，规范评估程序、收费及评估机构。

同时，应委托专业机构继续开展相关标准、规范的研究制度，推动评估工作的科学规范开展，除本研究计划已开展的《文物影响评估技术导则——古遗址展示利用建设项目》外，还应开展以下工作：《文物影响评估技术导则——总则》《文物影响评估技术导则——文物建筑类》《文物影响评估技术导则——遗址墓葬类》《文物影响评估技术导则——石窟寺及石刻类》《文物影响评估技术导则——史迹类》《文物影响评估技术导则——专项评估》……

3. 应充分研究国际文化遗产保护领域的发展方向，研究梳理"文物"与"文化遗产"的内涵和外延，探索具有中国特色的"文化遗产影响评估"模式

历史经验已经证明，中国的发展不可能完全照搬西方的模式，国家如此，各行各业同样如此。尽管近十年来，我们的文物保护、管理已经向文化遗产保护、管理发展，借鉴了很多经验，但依然有很大的差别。例如，西方城市规划部门、环境部门和遗产部门很多是合署办公，因此遗产影响评估、环境影响评估及城市规划的管理体系比较顺畅，不存在职责不清、衔接不畅等问题。这在中国就很难落地，因此探索具有中国特色的"文化遗产影响评估"模式，如何让遗产影响评估能够真正发挥作用，还有很长的路要走。

4. 应尽快搭建文物保护大数据库，为文物影响评估的定量评估指标提供大数据支撑（关于未来的思考）

我们在研究过程中深深感受到，相互独立的研究往往是头痛医头，脚痛医脚，如遗址的病害因不同的地域（南方、北方等）、不同的气候环境（干旱、潮湿、寒冷等）、不同的场地环境（山地、平原、沙滩、洞穴等）、不同的材质（石头、土、砖、木等）、不同的室内环境（钢筋混凝土、玻璃等）、不同的开放环

境（全封闭、半封闭等）……而千差万别，有无数种排列组合，依靠人力是很难一一去分析计算的，而这正是机器和大数据的强项。大数据不仅可以为我们提供数不尽的定量评估指标，还可以主动为文物保护事业进行思考和分析。大数据已经成为人类未来发展的主要推动力，日常的文物数据积累、分析和应用必将极大的推动未来文物保护事业的发展。

附录一

Cultural Heritage Impact Assessment Practices in China

Since 1980s China has confronted with numbers of threats from large-scale development activities to Cultural Heritage properties. These developments include roads, railways, bridges, buildings, inappropriate developments, renewals, demolitions and new infrastructure typologies, as well as land-use policy changes and large scale urban frameworks. These Cultural Heritage properties include not only the World Heritage properties but also state and local protection units.

Museums of Sites have the large scale of different forms and volumes: National Archeological Site Parks, authorized and opened in recent years, 36. Museums of Sites & Protection buildings of ruins, built during last decade, over 110.

For the aim to guide the management and conservation activities of heritage sites, there have had a series of laws, Principles, Regulations in China since 20 century:

(1) *The Law of People's Republic of China on the Protection of Cultural Relics;*

(2) *The Principles for the Conservation of Heritage Sites in China;*

(3) *China World Cultural Heritage Management Principles.*

However these documents do not give a clear regulation which asks for implementing a HIA process before a development activity. Therefore, for a long period, China State Administration of Cultural Heritage (SACH) concluded whether a development activity was appropriate or not, mainly relied on the consultation with experts.

Changes started at the beginning of 21 century, after a UNESCO regional workshop held in Hoi An, Vietnam 2001 (Hoi An Protocols adopted by the Asia-Oceania Region at the ICOMOS General Assembly in Xi'an, China in 2005), SACH was aware of the importance of HIA.

Hoi An Protocols give advices as follows:

To safeguard the authenticity of heritage resources in the face of threats from development, disaster or other scenarios of external change and to negotiate a balance between the forces of change, progress and conservation in ways that maintain this authenticity and preserve the meaning of heritage to the community, a system of Cultural Heritage Impact Assessments (CHIA) should be implemented for all types of heritage sites. The fundamental principles for CHIA are:

~CHIA should be implemented as early as possible within the project cycle

~CHIA should be carried out by professionals in the cultural heritage field with training and experience in CHIA

~CHIA should include public consultation and provide for community involvement at all stages

~CHIA should provide for ways of mitigating potential impacts that may compromise the cultural resources

Xi'an Declaration emphasizes on:

Heritage impact assessments should be required for all new development impacting on the significance of heritage structures, sites and areas and on their settings.

Development within the setting of heritage structures, sites and areas should positively interpret and contribute to its significance and distinctive character.

HIA PROCEDURES IN CHINA

In 2007, SACH adopted a management document which highlighted the HIA policy at first time. Several years late, another two HIA policies were adopted by SACH.

1. Instructions on Strengthening Archaeological Works in Capital Construction Projects (2007)

I. To carry out archaeological works in capital construction projects, the following work procedures shall be strictly fulfilled:

During the phase of Project Proposal development, archaeological institutes shall collect information about the distribution of cultural relics that are connected to and would be impacted by the construction projects, put forward initial opinions about cultural relics protection and submit them to a provincial-level administrative department for cultural relics for approval, then submit the HIA Report to the design institute.

II. Archaeological works in capital construction projects shall be implemented in accordance with the following specifications.

Cultural Heritage Impact Report (CHIA). CHIA is an analytic assessment carried out by the archeological institute, according to available information, on the interactive impacts between cultural heritage and construction projects within the area that are connected to and impacted by the construction project. Contents of the CHIA Report shall include:

~existing assets from cultural heritage survey within the area that are connected to and impacted by the construction project;

~relevant information resources of property area and buffer zone;

~initial recommendations on project site selection and design schemes.

2. Administrative Measures on National Archeological Parks (2011)

Clause 7 To apply for the status of national archeological park, a HIA Report on the Construction of National Archeological Park shall be submitted.

3. Revision Statements on Administrative Licensing Procedures (2011)

Permissions of other construction projects or blasting, drilling, mining etc., within the property area and buffer zone of Provincial and state protection units.

Permissions of design schemes of construction projects within the buffer zone of state protection units.

Clause 5 the applicant needs to submit a HIA Report.

HIA Practices in Recent Years

According to the above HIA policies, more than hundreds of HIA reports have been carried out and submitted to SACH over recent years. Since we started to do HIA work, it did make some differences compared to the previous ways of consultations with experts.

Cultural Heritage Impact Assessment Practices in China

On the one hand, most experts give consulting advices according to their experiences. It is absolutely important, but sometimes their personal emotions instead of rational thinking, may take the initiative. However, HIA can avoid these emotional factors through regular procedures conducted by an independent institute or a professional team. On the other hand, HIA gives more scientific details of analysis through dada collections, on-site investigations, desk studies etc. Therefore, the conclusion of assessment supported by such a work process is more convincing.

Although the HIA practices have implemented in China for several years, we still have works to do. Some questions and problems are quite obvious so far:

For the procedure of HIA, coordination mechanism between deferent departments still needs to strengthen and be more harmonious. As we know, HIA should be implemented as early as possible within the project cycle. Although SACH has asked for such a procedure in the official documents, some local governments disregarded it because they were eager to push the projects, especially those concerning local people's living conditions and regional developments such as railways, roads. After getting the permissions of administrative licensing procedures from other departments like Development and Reform Commission, Land and Resources Bureau, Construction Bureau etc, the projects has been under constructing while they applied for the permission of cultural heritage department. Therefore, when we are confronted with such a project, it is really a dilemma. That means it's hard for us to overturn the whole project except for some sorts of compromising. Even so, sometimes it may hurt both sides.

For the scope of HIA, there still has items missing.

For the contents of HIA, many reports submitted to SACH are simple and lack of implementing the main process of HIA. Therefore, the conclusions supported by those HIA reports are unconvincing. The main reason is that we have not set up an assessment system for those cultural heritage properties other than world heritage properties so far. Even for world heritage properties in China, they still need a more appropriate detailed guidance under the international Guidance, Principles, and Declarations, to adapt to the diverse conditions around China. Meanwhile, most of professionals in the cultural heritage field are still lack of training and experience in HIA.

For the work costs for HIA, most of the HIA of construction projects are commissioned and paid by projects' owners. Undoubtedly, every project owners hope the project can be implemented finally, that means HIA institutes may confront with the interference from the authorities in their work.

How to guarantee the fairness and preciseness of HIA is also a question which needs us to think about it and figure it out seriously.

Overall, HIA practices in China over recent years are satisfactory, although there still have the above problems to resolve, making it more rational, more effective, fairer, and more precise. It did help the Administration of Cultural Heritage to make more correct and scientific decisions.

(This paper was firstly presented as a PPT on HIA international Course in Vigan City, Philippine 2016, and finally revised in 2018)

Cultural Heritage Impact Assessment (CHIA) : Theories and Methods

Cultural Heritage Impact Assessment is a systematic method used to assess the potential impact of a development or other actions on cultural heritage. In recent years, this work has attracted increasing attentions from cultural heritage conservators both at home and abroad. In China, Cultural Heritage Impact Assessment (referred to as CHIA) has already covered site and route selections for major infrastructure projects, such as highways, railways, urban rail transits, as well as the constructions of national archaeological parks, in order to provide references for decision-making in relevant departments.

Whereas, CHIA in China is still in its early stage with a less sound system of laws and regulations, unestablished assessment technique system and criteria, and significantly lagging-behind relevant studies. Drawing on *Guidance on Heritage Impact Assessments for Cultural World Heritage Properties (HIAs), Hoi An Protocols for Best Conservation of Historic Towns and Urban Areas*, documents on CHIA from various countries, relevant laws and regulations in China, etc., the author combines CHIA practices carried out in China over recent years to conduct a discussion on CHIA theories and methods.

I. The Development Course of CHIA

As a sub-discipline of "Impact Assessment", the cultural heritage impact assessment emerged at a relatively later time.

The International Association of Impact Assessment (IAIA) defines CHIA as "the process of identifying the future consequences of a current or proposed action". In the 1980s, western countries gained a progressively enhanced understanding to impact assessment by integrating environmental impact assessment, social impact assessment, technology assessment, risk assessment with relevant areas, which had proactively promoted the function of impact assessment in government decision-making.

During the 1992 United Nations Conference on Environment and Development held in Rio de Janeiro, Brazil, with respect to destructions brought along by development, the international community urged all countries to make legislations to enhance the environmental impact assessment (EIA). Afterwards, western countries like the UK, Canada, Australia, South Africa, etc., and regions like Chinese Hong Kong introduced an array of acts or guidelines regarding to environmental impact assessment, and incorporated cultural heritage, culture and society etc. as part of the environmental impact assessment contents to be considered[①]. Over the last decade, these countries and regions have carried out cultural heritage impact assessments on a number of projects, making them highly experienced in this field.

During the 2001 UNESCO international symposium relating to Asian heritage site conservation, held in Hoi An, Vietnam, experts noted that the diversified and irreplaceable cultural heritage in Asia is under increasing threat, forcing it to compete for space and resources with development forms like infrastructure, urban expansion and others. The most ideal status may be the ability to fulfill cultural heritage protection while improving construction and social environments and eliminating poverty. Then how to achieve the coordinated, sustainable development of both heritage protection and social development, thereby an ideal and balanced status between the two? Participants consented that vigorous promotion and implementation of CHIA would play a significant role: through rigorous data collection, significance and potential impact assessment, and impact mitigating design, CHIA would protect cultural heritage from destruction or irreparable harms, and ultimately enable a successful conservation

---

① e.g. Canadian Environmental Assessment Agency. *Reference Guide on Physical and Cultural Heritage Resources*; Australian Government, Environment Protection and Biodiversity Conservation Act 1999. *Matters of National Environmental Significance: Significant Impact Guidelines 1.1* (1999); English Heritage Policy Statement, *Enabling Development and the Conservation of Heritage Assets* (2001).

of regional heritage on the premise that sustainable development and social well-being were ensured. *Hoi An Protocols* (2005), introduced a few years later, has provided important guidelines for Asian countries their implementation of CHIA. Regrettably, despite experts present in the conference had recognized the difference between CHIA and EIA, the previous practice, treating the former as one part of the contents for the latter, was still adopted.

In 2002, International Network for Cultural Diversity (INCD) held the third annual conference, as a symposium on CHIA projects, in Cape Town, South Africa. As an important part of culture, cultural heritage resources were also included as one part of the *Framework for Cultural Impact Assessment* (2004), which was introduced shortly after.

For the most part, CHIA in most countries was included in EIA and lacks specific and professional guidance, therefore, requirements and procedures of CHIA implemented in a variety of countries are also different. In guiding and protecting the world culture heritages of various countries, the World Heritage Committee of UNESCO has also constantly come to address some large-scale development projects linked to world heritage sites, including infrastructure, large buildings, improper development, renewal, damage and change of land properties, excessive and inappropriate tourism, etc. These projects may pose a threat to the world heritages in aspects of exterior, skyline and core landscape, etc., and thus damage their outstanding universal values. Whereas, the connotation and denotation of such impact is not the same with those of environmental impact. For this reason, in 2009, the UNESCO and the International Council on Monuments and Sites (ICOMOS) developed the *Guidance on Heritage Impact Assessments for Cultural World Heritage Properties* (2010). This guidance has also become an important document to guide the CHIA for world cultural heritages and other heritages up to date.

II. The Scope of the CHIA

According to its definition, CHIA is carried out with respect to the potential impacts of a heritage's development plan and other actions. Then, exactly which development plans and actions involving heritage require CHIA? Given different types, focuses for heritage in different countries and regions, there are also different requirements for the scope of assessment.[①]

The following advocacies can be found in relevant documents of UNESCO and ICOMOS:

To safeguard the authenticity of heritage resources in the face of potential threats from encroachment, dismemberment, damages, etc., a system of Cultural Heritage Impact Assessments (CHIA) should be implemented for all types of heritage sites. (Hoi An Protocols)

Heritage impact assessments should be required for all new development impacting on the significance of heritage structures, sites and areas and on their settings. Development within the setting of heritage structures, sites and areas should positively interpret and contribute to its significance and distinctive character. (Xi'an Declaration on the Conservation of the Setting of Heritage Structures, Sites and Areas)

In order for the ICOMOS and the Committee to evaluate satisfactorily these potential threats, there is a need to be specific about the impacts of proposed changes on OUV. (Guidance on Heritage Impact Assessments for Cultural World Heritage Properties)

Based on the above provisions, we can sum up the following table. In a word, all development plans, construction activities, land use or other development activities linked to heritage (cultural heritage), including on the heritage itself and surrounding environments (property area, buffer zone), should adopt protective measures and work methods of CHIA.

Types of Cultural Heritage	Major Threats to Authenticity	Attributes	Protective Measures
Cultural Landscapes	Encroachment	Improper cultural landscape compositions and landscapes not in scale: inappropriate land use (e.g.: modernized commercial or residential groups, large-scale agricultural planting, etc.)	CHIA Implementation
	Dismemberment	Dismemberment caused by linear infrastructure or building units (e.g.: roads, railways, sewers, etc.)	

[①] e.g. The Canadian *Heritage Impact Assessment Terms of Reference* and Hong Kong *Heritage Impact Assessment for Capital Works Projects*.

Continued

Types of Cultural Heritage	Major Threats to Authenticity	Attributes	Protective Measures
Archaeological Sites	Damage and Disturbance	Invasive activities causing damages to archaeological sites, such as construction, exploitive excavation, traditional agricultural activities, use of modern tools and chemicals, etc. Projects run across the cultural heritage area above or beneath the surface (road, pipes, sewers, river channel projects, etc.)	CHIA Implementation
Underwater Cultural Heritage Sites	Damage	Development plans or engineering projects that may directly impact on underwater or surface cultural heritage and/or conservation environments.	
Historic Urban Sites and Heritage Groups	Disintegration	Loss of historic structures and spaces, replaced by improper architectural styles.	
	Scale (Size)	Buildings with inappropriate construction scale (size) inside or around historic blocks.	
	Context Disintegration	Improper/unreal activities and historic environment utilizations.	
Monuments, Buildings and Structures	De-Contextualization /Encroachment	Illegal construction and land acquisition	

(Adapted from *Hoi An Protocols*)

By contrast, CHIA was adopted relatively late in China with limited scopes. Specific provisions requiring the implementation of CHIA cannot be found in present laws and regulations in China; only three clauses are included in management documents of state department of cultural heritage management:

1. *Instructions on Strengthening Archaeological Works in Capital Construction Projects (2007)*

I. To carry out archaeological works in capital construction projects, the following work procedures shall be strictly fulfilled:

During the phase of Project Proposal development, archaeological institutes shall collect information about the distribution of cultural relics that are connected to and would be impacted by the construction projects, put forward initial opinions about cultural relics protection and submit them to a provincial-level administrative department for cultural relics for approval, then submit the CHIA Report to the design institute.

II. Archaeological works in capital construction projects shall be implemented in accordance with the following specifications.

Cultural Heritage Impact Report (CHIA). CHIA is an analytic assessment carried out by the archeological institute, according to available information, on the interactive impacts between cultural heritage and construction projects within the area that are connected to and impacted by the construction project. Contents of the CHIA Report shall include: existing assets from cultural heritage survey within the area that are connected to and impacted by the construction project; relevant information sources on property area and buffer zone; initial recommendations on project site selection and design schemes.

2. Administrative Measures on National Archeological Parks (Interim) (2011)

Clause 7 To apply for the status of national archeological park, a CHIA Report on the Construction of National Archeological Park shall be submitted.

3. Revision Statements on Administrative Licensing Procedures (2011)

Permissions of other construction projects or blasting, drilling, mining etc., with in the property area and buffer zone of Provincial and state protection units.

Permissions of design schemes of construction projects with in the buffer zone of state protection units.

Clause 5 the applicant needs to submit a CHIA Report.

As such, the CHIA work in China still has many items missing, which involves:

(I) Except for CHIA carried out by cultural heritage protection institutes of various levels on underground relics in connection with capital construction projects, the other types of cultural heritage and relevant construction activities in connection with capital construction projects;

(II) Relevant construction activities occurring in ungraded cultural heritage sites;

(III) Except for the CHIA on archeological park constructions that have already been implemented, other development activities directly linked to cultural heritage properties' tourism, exhibition and use, environmental renovations and land use, etc.

All these missing items should be progressively complemented and perfected through amendments to existing laws and regulations, establishment and introduction of department regulations, and release of notification documents, etc.

III. Main Contents of CHIA

As described earlier, owing to different types and focuses of cultural heritage properties in different countries and regions, contents for CHIA are also largely different, on which Dr. Ayesha Pamela Rogers from Hong Kong used to conduct dedicated discussions.[①] Despite this, we suggest that in countries and regions that the implementation of CHIA is already quite matured, main contents for assessment are rather consistent from the following aspects:

1. Recognition and understanding to cultural heritage values (the Outstanding Universal Value of heritage properties) are the key points for assessment

CHIAs carried out by UNESCO and countries like the UK, Canada, etc., place much emphasis on the importance of cultural heritage values (the Outstanding Universal Value of heritage properties) in the impact assessment. Hoi An Protocols points out that assessments should consider the known values of cultural heritage properties, as well as the expected values of cultural heritage that may appear (despite not recorded at present) in or nearby the place of the project. The impact assessment procedure also includes the introduction of a statement on all cultural heritage values to link the integrity and authenticity of the cultural heritage property with its overall values. To be more so, the Guidance on Heritage Impact Assessments for Cultural World Heritage Properties stresses that balanced and justifiable decisions about change depend upon understanding who values a place and why they do so. This leads to a clear statement of a place's significance and with it the ability to understand the impact of the proposed change on that significance. The Guidance explicitly argues that understanding the full meaning of the OUV of a WH property (and other values of heritage) is a crucial part of the HIA process. While the OUV property of world cultural heritage must be complied with as the "baseline data" of the impact.

CHIA must closely follow the values of cultural heritage. Only in this way can the assessment be targeted, and the ultimate goal be fulfilled.

[①] Dr. Ayesha Pamela Rogers, *Cultural Heritage Impact Assessment: Making the Most of the Methodology*, Paper presented at the *International Conference on Heritage Conservation* 2011.

In recent years, the author has also attempted to carry out analytic assessments on construction projects of national archeological parks from aspects like the accuracy of value interpretation, the authenticity and integrity of cultural heritage, etc. In practices, we noticed that differing from the Guidance, on the part of the CHIA subjects, cultural relics at various places were not all like world cultural heritage which had undergone rigorous value assessment processes and already had complete value statements. The author used to dedicate a paper discussing the topic of cultural heritage values. [①] The paper asserted that our current understanding to many cultural heritages were vague, or segmented, and still in a stage of continuous delving and renewal, therefore, it is necessary to have an in-depth study and understanding to the values of assessment subjects at the initial phase of the CHIA, in order to develop a clear value statement on culture heritage, thereby implement corresponding impact assessment on such a basis. This is also in line with related proposals in Hoi An Protocols and the Canadian Heritage Impact Assessment Terms of Reference, etc.

As the value statement of cultural heritage is tend to be highly generalized, a breakdown of those generalized values is needed amid CHIA to divide individual values of the place of cultural heritage into several ranks in accordance with the relationships and degrees that each impacted place of cultural heritage embodies the overall value. [②] However, our recognition to this is evidently insufficient at present, and explorations and practices were also absent in past work.

2. Interpreting the inherent connections between authenticity and cultural heritage value is an important link for assessment

Authenticity is closely related to the value of cultural heritage. Various aspects of authenticity include location and setting, materials and design, use and function, and essential qualities, and every aspect is also divided into a few specific contents.

As to CHIA, a full interpretation of the inherent connection between integrity, authenticity and value is needed; to CHIA subjects lacking relevant studies, interpretation and assessment are required to be supplemented, which act as the basis affecting the

---

① Teng Lei, *Some Suggestions on Cultural Heritage Value Assessment*, China Cultural Heritage Scientific Research, 2nd Issue of 2013.

② e.g. The *Guidance on Heritage Impact Assessments for Cultural World Heritage Properties* and the British CHIA dived the value into 6 grades: very high, high, medium, low, negligible, unknown.

future of assessment project and the decision to ensure its value retention.

As we are still in a stage of theoretical discussion on the understanding and research of authenticity and integration, practices on how to bridge their inherent connection with the value of cultural heritage are still lacking, therefore, how to strengthen assessment on this link in the process of CHIA is still in face of many challenges.

3. Assessing all direct and indirect potential impacts is the core content

As Hoi An Protocols points out, all proposed development projects must undergo investigations to determine whether they pose any direct impacts to any known or potential cultural heritage properties. In the meantime, items that may impact on the general environment, visual line and overall contexts of cultural heritage must also be considered, as these impacts may result in a loss of integrity, thereby damaging authenticity. This process requires a detailed analysis on the broad consequences of heritage development, including erosive, disturbing and improper intervention and use, context separation, dismemberment and damages. The assessment should focus not only on direct impacts which could adversely affect the site, but also on indirect impacts which can alter the micro-environment of the soil in which a site lies. The Guidance on Heritage Impact Assessments for Cultural World Heritage Properties requires assessment on all aspects that may impact on world cultural heritage properties whether they are adverse or beneficial, direct or indirect, cumulative, temporary or long-term, reversible or irreversible, visual or ontological, social, cultural, or even economical.

To facilitate the assessment, the degree of direct and indirect impacts can also be graded.[①] In assessment on national archeological parks we explored the grading scale of impacts by dividing them into 5 categories – "low impact", "relatively low impact", "relatively high impact", "high impact" and "unknown", and integrating impact items into 3 assessment grades respectively as "A, B, C". A denotes that the project basically meets relevant requirements and claims and has low or relatively low impact on sites and environments; B denotes he project basically meets relevant requirements and claims and has impacts on sites and environment but at unknown degrees, requiring to deepen or mitigate the design; C

---

① e.g. The British CHIA grades the degree of impact into 5 scales: "no change", "negligible change", "minor change", "medium change" and "major change". The Guidance further improved this grading scale by integrating the degree of impact with value grading, forming a 9-point scale, i.e. "major beneficial", "moderate beneficial", "minor beneficial", "negligible beneficial", "neutral (neither beneficial nor adverse)", "negligible adverse", "minor adverse", "moderate adverse" and "major adverse". A more complete system was therefore established.

denotes that certain deviations exist from relevant requirements and claims, or relatively high impacts are posed to sites and environments, requirement adjustment. ①

Value of Cultural Heritage	Scale and Degree of Change/Impact				
	Chang/Impact none	Chang/Impact negligible	Chang/Impact low	Chang/Impact medium	Chang/Impact high
World Cultural Heritage Very High Value	Significance Degree of Effect or Comprehensive Impact (beneficial or adverse)				
	none	minor	medium/high	high/very high	Very high
Other Cultural Heritage	Significance of the Impact (beneficial or adverse)				
Very High Value	none	minor	medium/high	high/very high	Very high
High Value	none	minor	medium/minor	medium/high	high/very high
Medium Value	none	none/minor	minor	medium	medium/high
Low Value	none	none/minor	none/minor	minor	minor/medium
Negligible Value	none	none	none/minor	none/minor	minor

(Quoted from *Guidance on Heritage Impact Assessments for Cultural World Heritage Properties*)

4. Conducting mitigating design on adverse impacts is a crucial part

As the Hoi An Protocols points out, in every scenario, relevant measures should be designed to mitigate adverse impacts on cultural heritage itself and its setting. These measures should achieve a balance between relative value and the overall public benefits brought by the project. The Guidance on Heritage Impact Assessments for Cultural World Heritage Properties further stresses that impact assessment is an iterative process. Results of data collection and evaluation should be fed back to the development project and plan. Conservation is about managing sustainable change. Every reasonable effort should be made to avoid, eliminate or minimize adverse impacts on attributes that convey OUV and other significant places. Ultimately, however, it may be necessary to balance the public benefit of the proposed change against the harm to the place. The Guidance also proposes that in mitigating design other options for the development project should also be considered, including site selection, timing, duration and specific

---

① Refer to Teng Lei, Li Ang: *CHIA Report on Hubei Daye Lvtongshan National Archeological Park*, Cultural Heritage Conservation Intervention, 3rd Issue of 2013.

design, etc. The HIA should indicate fully how the mitigation is acceptable in the context of sustaining OUV, including the authenticity and integrity.

The Canadian Heritage Impact Assessment Terms of Reference provides a few number of mitigating strategies: alternative development approaches; isolating development and site alteration from significant built and natural features and vistas; design guidelines that harmonize mass, setback, setting and materials; limiting height and density; allowing only compatible infill and additions; reversible alterations. During our assessment on national archeological parks, we have also attempted to propose different mitigating measures according to impact degrees, including "cancelling project", "adjusting site selection", "improving functions", "controlling height", "adjusting forms and structures", "controlling hues" and "deepening design", etc.[①]

IV. Methods and Tools for CHIA

Development disequilibrium between different countries and regions has been fully considered in relevant guiding documents of UNESCO, therefore, no specific requirements or technique criteria have been proposed in terms of CHIA methods and tools. Based on different development projects and involving cultural heritage properties, different and distinctively featured methods and tools can be adopted in order to provide clear and effective foundations for results of the assessment.

Drawing on experiences from countries and regions where CHIA is already quite matured, as well as practices in China over recent years, we suggest that present assessments can adopt, but not limited to, the following methods and tools:

1. Data Collection

The data to be collected include basic data about the cultural heritage property, conditions of the development project and other data in need. In the practice of cultural heritage protection of China, these data generally include contents in four aspects—protection, management, use and research, as well as natural environmental conditions like geographic location of the zone, transport, topography, geology,, hydrology, and ecological landscape, land, social environment, etc.

---

① ibid.

2. On-Site Investigation

The investigation on conditions of the place where the development project lies include the current status of the cultural heritage property involved, conditions on integrity and authenticity, sensitive viewpoints, current status of the land and conditions of the residents, etc., in addition to questionnaire survey to stakeholders, learning of the current status and construction conditions of the project and claims of stakeholders. If necessary, professional investigative tools should also be employed.

-Archeological Survey. Conduct archeological surveys through site or route selection for a project in order to understand whether the project poses a threat to damage the archeological site.

-Mapping and Modelling. Conduct topographic and cultural heritage mapping by using spatial information technology through methods like GIS, SKECH and 3DMAX, etc., to construct a spatial model of the place where the development project lies.

-Engineering Investigation and Geological Prospecting. Carry out engineering investigation and geological prospecting on a project site to obtain relevant geotechnical assessment parameters and understand the safety and feasibility of the project site and structure.

-Sampling Test. Conduct physical and chemical tests by sampling the cultural heritage property itself, or implement nondestructive tests to obtain relevant assessment parameters for the cultural heritage itself.

-Comprehensive Monitoring. Conduct comprehensive monitoring in place where the project lies, whose contents should be determined according to the types and characteristics of the cultural heritage, such as monitoring on geotectonic deformation, displacement, rainfall, temperature and humidity, groundwater level and vibration, et., to obtain macroscopic environment conditions of the place where the project lies in terms of geology, hydrology and meteorology, etc., as well as the microscopic ones.

3. Desk Study

Desk studies are often carried out after on-site investigations, which take an in-depth research on various monitoring and survey data, test results and questionnaire obtained through on-site investigation and integrate them with the basic data collected at earlier stage.

-Statistical Analysis. Conduct statistics and analysis on stakeholders' degree of interest, support and relevant suggestions based on questionnaire surveys and statistics on stakeholders, in order to evaluate the feasibility of the project.

-List Comparison. Make a breakdown list about the project and conduct a comparative analysis according to various basic data obtained through investigation, in order to predict, evaluate the impact degree of the project on the authenticity, integrity and continuity of the cultural heritage itself.

-Matrix Building. Define CHIA factors based on the characteristics of the project and build a matrix between the project and assessment factors, specify grading, quantitative and qualitative criteria, and bridge the assessment matrix between the project and assessment factors. Determine the feasibility of the project based on assessment results.

-Overlapping Comparison. Develop drawings by using tools like CAD, PSD, etc., to compare the overlapping relation between the project and protection planning, regionalization of cultural heritage protection and with cultural heritage sites; impact of assessed project on the cultural heritage property can be embodied by color-block and spectrum overlapping maps.

-Spatial Analysis. Use spatial models to analyze the coordination degrees of project's scale, size, form, material, color, etc., with the cultural heritage, cultural heritage settings, environmental landscapes, in order to assess the impact magnitude of assessed project.

-Mathematical Modelling. Build mathematical analytic models (e.g. the FE Model designed on the basis of subway vibration, the FE-BE Model, etc.) according to basic parameters obtained through investigation, and analyze, predict the impact of the project on cultural heritage property and its environment.

4. Professional Judgment and Consultation

Professional judgment and consultation should be undergo the entire process of CHIA. Despite we are able to obtain a variety of data and analytic results through rigorous on-site investigation and laboratory studies, taken together, we still need professional judgment and prediction, and submit the final results to specialized institutes, professionals and other stakeholders for consultation, in order to determine the impact degree of development plan and project and to ascertain various mitigating measures.

(This paper was firstly published in China Cultural Relics News 2014, and finally revised in 2015)

Impact Assessment of the Road Project Involving the Archaeological Ruins of Liangzhu City

Abstract (non-technical overview)

Archaeological Ruins of Liangzhu City is an unprecedented representative product of complex society derived from Yangtze River Civilization during 3300-2300BC around Taihu Lake in the lower reaches. This culture with complex society was called "Liangzhu culture" among archaeological cultures in Neolithic China. It rose and declined during 3300-2300BC, and was a regional complex society of the Yangtze river basin known so far which reflected the greatest achievement in rice-cultivating agriculture in late Neolithic Age of China and covered an area of 36,500km^2 around Taihu Lake, which is delimited according to the distribution range of the over 600 sites of the same period discovered to date. Based on the analysis on the existence of more than 4 settlement grades, uniform belief, obvious social hierarchy, and especially the emergence of urban civilization in the site groups of the culture in the same period in this scope, this prehistoric culture has had the early state form.

The whole value of Archaeological Ruins of Liangzhu City, as the center of power and belief of Liangzhu culture, is shown by the supreme achievement of the prehistoric rice-cultivating culture in the Yangtze River Basin - an urban civilization of the early states. This whole value is carried by 4 types of main artificial remains - city site, peripheral water conservation system, graded cemeteries (including altar),

Impact Assessment of the Road Project Involving the Archaeological Ruins of Liangzhu City

and unearthed artifacts represented by Liangzhu culture jade artifacts. In terms of administrative division, the Archaeological Ruins of Liangzhu City belongs to Yuhang District, Hangzhou, Zhejiang Province, and the scope for the nomination of property involves Liangzhu Subdistrict and Pingyao Town, which are located in 4 nominated areas (hereinafter referred to as "areas") within an area of about 100km^2 - Yaoshan Site, High-dam at the Mouth of the Valley, Low-dam on the Plain-Causeway in front of the Mountains and City Site. Every area contributes to the whole of the property in a substantial, scientific, readily defined and discernible way.

In 2007, the four cities, Hangzhou, Shaoxing, Jiaxing and Huzhou, established the Hangzhou Metropolitan Economic Circle, jointly compiled the Integrated Transport Plan for the Hangzhou Metropolitan Economic Circle, and formally named the expressway loop in urban economic circle as the "West Double Line of Hangzhou Beltway", which was attached great importance by the relevant municipal and provincial departments. The planned construction project was an important part of the project "West Double Line of Hangzhou Beltway". In the initial stage of the line selection, the cultural remains in the two areas, the High-dam at the Mouth of the Valley and the Low-dam on the Plain-Causeway in front of the Mountains, of the Archaeological Ruins of Liangzhu City have not been discovered and excavated. The expressway passed through the middle of the two areas and some part of the road passed through the Archaeological Ruins of Liangzhu City. From 2009 to 2015, Zhejiang Provincial Institute of Cultural Relics and Archeology investigated and discovered Laohuling Site, Ganggongling Site, etc. and confirmed that the High-dam at the Mouth of the Valley, the Low-dam on the Plain-Causeway in front of the Mountains, and Tangshan Site were all belong to the Peripheral Water Conservancy System of the Archaeological Ruins of Liangzhu City. In 2017, for the protection and inheritance of cultural heritage, the cultural relics relative authorities made great efforts to adjust the selection of the expressway. The new line bypassed the buffer zone of the Archaeological Ruins of Liangzhu City and completely avoided the nominated property and buffer zone of the Archaeological Ruins of Liangzhu City. According to the on-the-spot survey conducted by the archaeological department, there were no cultural deposits or remains within the line scope.

The main cultural relics that may be involved in the proposed construction project are mainly High-dam at the Mouth of the Valley and the Low-dam on the Plain in the Low-dam on the Plain-Causeway in front of the Mountains, which functionally belong to the Peripheral Water Conservancy System of the Archaeological Ruins of Liangzhu City. The construction time sequence between the Peripheral Water Conservancy System and the City Site of Archaeological Ruins of Liangzhu City reveals that there is an inseparable and significant relationship between water resources management and urban civilization and early countries, and also reflects the ability of Liangzhu society to organize and manage large-scale projects and the outstanding wisdom of Liangzhu people in the development of wetlands, which is a significant value carrier for heritage nomination.

According to the assessment, the line selection for proposed project construction is generally in line with the relevant requirements of the Convention Concerning the Protection of the World Cultural and Natural Heritage, the Conservation Master Plan for the Liangzhu Archaeological Site as a National Priority Protected Site and the Conservation and Management Plan for Archaeological Ruins of Liangzhu City. The project is located outside the buffer zone of the Archaeological Ruins of Liangzhu City, and doesn't interfere with the nominated property and buffer zone of the Archaeological Ruins of Liangzhu City. According to the on-the-spot survey conducted by the archaeological authorities, there are no cultural deposits or remains within the line scope, and no impact on the property itself and its universal value, completeness, and authenticity, and no risk for inscribing the property on the World Heritage List.

After the project enters the operation period, it can promote the economic development and infrastructure construction in the surrounding areas, which will help the demonstration and utilization of the property. The project is acceptable.

According to the assessment, the proposed construction project has a certain impact on visual landscape of Mifenglong Dam Site in the High-dam at the Mouth of the Valley and Wutongnong Dam Site in Low-dam on the Plain-Causeway in front of the Mountains. It can be mitigated by taking measures such as sheltering with green plants or adjusting the touring route.

At the same time, it is suggested that relevant mitigation measures and heritage monitoring work should be performed in accordance with mitigation measures and recommendations at all subsequent stages of construction and operation.

Impact Assessment of the Road Project Involving the Archaeological Ruins of Liangzhu City

Introduction

1. Assessment background

Archaeological Ruins of Liangzhu City is an unprecedented representative product of complex society of Yangtze River Civilization during 3300-2300BC around Taihu Lake in the lower reaches. This culture with complex society was called "Liangzhu culture" among archaeological cultures in Neolithic China. It rose and declined during 3300-2300BC, and was a regional complex society of the Yangtze river basin known so far which reflected the greatest achievement in rice-cultivating agriculture in late Neolithic Age of China and covered an area of 36,500km^2 around Taihu Lake, which is delimited according to the distribution range of the over 600 sites of the same period discovered to date. Based on the analysis on the existence of more than 4 settlement grades, uniform belief, obvious social hierarchy, and especially the emergence of urban civilization in the site clusters of the culture in the same period in this scope, this prehistoric culture has had the early state form.

The whole value of Archaeological Ruins of Liangzhu City, as the center of power and belief of Liangzhu culture, is shown by the supreme achievement of the prehistoric rice-cultivating culture in the Yangtze River Basin - an urban civilization of the early states. This whole value is carried by 4 types of main artificial remains - city site, peripheral water conservation system, graded cemeteries (including altar), and unearthed artifacts represented by Liangzhu culture jade artifacts. In terms of administrative division, the Archaeological Ruins of Liangzhu City belongs to Yuhang District, Hangzhou, Zhejiang Province, and the scope for the nomination of property involves Liangzhu Subdistrict and Pingyao Town, which are located in 4 nominated areas (hereinafter referred to as "areas") within an area of about 100 km^2 - Yaoshan Site, High-dam at the Mouth of the Valley, Low-dam on the Plain-Causeway in front of the Mountains and City Site. Every area contributes to the whole of the property in a substantial, scientific, readily defined and discernible way.

In 2007, the four cities, Hangzhou, Shaoxing, Jiaxing and Huzhou, established the Hangzhou Metropolitan Economic Circle, jointly compiled the *Integrated Transport Plan for the Hangzhou Metropolitan Economic Circle*, and formally named the expressway loop in urban economic circle as the "West Double Line of Hangzhou Beltway", which was attached great importance by the relevant municipal and provincial departments. The planned construction project was an important part of the project "West Double Line of Hangzhou Beltway". In the initial stage of the line selection, the cultural remains in the two areas, the High-dam at the Mouth of the Valley and the Low-dam on the Plain-Causeway in front of the Mountains, of the Archaeological Ruins of Liangzhu City have not been discovered and excavated. The expressway passed through the middle of the two areas and some part of the road passed through the Archaeological Ruins of Liangzhu City. From 2009 to 2015, Zhejiang Provincial Institute of Cultural Relics and Archeology investigated and discovered Laohuling Site, Ganggongling Site, etc. and confirmed that the High-dam at the Mouth of the Valley, the Low-dam on the Plain-Causeway in Front of the Mountains, and Tangshan Site were all belong to the Peripheral Water Conservancy System of the Archaeological Ruins of Liangzhu City. In 2017, for the protection and inheritance of cultural heritage, the cultural relics authorities made great efforts to adjust the selection of the expressway. The new line bypassed the buffer zone of the Archaeological Ruins of Liangzhu City and completely avoided the property and buffer zone of the Archaeological Ruins of Liangzhu City. According to the on-the-spot survey conducted by the archaeological authorities, there were no cultural deposits or remains within the line scope.

The main cultural remains to the east of the Expansion Project of Changchun-Shenzhen Expressway Hangzhou Section are mainly the High-dam at the Mouth of the Valley and the Low-dam on the Plain in the Low-dam on the Plain-Causeway in front of the Mountains, which functionally belong to the Peripheral Water Conservancy System of the Archaeological Ruins of Liangzhu City. The construction time sequence between the Peripheral Water Conservancy System and the City Site of Archaeological Ruins of Liangzhu City reveals that there is an inseparable and significant relationship between water resources management and urban civilization and early countries, and also reflects the ability of Liangzhu society to organize and manage large-scale projects and the outstanding wisdom of Liangzhu people in the development of wetlands, which is a significant value carrier for heritage nomination.

The Expansion Project of Changchun-Shenzhen Expressway Hangzhou Section is located outside the boundary of the buffer zone boundary to the west of the High-dam at the Mouth of the Valley and the Low-dam on the Plain-Causeway in front of the Mountains. In order to comprehensively assess the direct, indirect and potential impact of the expressway on the property, especially the impact on Outstanding Universal Value (OUV) of the World Cultural Heritage Site, and ensure the inheritance of heritage values, Beijing Guo Wen Xin Cultural Relics Protection Co., Ltd. was entrusted by the Project Engineering Department of the Headquarters for the World Heritage Nomination of Archaeological Ruins of Liangzhu City and Construction of the Liangzhu Cultural National Park in December 2017 to prepare this heritage impact assessment report.

2. Scope of application

This report is applicable to the impact assessment of the Expansion Project of the Changchun-Shenzhen Expressway Hangzhou Section outside the buffer zone of the Archaeological Ruins of Liangzhu City (outside the buffer zone boundary to the west of the High-dam at the Mouth of the Valley and the Low-dam on the Plain-Causeway in front of the Mountains) .

3. Assessment objective

In accordance with relevant international charters, conventions, declarations, guidelines, etc., as well as existing domestic laws, regulations, and documents, conduct an objective and comprehensive evaluation for the Expansion Project of the Changchun-Shenzhen Expressway Hangzhou Section. Through data analysis and on-site investigation, and by referring to the regulations such as the *Conservation Master Plan for the Liangzhu Archaeological Site (2013)*, the *Regulations on Protection and Management of the Liangzhu Archaeological Site of Hangzhou (2013)*, and the *Division Planning for the Protection Sites of Peripheral Water Conservancy System in Liangzhu Archaeological Site, Zhejiang Provincial Protected Site (editing)*, the *Protection Plan for the Historical and Cultural City Hangzhou (2003)* and the management requirements in the buffer zone of the heritage site, assess the direct or indirect impact of the construction project on the World Cultural Heritage site and the environment, especially the impact on the Outstanding Universal Value (OUV) of the World Cultural Heritage, propose the mitigation measures and adjustment recommendations to ensure that the outstanding universal value of the heritage is effectively protected, and provide assessment opinions for the decision-making consultation of the relevant competent authorities, management and using units, and stakeholders.

4. Assessment content

Assess the expansion project of Changchun-Shenzhen Expressway Hangzhou Section, analyze the direct, indirect and potential impact on the related world heritage site - the Archaeological Ruins of Liangzhu City, especially the High-dam at the mouth of the Valley and the Low-dam on the Plain-Causeway in front of the Mountains and the surrounding environment, judge the degree of impact and acceptability, and propose the mitigation measures and recommendations.

Chapter 1 Assessment methods

1.1 Assessment basis

1.1.1 Data sources

- [ ] Field data collection, including field research, photos and interview records.
- [ ] Relevant data from the management department of the property, including the dossier for world heritage nomination, conservation plans, special plans, "four legal prerequisites" archives, relevant topographic maps and image data, and relevant materials for the proposed construction project.
- [ ] Satellite image data collection

1.1.2 Laws and regulations

- [ ] *Law of the People's Republic of China on Protection of Cultural Relics* (Revised in 2017)
- [ ] *Regulations for the Implementation of the Law of the People's Republic of China on Protection of Cultural Relics* (Revised in 2016)
- [ ] *Guiding Opinions of the State Council on Further Strengthening Cultural Relics Works* (2016)
- [ ] *Measures for the Protection and Management of World Heritage* (2006)
- [ ] *Opinions on Strengthening and Improving the Protection and Management of World Heritage* (2002)
- [ ] *Management Measures for the Monitoring and Inspections on World Heritages in China* (2006)
- [ ] *Expert Consultation and Management Measures for China's World Cultural Heritage* (2006)
- [ ] *Regulations on the Heritage Protection Management of Zhejiang Province* (2014 correction)
- [ ] *Certain Regulations on the Protection of Cultural Relics in Hangzhou* (2004)
- [ ] *Overall Planning for Protection of Liangzhu Archaeological Site, the National*

Priority Protected Site (2008-2025) (2013)
- [ ] *Regulations on Protection and Management of the Liangzhu Archaeological Site (2013-2025)* (2018)
- [ ] *Division Planning for the Protection Sites of Peripheral Water Conservancy System in Liangzhu Archaeological Site, Zhejiang Provincial Protected Site* (2017)

1.1.3 Domestic and foreign conventions, charters and standards

- [ ] *Recommendation concerning the Safeguarding of Beauty and Character of Landscapes and Sites* (UNESCO, 1962)
- [ ] *International Charter for the Conservation and Restoration of Monuments and Sites* (1964)
- [ ] *Convention Concerning the Protection of the World Cultural and Natural Heritage* (1972)
- [ ] *European Charter of the Architectural Heritage* (1975)
- [ ] *the Florence Charter 1981*
- [ ] *Charter for the Protection and Management of the Archaeological Heritage* (1990)
- [ ] *The Nara Document on Authenticity* (1994)
- [ ] *Xi'an Declaration on the Conservation of the Setting of Heritage Structures, Sites and Areas* (ICOMOS, 2005)
- [ ] *Declaration on the Conservation of Historic Urban Landscape* (2005)
- [ ] *Operational Guidelines for the Implementation of the World Heritage Convention* (2017)
- [ ] *Charter on the Interpretation and Presentation of Cultural Heritage Sites* (2008)
- [ ] *Guidance on Heritage Impact Assessments (HIA) for Cultural World Heritage Properties* (ICOMOS, 2011)
- [ ] *Principles for the Conservation of Heritage Sites in China* (ICOMOS CHINA, 2015)

1.1.4 Published works and unpublished reports

- [ ] For details, see "Appendix VI References"

1.2 Assessment scope

1.2.1 Time scope, including the line selection and design in the early stage, the construction in the mid-term stage, and the operation and maintenance in the later stage of the proposed construction project.

1.2.2 Spatial scope, including all areas in the buffer zone of the property that the proposed construction project may have an impact on.

1.2.3 Content scope, including all direct, indirect or potential impact of the proposed construction project on the outstanding universal value attributes and other attributes, integrity and authenticity of the heritage.

1.3 Assessment methods and procedures

1.3.1 Assessment methods

- ☐ Information collection - including the reviewing of documents related to cultural relics, reviewing of books, papers and literature materials, on-site investigations, random interviews with stakeholders, etc.
- ☐ Comprehensive analysis - including 3D modeling analysis, terrain analysis, site measurement, CAD drawing analysis, spatial image analysis supported by ArcGIS, etc.
- ☐ Impact assessment - including analysis of the impact on the outstanding universal value of the property, analysis of the direct and indirect impact, analysis of the reversibility of heritage, analysis of impact levels, etc. Propose mitigation measures or recommendations for the corresponding impact results.

1.3.2 Assessment procedures

- ☐ Define the survey region
- ☐ Define the scope of work
- ☐ Collect the data
- ☐ Integrate the data
- ☐ Extract the features of heritage resources, especially identify attributes that reflect the outstanding universal value of heritage
- ☐ Establish and assess the direct and indirect impact models
- ☐ Compile the draft for impact mitigation - avoidance, mitigation, restoration or compensation
- ☐ Draft report
- ☐ Consultation
- ☐ Final report and illustrations

Chapter 2　Overview and Value Description of the Property

(Abbreviation for 2.1 Overview of the Archaeological Ruins of Liangzhu City, and 2.2 Historical evolution of Archaeological Ruins of Liangzhu City)

2.3　Relations between the proposed construction project and the property

In the initial stage of the line selection of the proposed construction project, the expressway was planned to pass through the middle of the two sites, and part of the expressway was to be located in the area of nominated property of the Archaeological Ruins of Liangzhu City. The cultural relics departments made great efforts to adjust the line selection of the expressway. The new line bypassed the west of the property and avoided the buffer zone of the Archaeological Ruins of Liangzhu City. According to

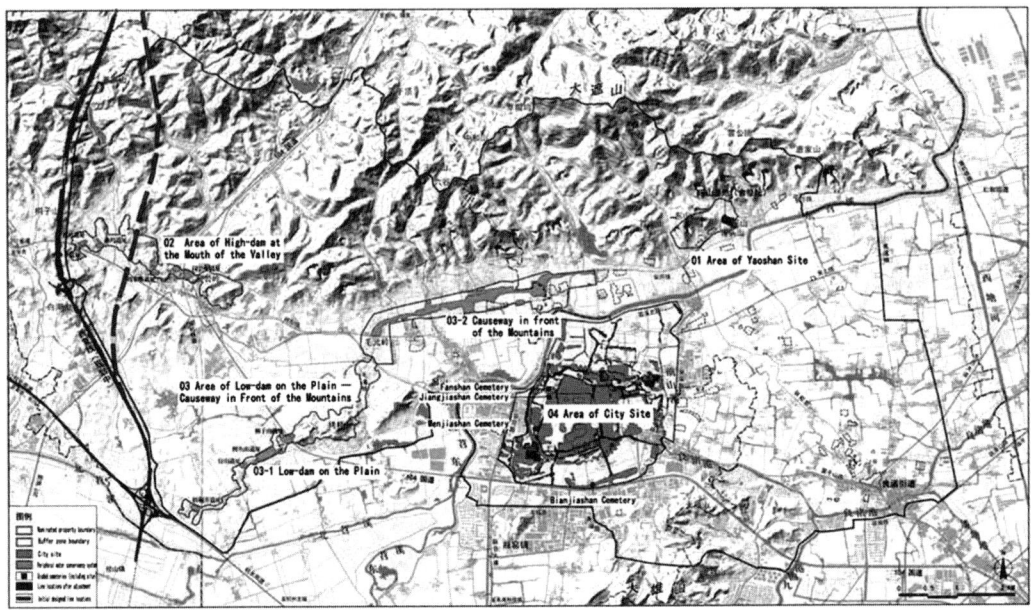

Figure 1　Schematic diagram of the change of line selection of proposed construction project

the on-the-spot survey conducted by the archaeology authority, there were no cultural deposits or remains within the line coverage. The specific location is shown in the following figure.

The Expansion Project of Changchun-Shenzhen Expressway Hangzhou Section is located outside the buffer zone boundary of the property, not directly involves the heritage site itself and its value. It may have impact on the cultural remains of the High-dam at the Mouth of the Valley and Low-dam on the Plain-Causeway in front of the Mountains. The expressway is located outside the buffer zone boundary to the west of the Perpheral Water Conservancy System and may have certain impact on landscape sight of the site.

2.4　Overview of the major heritage involved in the proposed construction project

The major heritage impacted by the proposed construction project includes the Area of High-dam at the Mouth of the Valley (Area 02) and Low-dam on the Plain in the Area of Low-dam on the Plain-Causeway in front of the Mountains (Area 03).

2.4.1　Area of High-dam at the Mouth of the Valley (Area 02)

High-dam at the Mouth of the Valley, a part of the Peripheral Water Conservation System of the Archaeological Ruins of Liangzhu City, is located about 11 km northwest of the City Site and extends eastward and westward to the mouths of two valleys between hills. This site is still being archaeologically excavated and studied continuously. So far, 6 dam sites have been discovered, and are about 2.3 km apart from the east to the west. They can be divided into two groups - east group and west group. The east group consists of Ganggongling Site, Laohuling Site and Zhoujiafan Site, etc.; and the west group consists of Qiuwu Site, Shiwu Site and Mifenglong Site, etc.. These sites cover an area of about 7.6 ha. The existing longest parts of the dams range from about 100 m to over 200 m, while their existing widest parts range from over 60 m to over 160 m; and the cross section is similar to a trapezoid. The existing relative altitudes of dam crests of these dams range from about 1.4 m to 15 m, and their sea level elevations range from about 25 m to 40 m. According to ^{14}C dating result, the High-dam at the Mouth of the Valley was built between 3100 BC and 3000 BC, and was continuously used till about 2600 BC, belonging to middle period and early phase of late period of Liangzhu culture.

The sites of the High-dam at the Mouth of the Valley are different in structure and technology. The construction methods of dam foundations include "trench replacement anti-seepage" and "paving of grass-wrapped silt and green paste mud". For example, Mifenglong Site adopted the former and Laohuling Site adopted the latter. As for the structure and technology, the dams basically adopted the structure of stacked green silt wrapped with yellow soil outside. Liaohuling Site, Ganggongling Site and Qiuwu Site adopted the way of stacking grass-wrapped silt at the key positions of the dams, which can strengthen the dam and make the dams not collapse easily.

Table 1 Composition of Remains in High-dam at the Mouth of Valley

Site Name	No. of Remains List	Max. Length × Max. Width (m)	Relative Height of Dam Top (m)	Altitude of Dam Top (m)	Area (ha.)	Soil Volume (10,000m³)
Ganggongling Site	GB01	209.8 × 161.3	12.6	ca. 25-30	7.6	ca. 60
Laohuling Site	GB02	140.5 × 104.0	15			
Zhoujiafan Site	GB03	144.9 × 80.5	10.9			
Qiuwu Site	GB04	127.2 × 88.0	8.9	ca. 35-40		
Shiwu Site	GB05	181.3 × 76.8	4.2			
Mifenglong Site	GB06	99.3 × 62.8	1.4			

2.4.2 The low-dam on the plain (Area 03-1) in the Area of Low-dam on the Plain-Causeway in front of the Mountains (Area 03)

The Low-dam on the Plain-Causeway in front of the Mountains, located to the north and west of the City Site, is a part of the Peripheral Water Conservancy System of the Archaeological Ruins of Liangzhu City. It is divided into two parts by Xiaogangyan. The part to the south of Xiaogangyan is the Low-dam on the Plain. (Area 03-1)

Low-dam on the Plain is located between isolated hills on the plain about 3.5km south of the High-dam at the Mouth of the Valley. This site is still being archaeologically excavated and studied continuously. So far, 4 dam sites have been discovered, and are about 2.4 km apart from the east to the west. They connect the continuous isolated hills in the west of Kaolaoshan Hill, including Wutongnong Site, Guanshan Site, Liyushan Site and Shizishan Site. The lengths of these dams are different because of their distance to the isolated hills. Their longest parts range from over 140m to over 400m, while their widest parts range from over 80m to over 140m; and the cross section is similar to a trapezoid. The existing relative altitude of dam crests of these dams is about 6m, and their sea level elevation is about 10m. These sites cover an area of about 11.12

ha. According to ^{14}C dating result, the Low-dam on the Plain was built between 2950 BC and 2850 BC, a little later than High-dam at the Mouth of the Valley, and was continuously used till about 2600 BC, belonging to middle period and early phase of late period of Liangzhu culture.

The sites in the Low-dam on the Plain are similar to those in the High-dam at the Mouth of the Valley in structure and technology. The construction method of dam foundations is "trench replacement anti-seepage", such as Liyushan Site. As for the structure and technology, the dams basically adopted the structure of stacked green silt wrapped with yellow soil outside. Wutongnong Site and Shizishan Site adopted the way of stacking grass-wrapped silt at the key positions of the dams.

Table 2 Composition of Remains of Low-dam on the Plain

Site name	No. of Remains List	Max. Length* Max. Width (m)	Relative Height of Dam Top (m)	Altitude of Dam Top (m)	Area(ha.)	Soil Volume (10,000m^3)
Shizishan Site	DC-DB01	287.8 × 137.7	6.6	ca. 10	11.12	ca. 30
Liyushan Site	DC-DB02	401.7 × 142.2	6.4			
Guanshan Site	DC-DB03	142.1 × 101.0	6.2			
Wutongnong Site	DC-DB04	173.1 × 87.3	5.7			

(Abbreviation for 2.5 Description of value of the property, and Chapter 3 Overview of Proposed Construction Project)

Chapter 4　Impact Assessment and Analysis

4.1　Changes of the property

The Expansion Project of Changchun-Shenzhen Expressway Hangzhou Section is located outside the buffer zone of the Archaeological Ruins of Liangzhu City, which is one of the national priority protected sites and listed in the tentative list of the world cultural heritage. The shortest distance between the expressway sideline and the buffer zone of the Archaeological Ruins of Liangzhu City is 14m. According to the on-the-spot survey conducted by the archaeological department, there were no cultural deposits or

Impact Assessment of the Road Project Involving the Archaeological Ruins of Liangzhu City

remains within the line coverage. The cultural relics and values are not interfered with and the property is not changed.

Table 3 Changes of the Property

Involved Heritage	Condition before Project Implementation	Condition after Project Implementation	Main Changes Involved in the Plan
Directly Involved Heritage	No heritage within the area	—	—	No changes to the physical remains of the Archaeological Ruins of Liangzhu City itself
Indirectly Involved Heritage	Does not involve the nominated property and buffer zone of the Archaeological Ruins of Liangzhu City	—	—	No changes in the nominated property and buffer zone of the Archaeological Ruins of Liangzhu City

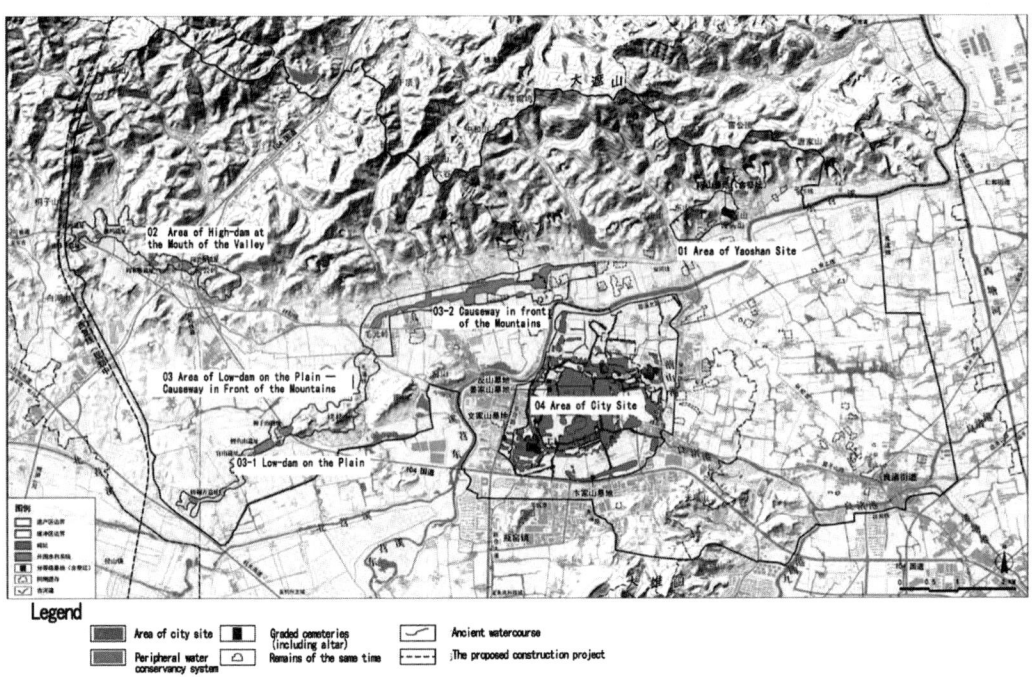

Figure 2 Location Relationship between the Proposed Construction Project and the Property

4.2 Direct impact assessment for the heritage site

As both Area of Yaoshan Site (Area 01) and Area of City Site (Area 04) are far away from the selected site of the proposed construction project (more than 7km), the direct impact assessment for the property is mainly performed in the Area of High-dam at the Mouth of the Valley (Area 02) and the Area of Low-dam on the Plain-Causeway in front of the Mountains (Area 03), which are closer to the selected line of the expressway.

4.2.1 Impact on the physical remains of the property

☐ Physical remains of the property

The proposed construction project will bypass from the buffer zone to the west side of the Archaeological Ruins of Liangzhu City. The shortest distance from the boundary of expressway to the buffer zone of the Archaeological Ruins of Liangzhu City is 14m, and the shortest distance to the physical remains of the property, Mifenglong Site in the Area of High-dam at the Mouth of the Valley (Area 02), is approximately 258.4m, and the distance to both the Area of Yaoshan Site (Area 01) and the Area of City Site (Area 04) are more than 7km.

Prior to the construction of the project, the Zhejiang Provincial Institute of Cultural Relics and Archaeology entrusted Shaanxi Longteng Cultural Relics Conservation Co., Ltd. to organize an archeological exploration team to carry out archeological exploration works for the rerouting area of West Double Line of Hangzhou Beltway. During the exploration process, no ancient cultural relics were found within the scope of the project site. Therefore, no archaeological remains were involved within the project scope. (For details, please refer to the Attachment: "Report of Prospection Work in Rerouting Area of West Double Line of Hangzhou Beltway")

The Expansion Project of Changchun-Shenzhen Expressway Hangzhou Section is located outside the buffer zone of the Archaeological Ruins of Liangzhu City and is far away from the physical fabric of cultural relics. No cultural remains were found in the archaeological exploration prior to the construction within the scope of project construction. Therefore, the project has no impact on the physical remains of the property.

☐ Integrity and authenticity of the property

— Integrity of the property

The integrity of the Peripheral Water Conservancy System of the Archaeological Ruins of Liangzhu City, composed by the Area of High-dam at the Mouth of the Valley (Area 02) and the Area of Low-dam on the Plain-Causeway in front of the Mountains (Area 03), is mainly reflected in the artificial sites of the High-dam at the Mouth of the Valley, and the Low-dam on the Plain-Causeway in front of the Mountains, the related hills, mountains and downlands, and the landforms naturally with function of flood discharge. It comprehensively reflects human being's scientificity on the utilization, construction engineering and technology of the water conservancy system, and reveals that the water resource management plays an important role in the formation of urban civilization and early states according to the distinctive sequential relationship compared with the construction of the City Site of Archaeological Ruins of Liangzhu City. The proposed project does not directly involve the artificial remains and the related natural mountains and spillways, and have no impact on the construction engineering and technology, the capacity of the social management and organization, and the water resources management, of the site or reflected by the site, on promoting the urban civilization. No cultural relics were found in archaeological exploration works in the early stage of the construction within the scope of the project. Therefore, it has no impact on the integrity of the property.

— Authenticity of the property

The site selection, distribution characteristics, system elements (including the artificial dam groups, natural passes with the function of flood discharge) of the Peripheral Water Conservancy System, composed by the Area of High-dam at the Mouth of the Valley (Area 02) and the Area of Low-dam on the Plain-Causeway in front of the Mountains (Area 03), and the surrounding natural landforms, authentically and credibly reflect the functions of flood control, water storage, irrigation and water transport of the Peripheral Water Conservancy System of the Liangzhu City during the Liangzhu period, and the scientificity of the engineering technologies. The sequential relationship between the Peripheral Water Conservancy System and construction of the City Site of Archaeological Ruins of Liangzhu City revealed by the ^{14}C dating method authentically and effectively reveals that the water resource management plays an important role in the formation of urban civilization and early states. Apart from the appropriate archaeological excavation, the site was no more artificially interfered since being discovered. Therefore, it has no impact on the authenticity of the property.

4.2.2 Impact on the environment of the property

□ Overall environment of the external area outside the property

The regional overall environment of the Area of High-dam at the Mouth of the

Valley (Area 02) and Area of Low-dam on the Plain-Causeway in front of the Mountains (Area 03) includes natural and cultural landscapes, water resources preservation zones and vegetation, ancient and famous trees.

Water resources preservation zones include Tangjiafan Reservoir, Qikeng Reservoir, and Baihu Reservoir. Among them, Tangjiafan Reservoir and Baihu Reservoir are mainly used for flood control and irrigation, and not for water source preservation. Qikeng Reservoir is mainly used for villagers' drinking water. After the expressway is moved westward, it is planned to pass through the Tangjiafan Reservoir in the form of subgrade, occupying an area of about 7,080m^2. The design route is to pass the west side of Qikeng Reservoir, involving the Qikeng Bridge. The main impact during operation period is from the bridge pavement runoff, which has little impact on downstream intake. The route involved in the proposed construction project is to pass the Baihu Reservoir in the form of bridges, which will have no impact on the overall external environment of the water resources region.

Vegetation mainly includes natural vegetation and artificial vegetation. The area along the proposed construction project, as being affected by human being's long-term economic production activities, is mainly covered by artificial vegetation, including afforestation trees, crops, widespread arbors, associated shrubs and herbs, and no national, provincial, or municipal key protected rare plant populations were found. There are some old and famous trees such as gingko trees, ancient camphor, etc., which have been bypassed by the route.

The proposed construction project has no impact on the vegetation greening and ancient and famous trees in the overall environment of the Area of High-dam at the Mouth of the Valley (Area 02) and the Area of Low-dam on the Plain-Causeway in front of the Mountains, but has occupied and affected water conservation areas such as Zhoujiafan Reservoir and Qikeng Reservoir. Such impact has been identified by the local government authorities after assessment.

In addition, during construction, it is inevitable that there will be accumulation of construction materials and construction waste and noise pollution. Therefore, the proposed construction project will have a slight negative impact on the overall environment of the external area of the Area of High-dam at the Mouth of the Valley (Area 02) and the Area of Low-dam on the Plain-Causeway in front of the Mountains (Area 03).

Impact Assessment of the Road Project Involving the Archaeological Ruins of Liangzhu City

☐ Surrounding environment of the property

The dam sites in the Area of High-dam at the Mouth of the Valley (Area 02) are located at the mouth of valley in the mountains to the northwest of the City Site (Area 04) of Archaeological Ruins of Liangzhu City. As for the Area of Low-dam on the Plain-Causeway in front of the Mountains (Area 03), the dam sites of Low-dam on the Plain (Area 03-1) are located between the plains and isolated hills to the west of City Site of Archaeological Ruins of Liangzhu City, and the Causeway in front of the Mountains (Area 03-2) is located at the foot of the hills to the north of the City Site. The sites are selected in the critical locations for preventing flooding and controlling water energy. The natural hills connected to the dam site, such as Ganggongling Hill, Laohuling Hill, Qianshan Hill, Majiashan Hill, Shiwu Hill, Suishiling Hill, Kaolaoshan Hill, Shizishan Hill, Liyushan Hill and Guanshan Hill, are important elements for the surrounding environment of the sites of the Peripheral Water Conservancy System. In the buffer zone of the property, there is a Tiaoxi River flowing from southwest to northwest, and the eastern section of the river flows pass the Causeway in front of the Mountains. The valley region between the two hills to the northern side of the Causeway in front of the Mountains is vertically distributed with Hubeiwu Reservoir, Xizhong Reservoir, Changqinghu Reservoir, Jianguo Reservoir, Longtou Reservoir and Kangmen Reservoir. The three dam sites in the High-dam at the Mouth of the Valley, Qiuwu, Shiwu and Zhoujiafan, are close to the open lake. There are a number of concentrated farmlands on both sides of the Low-dam on the Plain-Causeway in front of the Mountains, constituting the characteristics of surrounding environment of the property together with the mountains and rivers.

The proposed construction project does not pass through the natural mountains and hills such as Ganggongling Hill, Laohuling Hill, Qianshan Mountain, Majiashan Hill, Shiwu Hill, Suishiling Hill, Kaolaoshan Hill, Shizishan Hill, Liyushan Hill and Guanshan Hill, or the existing water bodies such as Hubeiwu Reservoir, Xizhong Reservoir, Changqinghu Reservoir, Jianguo Reservoir, Longtou Reservoir and Kangmen Reservoir, and does not occupy the farmlands on both sides of the Area of Low-dam on the Plain-Causeway in front of the Mountains (Area 03). Therefore, it has no direct impact on the surrounding environmental characteristics of the property.

☐ Landscape sight of the property

1. Analysis on the sight sensitivity in the area of nominated property and buffer zone

The visual regions of proposed construction project in the nominated property and buffer zone of the Archaeological Ruins of Liangzhu City can be divided into three levels (see the attached Drawing 08), by means of field survey, terrain analysis and theoretical calculation, on the basis of the site topography, and by referring to the degree of impact on the landscape sight of the objects at different distances classified by the environmental impact assessment system and highway landscape evaluation system:

The visual region with level-1 sensitivity is located in the nominated property and buffer zone. The visual region is less than 400m away from the proposed construction project, which has certain impact on the landscape sight of the property.

The visual region with level-2 sensitivity is located in the nominated property and the buffer zone. The visual region is 400-800m away from the proposed construction project, which has minor impact on the landscape sight.

The visual region with level-3 sensitvity is located in the nominated property and buffer zone. The visual region is 800-1,600m away from the proposed construction project, which has minor impact on the landscape sight.

The regions 1,600m or farther away from the proposed construction project is non-visual regions and have no impact on the landscape sight of the property.

For regions with different levels of visual sensitivity, this report specifically proposes the related mitigation suggestions for the impact on landscape sight (see Annex II) .

2. Impact on the landscape sight of heritage sites

In the 11 dam sites located in the Area of High-dam at the Mouth of the Valley (Area 02) and the Area of Low-dam on the Plain-Causeway in front of the Mountains (Area 03), there are only 3 dam sites in the visual regions, namely Mifenglong Site (GB-06) and Shiwu Site (GB-05) in the Area of High-dam at the Mouth of the Valley (Area 02) and Wutongnong Site (DC-DB04) in the Area of Low-dam on the Plain – Causeway in front of the Mountains (Area 03) .

Table 4 Distance relations between dam site and proposed construction project

Name of Dam Site	Affiliated Nominated Property (Area)	The Shortest Distance to the Proposed Project (m)	In the Visible Region (Yes/No)	Sensitivity Classification
Mifenglong Site	High-dam at the Mouth of the Valley (Area 02)	258.4	Yes	Level-1
Shiwu Site	High-dam at the Mouth of the Valley (Area 02)	310.6	Yes	Level-1, Leve-2
Qiuwu Site	High-dam at the Mouth of the Valley (Area 02)	668.1	No	/
Zhoujiafan Site	High-dam at the Mouth of the Valley (Area 02)	1562.4	No	/
Laohuling Site	High-dam at the Mouth of the Valley (Area 02)	1933.0	No	/
Gangsongling Site	High-dam at the Mouth of the Valley (Area 02)	2017.5	No	/
Wutongnong Site	Low-dam on the Plain - Causeway in Front of the Mountains (Area 03)	412.5	Yes	Level-1
Guanshan Site	Low-dam on the Plain - Causeway in front of the Mountains (Area 03)	1568.9	No	/
Liyushan Site	Low-dam on the Plain - Causeway in front of the Mountains (Area 03)	1920.8	No	/
Shizishan Site	Low-dam on the Plain - Causeway in front of the Mountains (Area 03)	2515.6	No	/
site of causeway in front of the mountains	Low-dam on the Plain - Causeway in front of the Mountains (Area 03)	5043.3	No	/

In combination of the cross-sectional mapping analysis, modeling simulation, and site survey photographing, we conducted a sight analysis on the 3 heritage sites, namely, Mifenglong Site, Shiwu Site, and Wutongnong Site.

For Mifenglong Site (GB-06) and Shiwu Site (GB-05) in the Area of High-dam at the Mouth of the Valley (Area 02), the main impacted sections of the proposed construction project includes the expressway section at the mountain exit of Qikeng Tunnel and the Pingyaoxi Interchange. When Mifenglong Site is taken as the point of sight, the distance between the expressway section at the mountain exit of the Qikeng Tunnel and the dam site is relatively close. As the site is at a low terrain and the mountain exit at high terrain, some sections of the expressway are visible, with visible length of about 150m. Based on the cross-sectional mapping calculations, take a person with the height of 1.75m as an example, the view from Mifenglong Site (GB-06) to the proposed construction project is less than 20°, which is a low landscape sensitivity from the viewer's perspective. Make comprehensive judgment of the road section on the visible road section with length of about 150m. The section at the mountain exit of Qikeng Tunnel of the proposed construction project has a medium or low degree of impact on the landscape sight of Mifenglong Site (GB-06) (See attached Drawing 09 for the analysis chart). The Pingyaoxi Interchange and Mifenglong Site are sheltered by hills and plants and far away from each other, so it is invisible from the Pingyaoxi Interchange. When taking Shiwu Site (GB-05) as the point of sight, as the trees are tall and thick between Shiwu Site (GB-05) and the mountain exit of Qikeng Tunnel, the expressway section at the mountain exit of Qikeng Tunnel is invisible. As there are mountains between Shiwu Site (GB-05) and Pingyaoxi Interchange, the expressway section at Pingyaoxi Interchange is invisible, which has no impact on Shiwu Site (GB-05) (see attached Drawing 10 for the analysis chart).

For Wutongnong Site (DC-DB04) in the Low-dam on the Plain (Area 03-1), the main impacted section of the proposed construction project is the Jingshan Hub. When Wutongnong Site (DC-DB04) is taken as the point of sight, as the dam body of Wutongnong Site is located on a hill and the terrain was relatively higher than the neighboring areas, part of the expressway is visible. However, the dam body has thick bamboo forest, and only small section of expressway can be seen. Through comprehensive judgment, the proposed construction project, Jingshan Hub, has a minor impact on the landscape sight of Wutongnong Site (DC-DB04) (See attached Drawing 11 for the analysis chart).

Impact Assessment of the Road Project Involving the Archaeological Ruins of Liangzhu City

In summary, the proposed construction project has a medium or low degree of impact on the landscape sight of Mifenglong Site (GB-06), and minor impact on the landscape sight of Wutongnong Site (DC-DB04). In general, the proposed construction project has little impact on the landscape sight of the Area of High-dam at the Mouth of the Valley (Area 02) and the Area of Low-dam on the Plain-Causeway in front of the Mountains (Area 03).

(Abbreviation for 4.3 Evaluation of indirect impact on the property, and 4.4 Evaluation of impact on the outstanding universal value of the property, and 4.5 Evaluation of impact on social cognition in the property)

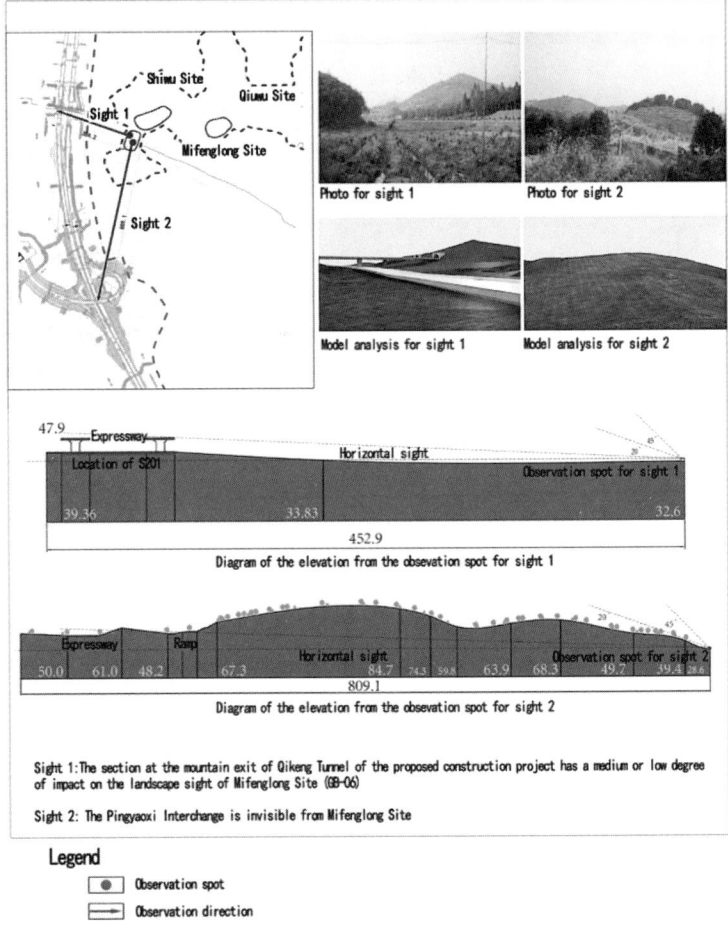

Figure 3　Sight Analysis map of Mifenglong site

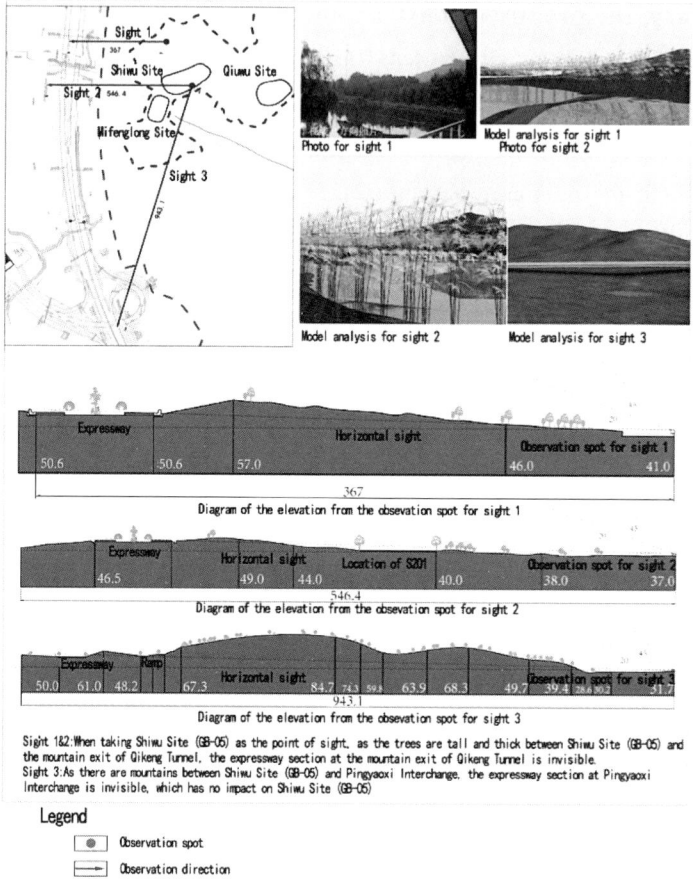

Figure 4 Sight Analysis map of Shiwu site

Chapter 5　Measures for Avoiding, Mitigating or Offsetting the Impact

5.1　Mitigation measures taken in early stage of construction

5.1.1 The measure of vegetation afforestation should be taken to mitigate the sight impact on the dam sites of Mifenglong Site (GB06) of the Area of High-dam at the Mouth of the Valley (Area 02) and Wutongnong Site (DC-DB04) of the Area of Low-dam on the Plain-Causeway in front of the Mountains (Area 03), of which the sight landscape is impacted at certain degree; the green plants should be planted on the slopes of hills near to

Impact Assessment of the Road Project Involving the Archaeological Ruins of Liangzhu City

Heritage Elements Involved in the Project		Importance to OUV	Change	Scale of Change	Scale of Impact	Irreversible /Reversible	Negative /Positive	Impact Degree	Overall Change
Physical Fabrics of Cultural Relics	Area of High-dam and Area of Low-dam	Very high	Physical fabrics of cultural relics of the Area of High-dam at the Mouth of the Valley (Area 02) and the Area of Low-dam on the Plain – Causeway in front of the Mountains (Area 03) are not impacted by the proposed project	No change	No impact	—	—	—	No impact
Integrity and Authenticity	Integrity	Very high	Integrity of the property is not impacted by the proposed project	No change	No impact	—	—	—	No impact
	Authenticity	Very high	Authenticity of the property is not impacted by the proposed project	No change	No impact	—	—	—	
Environment of the Property	Regional Overall Environment	High	The proposed construction project has no impact on the vegetation greening and ancient and famous trees in the overall environment of the Area of High-dam at the Mouth of the Valley (Area 02) and the Area of Low-dam on the Plain – Causeway in front of the Mountains (Area 03), but has occupied and affected water preservation regions such as Zhoujiafan Reservoir and Qikeng Reservoir. In addition, during construction, it is inevitable that there will be accumulation of construction materials and construction waste and noise pollution.	Small change	Slight impact	Reversible	Negative	Slight	Little negative impact
	Surrounding Environment of the Property	Very high	Surrounding environment of the property is not impacted by the proposed project.	No change	No impact	—	—	—	
	Sight Landscape of the Property	High	The proposed project may impact the sight landscape at Mifenglong Site (GB-06) of the Area of High-dam at the Mouth of the Valley (Area 02) and at Wutongnong Site (DC-DB04) of the Low-dam on the Plain (Area 03-1) slightly, but not impact other 9 dam sites.	Small change	Little impact	Reversible	Negative	Little	

Figure 5　Evaluation of impact degree

Property Area Involved	Contents Impacted		Importance to OUV	Impact Degree					Acceptable or not
				No impact	Slight	Moderate/ large	Large/Great	Great	
Area of High-dam at the Mouth of the Valley (Area 02) and the Area of Low-dam on the Plain – Causeway in front of the Mountains (Area 03)	Physical fabrics of cultural relics		Very important	No impact					Acceptable
	Environment	Regional overall environment	Important		Slight (negative)				Acceptable (suggest to reduce such impact)
		Surrounding environment	Very important	No impact					
		Sight landscape	Important		Slight (negative)				
	Functions and interpretation of the property	Utilization functions	Important		Slight (positive)				Acceptable
		Interpreting and inheriting of cultural connotations	Moderately	No impact					

Figure 6 Analysis on Impact Acceptability

Figure 7 Structure map of mitigation measures taken in Mimenglong site

the property; the green plants should be selected to guarantee certain height and density, and configured in the way of integrating the local plants and local ecology, while protecting the historical environment of the property not impacted. In addition, the visible section of the expressway should be afforested in a three-dimensional way, e.g. planting suitable plants on protection slopes on both sides of roads, and planting Chinese ivy on both sides of overpass.

5.2 Mitigation measures taken in construction stage

5.2.1 If any underground cultural relics are found in the construction process of the proposed construction project, the underground cultural relics should be protected in time and reported to the administrative competent department of cultural relics for formulating the safety plan and implementing the responsibility system; in addition, the safety plan should be strictly implemented.

5.2.2 During the construction process of the proposed construction project, the construction barriers and corresponding management measures should be implemented to prevent the environment from being impacted by the dust, noise, chemical materials and wastes; the wastewater and sewage should be drained away from the heritage sites; the drainage pipeline and electrical circuits for construction should be arranged as far away from the property as possible, so as to minimize the impact on the heritage sites and surrounding environment.

The proposed project is located in a mountainous area with steep terrain and dense vegetation, and the site for construction is limited, so the construction organization design and method statement should be formulated accurately and in detail, so as to realize the refine construction, and avoid damaging the surrounding forests and vegetation during the construction.

5.3 Mitigation measures taken in project operation stage

5.3.1 During the project operation, measures should be taken to maintain the environmental and hygienic conditions around the heritage sites. The project operation may produce certain production and living wastes and sewage, etc., which may adversely affect the whole environment around the property if handled improperly. So the environmental control and management should be strengthened.

5.3.2 For the Peripheral Water Conservancy System Site of Archaeological Ruins of Liangzhu City was discovered after the West Double Line Project was launched, it is suggested that the noise, vibration, and sight landscape of the West Double Line should be included in the environmental monitoring system of the property for monitoring.

5.4 Suggestions on value cognition and publicity of the property

5.4.1 Complete the formation of the *Special Plan for the Peripheral Water Conservancy System Site of Archaeological Ruins of Liangzhu City*, and implement the Plan on schedule; construct the overall structure of heritage site presentation centered on "four zones, three panels and one loop", in which the four areas refer to the presentation zones of causeway in front of the mountains, high-dam at the mouth of the valley, low-dam on the plain, and low-dam reservoir area; three panels refer to the landscape presentation panels of Dazheshan Hill, Kaolaoshan Hill and low-dam reservoirs; and one loop refers to the heritage site presentation & experience loop. All heritage sites are linked through complete presentation structure system to present to the public the internal connection among dam sites, the integrity of water conservancy system sites and close connection with Liangzhu City.

5.4.2 The relevant department of cultural relics should pay attention to strengthening the relevant social publicity and education activities, illustrating the value of heritage, historical evolution, process of archaeological excavation, and heritage protection to the public, clarifying the whole process from the preliminary determination of the line position of the proposed project to adjustment of the line position for the newly discovered water conservancy system sites in the Area of High-dam at the Mouth of the Valley (Area 02) and the Area of Low-dam on the Plain-Causeway in front of the Mountains (Area 03) under the coordination of the department of cultural relics, explaining the efforts and achievements made by the governments at all levels for the cultural relics protection of the property, and paying close attention to the public opinion of the relevant departments and society.

5.4.3 On the complete expressway, it is required to clearly mark the Archaeological Ruins of Liangzhu City and Peripheral Water Conservancy System of Liangzhu City through road signs, direction and distance signs and advertising boards, so as to publicize and popularize the cultural heritage, build the cultural brand, and facilitate the tourists.

Chapter 6 Summary and Conclusion

6.1 Evaluation conclusion

According to the assessment, the line selection for proposed construction project is generally in line with the relevant requirements of the *Convention Concerning the Protection of the World Cultural and Natural Heritage*, the *Conservation Master Plan for the Liangzhu Archaeological Site as a National Priority Protected Site* and the *Conservation and Management Plan for Archaeological Ruins of Liangzhu City*. The project is located outside the buffer zone of the Archaeological Ruins of Liangzhu City, and doesn't interfere with the property and buffer zone of the Archaeological Ruins of Liangzhu City. According to the on-the-spot survey conducted by the archaeological department, there are no cultural deposits or remains within the line scope, and no impact on the heritage itself and its outstanding universal value, integrity, and authenticity, and no risk for including the property into the *World Heritage List*. After the project enters the operation period, it can promote the economic development and infrastructure construction in the surrounding areas, which will help the demonstration and utilization of the property. The project is acceptable.

According to the assessment, the proposed construction project has a certain impact on visual landscape of Mifenglong Site (GB06) in the Area of High-dam at the Mouth of the Valley (Area 02) and Wutongnong Site (DC-DB04) in Area of Low-dam on the Plain-Causeway in front of the Mountains (Area 03) . It can be mitigated by taking measures such as sheltering with green plants or adjusting the touring route.

6.2 Other suggestions

it is suggested that relevant mitigation measures and heritage monitoring work should be performed in accordance with mitigation measures and recommendations at all subsequent stages of construction and operation.

(This HIA report was entrusted by the Headquarters for the World Heritage Nomination of Archaeological Ruins of Liangzhu City and Construction of Liangzhu Cultural National Park in 2017.)

参考文献

（1）研究论文、书籍

Cavallini T,Massa S,Russo A,et al.《博物馆最佳环境条件》,《文物保护与考古科学》2001 年第 1 期,第 61～64 页。

陈元生、解玉林:《博物馆文物保存环境质量标准研究》,《文物保护与考古科学》2002 年第 S1 期,第 152～191 页。

陈治国:《秦始皇帝陵园陪葬坑破坏现象解析》,《咸阳师范学院学报》2011 年第 3 期,第 5～13 页。

杜金鹏:《大遗址保护与考古遗址公园建设》,《东南文化》2010 年第 1 期。

樊淳飞:《遗址保护建筑规划设计研究》,西安:西安建筑科技大学,2005 年。

冯艳、叶建伟:《国内外遗产影响评估发展述评》,《城市发展研究》2017 年第 24 卷第 1 期,第 130～134 页。

冯艳、叶建伟:《英格兰遗产影响评估的经验》,《国际城市规划》2017 年第 6 期,第 54～60 页。

冯艳、叶建伟:《加拿大遗产影响评估方法——以安大略省为例》,《现代城市研究》2018 年第 3 期,第 58～65 页。

黄可佳、韩建业:《考古遗址的活态展示与公众参与——以德国杜佩遗址公园的展示和运营为例》,《东南文化》2014 年第 3 期。

李海燕、权东计:《国内外大遗址保护与利用研究综述》,《西北工业大学学报》(社会科学版) 2007 年第 3 期,第 16～20 页。

梁伟:《遗产保护类规划实施评估探索》,《规划 60 年:成就与挑战——2016 中国城市规划年会论文集(08 城市文化)》2016 年。

刘克成、肖莉:《汉阳陵帝陵外藏坑保护展示厅》,《建筑学报》2006 年第 7 期,第 68～70 页。

卢燕玲:《博物馆环境控制技术研究》,《丝绸之路》2012 年第 12 期,第 104~108 页。

马涛、马宏林:《陕西遗址、陵墓博物馆文物保存环境研究》,《陕西环境》2003 年第 10 卷第 5 期,第 10~13 页。

孟宪民等:《大遗址保护理论与实践》,科学出版社,2012 年。

任飞:《高新技术在遗址博物馆展陈设计中的应用》,《山西建筑》2014 年第 5 期,第 228~229 页。

单霁翔:《大型考古遗址公园的探索与实践》,《中国文物科学研究》2010 年第 1 期。

单霁翔:《实现考古遗址保护与展示的遗址博物馆》,《博物馆研究》2011 年第 1 期,第 3~26 页。

陶莹、常海青:《地铁工程工可研阶段文物影响评估初探——以西安地铁三号线为例》,《城市时代,协同规划——2013 中国城市规划年会论文集(11-文化遗产保护与城市更新)》2013 年。

滕磊:《何为文物影响评估》,《中国文物报》2014 年 5 月 2 日。

滕磊:《文物影响评估的范围》,《中国文物报》2014 年 5 月 12 日。

滕磊:《文物影响评估的主要内容》,《中国文物报》2014 年 5 月 30 日。

滕磊:《国际视野下的文物影响评估理论和方法》,《文物影响评估》,科学出版社,2016 年。

滕磊:《国家考古遗址公园的实践与思考》,《博物院》2018 年第 5 期,第 93~98 页。

滕磊:《国外文物影响评估体系的几点启示》,《他山之石:国际文物保护利用理论与实践》,文物出版社,2019 年。

滕磊:《扎塘寺壁画价值评估及针对性保护构想》,《中国文物保护技术协会第六次学术年会论文集》,科学出版社,2010 年,第 133~139 页。

滕磊:《价值评估与保护决策——以中阳楼保护规划为例》,《中国建筑文化遗产 10》2013 年第 2 期,第 32~38 页。

滕磊:《关于文物古迹价值评估的几点认识》,《中国文物科学研究》2013 年第 2 期。

滕磊、李昂:《湖北铜绿山考古遗址公园建设项目文物影响评估报告》,《文物保护工程》2013 年第 3 期。

滕磊、刘瑛楠:《文物建筑定损评估体系初探》,《中国文物科学研究》2018 年第 3 期。

滕磊译,内莫·阿格纽、玛莎·迪玛斯著:《保护考古遗址的决策制定:以坦桑尼亚拉多里原始人类道路为例》,《文博》2007 年第 3 期,第 88~91 页。

滕磊译,肯特·威克斯著:《埃及帝王谷保护规划的编制》,《文物保护工程》2008 年第 4 期,第 21~25 页。

王觅、闫增峰:《汉阳陵地下博物馆防结露分析研究》,《城市化进程中的建筑与城市物理环境:第十届全国建筑物理学术会议论文集》,华南理工大学出版社,2008 年。

王静、闫增峰、孙立新:《土遗址博物馆室内热湿环境测试与分析》,《建筑科学》2010 年第 8 期,第 27~31 页。

王璐、刘克成:《中国考古遗址公园中遗址展示的问题与原则》,《建筑学报》2016 年第 10 期。

王祎：《从圆明园事件探讨文物保护工程的环境影响评价》，西部开发与生态环境保护》（中国科协 2005 年学术年会论文集）.北京：中国环境科学出版社，2005 年，第 8 期，第 722~726 页。

西安建筑科技大学、陕西省古迹遗址保护工程技术研究中心、西安城市遗产保护研究中心编制：《西安市城市快速轨道交通建设规划（2012~2018）文物影响评估》。

夏寅、李蔓、张尚欣等：《遗址博物馆内土遗址本体可溶盐和霉菌危害预防与治理的进展》，《文物保护与考古科学》2013 年第 4 期，第 114~119 页。

肖洪未、李和平：《我国香港地区遗产影响评价及其启示》，《城市发展研究》2016 年第 8 期。

徐光冀：《大遗址保护与国家考古遗址公园建设》，《遗产与保护研究》2016 年第 3 期。

严香翠、段汉明：《西安半坡遗址保护和规划探讨》，《陕西师范大学学报（自然科学版）》2008 年第 S2 期，第 126~128 页。

杨雅娟：《汉阳陵地下博物馆空气质量状况及其对文物的影响》，中国科学院地球环境研究所，2009 年。

叶建伟、冯艳、袁世兵：《遗产影响评价方法发展综述及我国的应用前景》，《华中建筑》2016 年第 7 期，第 25~28 页。

叶建伟、周俭、冯艳：《澳大利亚遗产影响声明(SOHS)方法体系——以新南威尔士州为例》，《城市发展研究》2016 年第 2 期。

张平、陈志龙、李居西：《汉阳陵帝陵地下遗址博物馆建筑设计探析》，《工业建筑》2008 年第 7 期，第 120~123 页。

张怡：《地下土遗址博物馆设计研究》，西安建筑科技大学硕士论文，2011 年。

张治强、安磊：《文物保护单位建设工程文物影响评价探讨》，《中国文物报》2012 年 8 月 6 日，第 3 版。

郑州市文物考古研究院：《郑州市城市快速轨道交通文化遗产环境影响评估报告》，科学出版社，2010 年。

中国文物信息咨询中心等编著：《文物影响评估》，科学出版社，2016 年。

中国文化遗产研究院编著：《大遗址保护行动跟踪研究》，文物出版社，2016 年。

周双林：《土遗址保护材料探索：非水分散体材料研制及土遗址加固研究》，文物出版社，2011 年。

周双林：《谈谈考古遗址的展示保护》，《文物保护与考古科学》2006 年第一期，第 47~51 页。

周双林、原思训、郭宝发：《几种常温自交联丙烯酸树脂非水分散体的制备》，《北京大学学报》（自然科学版）2001 年第 37 卷第 6 期，第 869~874 页。

周双林：《文物加固过程中树脂反迁研究》，《文物保护与考古科学》2003 年第 1 期，第 41~48 页。

周双林：《土遗址防风化保护概况》，《中原文物》2003 年第 6 期，第 77~82 页。

周双林、原思训：《非水分散体材料及其对土遗址和土建筑的抗风化保护》（Eng.）// 内·维 阿格纽主编：《丝绸之路古遗址保护》，盖蒂研究所，第 380~384 页。

Ayesha Pamela Rogers. Cultural Heritage Impact Assessment: Making the Most of the Methodology. Paper presented at the International Conference on Heritage Conservation, 2011.

Fabrizio A, Francesco M. Microclimatic control in the museum environment air diffusion performance. International Journal of Refrigeration, 2010, 33 (4): 806-814.

Howard P, Pinder D. Cultural heritage and sustainability in the coastal zone: experiences in south west England. Journal of Cultural Heritage, 2003, 4 (1): 57-68.

Makowski M, Ohlmeyer M. Comparison of a small and a large environmental test chamber for measuring V℃ emissions from OSB made of Scots pine (Pinussylvestris L.). HolzalsRoh-und Werkstoff, 2006, 64 (6): 469-472.

Pavlogeoratos G. Environmental parameters in museums. Building and Environment, 2003, 38 (3):1457-1462.

Richard Akoto, Knight Piésold & Co. Denver, CO. USA, INDIGENOUS COSMOLOGY OF CULTURAL HERITAGE FOR IMPACT ASSESSMENT, 'IAIA08 Conference Proceedings', The Art and Science of Impact Assessment 28th Annual Conference of the International Association for Impact Assessment, 4-10 May 2008, Perth Convention Exhibition Centre, Perth, Australia (www. iaia. org).

Thomson G. The museum environment. London: Butterworld-Heinemann, 1986.

Zhou shuanglin. Research on controlling shringkage and crack of monisture soil. Proceedings of international symposium conservation of ancient sites 2008 and ISRM –sponsores regional symposium, Published by Science Press, 2010: 674-678.

Bai Lu, Zhou Shaunglin. Issues of In Situ Conservation at Jinsha. People's Republic of China Conservation and Management of Archaeological Sites, Vol. 14 No. 14, (2012): 263-272.

（2）国际宪章、公约、文件

《国际古迹保护与修复宪章》（1964）（International Charter for the Conservation and Restoration of Monuments and Sites）

《保护考古遗产的欧洲公约》(1969)

《考古遗产保护与管理宪章》（1990）（Charter for the Protection and Management of the Archaeological Heritage）

《奈良真实性文件》（1994）（The Nara Document on Authenticity）

《巴拉宪章》（1999）（The Bara Charter）

《中国文物古迹保护准则》（2000）（Principles for the Conservation of Heritage Sites in China）

《会安草案——亚洲最佳保护范例》（2005）（Hoi An Protocols for Best Conservation of Historic Towns and Urban Areas）

《西安宣言》（2005）（Xi'an Declaration on the Conservation of the Setting of Heritage Structures, Sites and Areas）

《文化遗产阐释与展示宪章》（2008）（Charter on the Interpretation and Presentation of Cultural Heritage Sites）

《世界文化遗产影响评估导则》（2010）（Guidance on Heritage Impact Assessments for Cultural World Heritage Properties）

International Association for Impact Assessment Best Practice (IAIA), Principles of Environmental Impact Assessment Best Practice (1999)

International Network for Cultural Diversity - Framework for Cultural Impact Assessment (2004)

（3）国内外法律、法规、部门规章、文件、标准

《中华人民共和国文物保护法》（2007修正）

《中华人民共和国文物保护法实施条例》（2003）

《中华人民共和国环境保护法》（1989）

《中华人民共和国环境影响评价法》（2002）

《建设项目环境保护管理条例》（1998）

国家文物局《国家考古遗址公园管理办法（试行）》文物保发〔2009〕44号

国家文物局《关于加强基本建设工程中考古工作的指导意见》（2007年）

国家环保总局《环境影响评价技术导则 总纲》（HJ/T2.1-1993，HJ2.1-2011）

国家环保总局《环境影响评价技术导则 大气环境》（HJ/T2.2-1993，HJ/T2.2-2008）

国家环保总局《环境影响评价技术导则 地面水环境》（HJ/T2.3-1993）

国家环保总局《环境影响评价技术导则 地下水环境》（HJ610-2011）

国家环保总局《环境影响评价技术导则 生态影响》（HJ/T19-1993，HJ 19-2011）

国家环保总局《环境影响评价技术导则 声环境》（HJ/T2.4-1995）

国家环保总局《环境影响评价技术导则 非污染生态影响》（HJ/T19-1997）

国家环保总局《环境影响评价技术导则 城市轨道交通》（HJ/T000-2000）

国家环保总局《规划环境影响评价技术导则》（HJ/T130-2003）

国家环保总局《建设项目环境风险评价技术导则》（HJ/T169-2004）

安全质量监督局《安全评价通则》

安全质量监督局《安全预评价导则 AQ 8002-2007》

Australian Government, Environment Protection and Biodiversity Conservation Act 1999. Matters of National Environmental Significance: Significant Impact Guidelines 1.1 (1999)

参 考 文 献

Australian Government, Matters of National Environmental Significance: Significant Impact Guidelines 1.1 (1999)

Bassetlaw District Council，A Guide to Heritage Impact Assessments

Canadian Environmental Assessment Agency，Reference Guide on Physical and Cultural Heritage Resources

English Heritage Policy Statement, Enabling Development and the Conservation of Heritage Assets (2001)

Environmental Council, State of Hawaii，Guidelines for Assessing Cultural Impacts

Hong Kong Criteria for Cultural Heritage Impact Assessment, Environmental Impact Assessment and Ordinance (Cap. 499) Guidance Notes Assessment of Impact on Sites of Cultural Heritage in Environmental Impact Assessment Studies (1976)

Hong Kong Development Bureau, Heritage Impact Assessment Mechanism for Capital Works Projects

ICUN,World Heritage Advice NOTE:Environmental Assessment

Ireland National Roads Authority, Guidelines for the Assessment of Architectural Heritage Impacts of National Road Schemes

New Zealand Government, Historic Heritage Impact Assessment Guide for State Highway Projects

NSW National Parks and Wildlife Service, Draft Guidelines for Aboriginal Heritage Impact Assessment

PLANARCH, Guiding Principals for Cultural Heritage in Environmental Impact Assessment

The Corporation of the Town of Whitby，Cultural Heritage Impact Assessment Terms of Reference

US National Environmental Policy Act of 1969

World Commission on Dams, Advisory Guidelines for SIA and Project Level Impact Assessment dams and cultural heritage management